千古人物 宋太祖

赵匡胤传

『内圣外王』开启文治盛世

文　轩◎编著

内蒙古文化出版社

图书在版编目(CIP)数据

宋太祖赵匡胤传 / 文轩编著. -- 呼伦贝尔：内蒙古文化
出版社，2017.9
（古代帝王传记丛书）
ISBN 978-7-5521-1353-2

Ⅰ.①宋… Ⅱ.①文… Ⅲ.①赵匡胤（927-976）—
传记Ⅳ.① K827=441

中国版本图书馆 CIP 数据核字 (2017) 第 233889 号

宋太祖赵匡胤传
SONGTAIZU ZHAOKUANGYIN ZHUAN

文轩 编著

责任编辑 王 春
装帧设计 鸿儒文轩

出版发行 内蒙古文化出版社
地 址 呼伦贝尔市海拉尔区河东新春街4 - 3号
直销热线 0470 - 8241422 邮编 021008

排版制作 大华文苑（北京）图书有限公司
印刷装订 三河市华东印刷有限公司
开 本 710mm×1000mm 1/16
字 数 280千
印 张 20
版 次 2017年9月第1版
印 次 2022年4月第2次印刷
印 数 8001—13000 册
书 号 ISBN 978-7-5521-1353-2
定 价 39.80元

前　言

　　浩浩五千年的中华历史长河，涌现出了许多帝王，他们曾经煊赫一时，有的是历史长河中的顺风船，有的是中流石，有的似春汛，有的如冬凌，有的是与水俱下的泥沙，有的是顺流而漂的朽木……总之，浩浩历史千百载，滚滚红尘万古名，史海钩沉，各领风骚，承继着悠久的中华历史。

　　在我国，帝王是皇帝和君王的统称，是封建王朝的最高统治者，拥有至高无上的权力。在周朝之前，"帝"与"王"字义相近。而在秦朝以前，帝王是至尊君主，等同"天子"。自秦嬴政称"皇帝"后，"王"与"皇"有了区别，"王"成为地位仅次天子而掌控一方之诸侯的称呼了。

　　在我国历史上，"皇帝"这个名称是由秦嬴政最先确定的，也是他最先使用的。"皇帝"取"德兼三皇、功盖五帝"之意。秦嬴政创建了皇帝制度，并自称第一个皇帝，称为"始皇帝"。皇帝拥有法律制定权、行政决策权和军事指挥权。自此，我国开始了长达两千多年的封建皇帝制度。

　　我国从公元前221年秦始皇称帝起，到1911年宣统帝退位止，在2100多年的时间里，共产生了230位皇帝。第一个皇帝是秦始皇，最末一个皇帝是清朝宣统帝。其中，在位时间最长的皇帝是清朝康熙帝，在位61年；在位时间最短的皇帝是明朝明光宗，在位仅1个月。当然，关于皇帝数量还存在多种说法。

　　这么多帝王，我们细细思量他们在历史上的价值和分量，还是有轻有重的。他们有的文韬武略兼备，建有盖世奇功，开创了辉煌历史，书写了宏伟的英雄史诗，成为民族的自豪，千古赞颂；有的奸猾狡诈，就是混世枭雄，糟蹋了乾坤历史，留下了千古骂名，永远被人们口诛笔伐；有的资质平平，没有任何建树，在历史上暗淡无光，如过眼云烟，不值一提……

但是，无论怎样，帝王是我国古代中央政权的突出代表，是最高的当权者，是政府和社会的核心，享有最高的权力和荣誉。作为历史的重要角色之一，帝王是当时左右和影响国家、民族命运的关键人物。因此，有人忠从，有人利用，有人艳羡，有人嫉妒，有人觊觎，有人怒斥。他们充满了谜一般的神奇诱惑力，我们能够从他们身上，集中感受到历史的丰富内涵与时代的沧桑变化。特别是历朝皇帝的贤愚仁暴、国运的兴衰更迭、政治的清浊荣枯、民生的安乐艰辛，都能给后世以镜鉴。乃至帝王本人的成长修养、家庭的维系安顿、处世的进退取予、行事的韬略谋断等，我们都可以从中受到震撼，获得巨大的启示。

为此，我们根据最新研究资料，在有关专家指导下，特别推出了本套书系，向读者介绍我国历史上多位著名帝王——他们都有运筹帷幄的雄才伟略，曾经叱咤风云，纵横天地，创造着辉煌，书写着历史，不断开创中华民族的辉煌篇章，不断推动我国历史的飞速发展，为我们留下了许多宝贵的精神财富和物质财富。

当然，这些帝王作为历史杰出人物也难免具有历史局限性，在他们身上也有许多封建、腐朽、落后、残酷等糟粕，这些都需要广大读者摒弃。而我们在讲述他们的人生事迹时，综合参考了大量史料，尽量挖掘他们优秀、积极、阳光、励志的正能量。因此，我们取其精华，去其糟粕。这样难免会出现挂一漏万等现象，也请广大读者理解。

总之，我们主要以这些帝王的人生轨迹为线索，并以真实历史事件贯穿，尽量避免对日常琐事的冗长叙述和演绎戏说，而是采用富于启发性的历史故事来讲述他们的人生与时代，尤其着重描写他们所处时代的生活特征和他们建功立业的艰难过程，以便广大读者产生共鸣并有所启迪。

目 录

生逢乱世

产婆话未落音，赵弘殷已经奔到了内室的门口，但马上他又跑回到产婆的跟前，向产婆表示感谢，并叫产婆去管家那里领赏钱，接着甩开大步，跨进了内室。

赵弘殷跨进内室的时候，只见满屋皆为红光盘绕，红光中还飘散着一股股让人沉醉的异香。更为奇妙的是，杜氏怀中的那个婴儿，从头到脚都呈现出一种耀眼的金色。

赵弘殷捧起自己儿子看了又看，只见他生得蛾眉凤目，面泛红光，相貌异于常人，心中惊喜异常。他一边亲着孩子的脸蛋，一边高兴得大叫："好香，好香，真乃香孩儿也！"

在乱世中出生

后唐天成二年三月十六日，洛阳城东夹马营的一座将军府内，香烟缭绕。从一间屋子里，传出低低的妇女呻吟声，几个接生婆正在忙活，看来是有一个孩子要降生了。

作为拱卫首都洛阳的军事重镇，夹马营常年有军队驻扎，因此许多后唐将领都在此地居住。这座将军府里住的将军名叫赵弘殷，而正在生产的就是他的妻子杜氏。

赵弘殷是涿郡人，自幼在保州长大。赵弘殷出身于官宦世家，西汉京兆尹赵广汉之后，曾祖父赵朓是唐朝官员，历任永清、文安、幽都三县县令。祖父赵珽，在唐朝为官，在藩镇卢龙节度使手下任从事，累官兼任御史中丞。

安史之乱后，唐朝由盛转衰，在各地的藩镇乘机做大做强。而黄巢之乱以后的唐朝更是出现了"极目千里，无复烟火"的局面。

唐天祐元年闰四月，梁王朱全忠自西京长安劫持唐昭宗李晔至东都洛阳，又于八月加害，并另立其年仅十三岁的儿子李柷为帝，即唐哀帝。

天祐四年四月十八日，朱全忠改号大梁，建元开平，史称朱梁，是为梁太祖，这是五代十国的开始。

朱温篡唐后，原唐河东镇李克用、西川镇王建、淮南镇杨渥、凤翔李茂贞等北方强镇均不承认梁朝，仍用唐天复、天祐之号。同年，蜀王王建也称帝，建立了前蜀。

当时南方割据势力多表示归顺梁，朱温晋封割据湖南的马殷为楚王，占据两浙的钱镠为吴越王，据有广东一带的刘隐为大彭王，占有福建的王审知为闽王，封河北三镇的镇州王镕为赵王，定州王处直为北平王，幽州的刘守光为燕王，加上淮南的吴国，凤翔的岐国，河东的晋国，连同后梁，十多个割据势力并存。

赵弘殷的父亲赵敬在后梁为官，历任营州、蓟州、涿州三州刺史。赵敬获罪被杀后，赵弘殷为躲避父祸，只好四处游荡。后来来到洛阳郊外的杜家庄，遭遇大雪，赵弘殷躲在杜家庄庄主家门前。

杜家庄庄主平日豪侠好客，因此仆人见到一位壮汉落难杜家庄，便请他进屋，好生招待。不久杜家庄庄主看中了赵弘殷，就把一个女儿嫁给了他。赵弘殷因此成了杜家的第四个女婿。

年轻的赵弘殷十分骁勇，擅长骑马射箭，他婚后不久就投靠镇州赵王王镕，成为其部下将领。

王镕原为成德节度使。继位之初，正是唐末诸镇割据称雄的时候。李克用割据河东，李全忠割据幽州，王处存割据易定，赫连铎割据大同，孟方立割据邢台。诸镇军阀连年征战，互相兼并。其中，以河东李克用和幽州李全忠势力最强。

王镕年幼继位，河东晋王李克用对成德镇早已虎视眈眈，只是李克用正对孟方立用兵，暂时没有进犯成德。王镕为了和李克用修好，在李克用进攻孟方立期间，常年为晋军供应粮草。但是李克用兼并了孟方立之后，仍然迅速派兵进攻成德镇。

生逢乱世

王镕向幽州李匡威求救，李匡威率兵救援王镕。李匡威有个叫李正抱的下属，李匡威总是为失去幽州而感叹，而且他看到王镕年幼，身子虚弱，便与李正抱密谋夺取成德节度使之位，反被杀死。

李匡威死后，其弟李匡俦以为兄报仇之名进攻成德，而晋王李克用又在此时急攻平山，王镕失去了幽州的援助，无奈之下只好与晋王李克用结盟。

由于自唐末以来梁王朱温便与晋王李克用有旧怨，所以自朱温建国起，梁与晋王李克用、李存勖父子继续争斗，而王镕因为势力弱小，只好随风摆动。

光化元年，朱温派名将葛从周攻取晋王治下的邢州、洺州、磁州，并派人诏王镕绝晋以归梁。

王镕送牛、酒、货物、钱币去犒劳梁军，以其长子王昭祚以及成德大将梁公儒、李宏规各一个儿子为人质，随朱温回汴梁，王镕与梁结盟，朱温将女儿嫁给王昭祚。

开平元年，朱温封王镕为赵王，王镕欣然接受，从此以赵王自居，在镇州建赵王府，以镇州为都城，建立赵王国。王镕虽然归附后梁，但是在赵国领地，王镕是完全自主的。

王镕称王后的几年，赵国相对安宁，无重大战争。王镕的祖母去世，诸镇节度都遣使去吊唁，当时后梁使者看到晋国使者也在，便怀疑王镕有二心。

魏博节度使罗绍威逝世后，朱温控制了魏博，他想彻底消灭割据镇州的王镕和定州的王处直。面对后梁大军压境，王镕只好向晋王李存勖求救。

李存勖率兵救援赵国，同时，北平国的王处直也派遣使者向李存勖表示归附，并派出军队配合晋军行动。次年正月，梁军与赵国、晋国、北平国联军会战于柏乡，结果梁军大败。

同年七月，王镕在承天军拜见晋王李存勖，王镕奉酒为李存勖祝寿，李存勖因王镕是其父李克用之友，所以很礼待他，李存勖酒醉之后，为王镕而歌，取下身上的佩刀割断衣袖和王镕盟誓，并许诺将女儿嫁给王镕次子王昭诲。

王镕再次与晋国结盟，并且废后梁年号，改用唐朝"天祐"年号。此后，晋国北灭桀燕国、南取魏博镇，王镕都出兵相助。

一次，王镕派赵弘殷率领五百名骑兵在黄河沿岸增援后唐庄宗李存勖，立有战功。后唐庄宗喜爱他勇猛善战，于是想将他留在洛阳掌管禁军。

赵弘殷当然非常愿意。洛阳城位于洛水之北，水之北乃谓"阳"，故名洛阳，又称洛邑、神都。境内山川纵横，西靠秦岭，东临嵩岳，北依太行山，又据黄河之险，南望伏牛山，自古便有"八关都邑，八面环山，五水绕洛城"的说法，因此得"河山拱戴，形胜甲于天下"之名、"天下之中、十省通衢"之称。

从中国第一个王朝夏朝开始，先后有商、西周、东周、东汉、曹魏、西晋、北魏、隋、唐等十三个王朝在洛阳建都，拥有一千五百多年建都史，可以说是"普天之下无二置，四海之内无并雄"。

从此，赵弘殷留在洛阳担任飞捷军指挥使。"飞捷"是禁军番号，作为主要军事力量的后唐禁军有羽林、龙武、神武等很多支队伍，也有许多不同的番号，"飞捷"就是其中的一个。

天成二年，赵弘殷的妻子杜氏再次怀孕生产。此前，这对夫妻已经有了一儿一女，可是儿子赵匡济不幸夭折，给二人心头蒙上阴影。因此，他们希望再生个健健康康的儿子。

这天，赵弘殷正在军营，忽然有家人来报说夫人要生产了，于是请假提前回到家中。赵弘殷回到家时，天色已晚，他迈步向内室走去。

这时，一个产婆从内室走出，看到赵弘殷躬身施礼，笑容满面地说："恭喜大将军，贺喜大将军，夫人平安，少爷也平安……"

"少爷？"赵弘殷大喜，眼睛直勾勾地盯着产婆，"你是说，夫人为我生了一个儿子？"

"可不是，"产婆讨好地说道，"少爷足足有七八斤重，长得方面大耳，一看便知是大福大贵之人！"

产婆话未落音，赵弘殷已经奔到了内室的门口，但马上他又跑回到产婆的跟前，向产婆表示感谢，并叫产婆去管家那里领赏钱，接着迈开大步，跨进了内室。

赵弘殷跨进内室的时候，只见满屋皆为红光盘绕，红光中还飘散着一股股让人沉醉的异香。更为奇妙的是，杜氏怀中的那个婴儿，从头到脚都呈现出一种耀眼的金色。他捧起自己儿子看了又看，只见他生得蛾眉凤目，面泛红光，相貌异于常人，心中惊喜异常。

赵弘殷一边亲着孩子的脸蛋，一边高兴得大叫："好香，好香，真乃香孩儿也！"从此，"香孩儿"就成了这个孩子的乳名。此前杜氏已有一子名叫赵匡济，所以这个孩子就挨着起名叫赵匡胤。

当地民间传说，当时正当夜半，红光冲天，远望如火烧一般，四邻八舍连忙提了水桶脸盆赶去救火，到了才知道原来是"香孩儿"诞生。邻舍们惊叹不已，后人便将这地方唤作"火烧街"。后来，因为赵匡胤兄弟做了皇帝，又改名称"双龙街"。

新朝新主新韬略。后唐明宗李嗣源为了稳坐中原，登台后采取"休兵息民"政策，在一定程度上缓和了阶级矛盾，使中原地区出现了短暂的"兵革相息，年屡丰登"局面。赵匡胤就是在这个难得的安定环境中出生的。

传说后来赵匡胤当皇帝后回到他的故居夹马营暂住，他用马鞭指着一个地方说："昔日和群童玩一匹石马，我怕群童背着我把石马偷去，便把它埋在这里，现在不知还在否？"他的随从忙去挖掘，果然挖出一匹石马。

关于赵匡胤的出生，在民间还有这样一种传说。

很久很久以前，赵家山住着一户姓赵的人家，户主人叫赵弘殷。赵弘殷祖居涌宁府永安驿，是一位将军，曾任涿州太守。古语有云："不孝有三，无后为大。"赵将军因为没有儿子而引起了莫名的烦恼，所以，正值壮年就告老还乡。因元配未出，后来又娶了一妾，妾也只生了一个女儿，从小娇生惯养，已经年满十六岁，也没有许配人家。

唐昭宗继位，唐朝江山已经是分崩离析。新皇帝就让赵弘殷入朝伴驾。赵将军因在壮年归隐，知道有重新招募的可能，所以，归隐以后就开始做准备。

赵弘殷在涌宁府龙湾左岸选了一座与涌宁府城址极其相似的小山，动工建成宅院，取名曰"赵家山庄"。他接旨以后，就承命安顿好家小，奉旨起程。

赵家山庄，可算是一个"一夫当关、万夫莫开"的安全地方。将家小安顿在宅院之中，赵太守还是比较放心的。

因为这座宅院堪比涌宁府城，只是小了许多。不同之处只在于，这里只是他一家人的居所。天然生成四面绝壁，难以攀爬，高有数十丈，自古以来，无路可通。

赵弘殷又在北部天沟最窄处修成一条小路，中间筑有一处堑壕，深达三丈有余，宽两丈还多，上面设了吊桥。

赵家山庄南面一沟之隔就是卧虎寨，守备本为赵将军的同僚挚友。北面的辎城寨属后汉番邦，守将也是赵将军的好友。赵家山庄地处两国交界处，赵将军在此处安顿家小，进退自如，实为万全之策。

唐乾宁三年过春节，赵弘殷的家小回涌宁城府第过年小住。这年的元宵节，赵小姐也与往年一样，夜深时还在灯市观灯未归，猛然于人群中看见一位后生，容貌赛过潘安，于是心中萌生了爱慕之情，免不了秋波荡漾，羞红了脸颊；两腮含春，一时满面红晕，颜如桃花。

赵小姐心中暗想：今生能找到这样一位丈夫，与这样的后生相配，那就心满意足了，真是天地间再无第二件的好事了。观灯回府，各自归宿，丫环与小姐也回到绣楼。丫环出来正要关门，灯市上碰到的那一位小后生却正好来到了门外。

丫环突然看见，吓得惊叫一声。小姐出来察看，正是灯市上的后生站立门外。这后生就对小姐说，他自从看见小姐容貌，已经是难以自拔，要求当晚就要与小姐同住。

小姐回道："你明天找个媒人来提亲吧！"

这个后生却说："我的家离涌宁十万八千里，明天就要和家人回去了，也许今生今世都再也见不到小姐了，可能今生也只有这一夜的机缘。"

最后小姐就将这个后生让进绣楼。丫环在门口拦住，不让进。后生当即给丫环下跪，央求放行。小姐也吩咐，让丫环自己到女红室睡觉！当晚后生与小姐就住在绣楼之中，云雨交媾，儿女之情，自不必言。

天快亮了，后生就要走了，小姐实在难舍难分。因头天说过，他第二天就要离开涌宁，所以临走时，后生答应设法再留一天。结果天黑以后，这个后生如约而至，每天都是答应再住一天。

从此，灯市后生每日都是夜至昼离，天天如此。过了几天，赵夫人突然决定说要回赵家山庄。

小姐要求再住一天，也就是再约少年郎到赵家山庄会面。结果母亲说有急事，必须立即回去。小姐只能跟随母亲回到了山庄，少年郎也就肯定不能知道小姐回到了赵家山。

一路上小姐坐在轿子里头，相思的泪水落了一路，天将黑的时候才回到赵家山。回来以后，小姐仍然住在原来的绣房之中。但小姐怎么看这个绣房都不是原来的绣房了，心情非常不好，再也不肯梳洗，也不施粉黛。

赵家山庄的绣房和涌宁城府第不同，没有单独的女红室。没想到天黑以后，又是丫环正要关门时，那个后生又来啦！他站在门外说："昨晚与小姐约好，我是费了九牛二虎之力才打听到这个地方，所以才能找到这里。"可是，丫环怎么都不让他进去。

争吵之间，小姐出现了！那后生看见小姐没上晚妆，就说："小姐今日不上晚妆，却更美丽了十分。"

小姐也含羞地对丫环说："让灯市后生进来吧！"

丫环却还是不让进。丫环说："赵家山的绣房里又没有女红室，只有一个里外间，你们住在绣房，我去哪里住？"

小姐说："我们住在里间，你就住在外间，这有何不可？"

丫环回道："我也是一个女儿身，和一个大后生住在一座房子里面，如果他对我也不规矩，我怎么办？我睡不安稳呀！"

小姐又说："我睡觉时，把门插好，不让他出来，还不行吗？"

丫环回说："你别哄我了，那门是朝里插的，你睡着后，他拉开插关就跑出来了。如果对我不规矩，你连知也不知道。"

小姐贴着丫环的耳朵说："他和我睡在一起，每晚都是筋疲力尽，睡着后就像死猪一样。我每天提早醒了以后，要叫醒都非常困难，哪里还能出来对你怎么样呢？再说，我是小姐，你是丫环，他恋的是小姐我，不会对你怎么样，你就一万个放心吧！"

丫环又争辩道："我们身份不同，区别就在这一身衣裳上。睡觉时身上一丝不挂，赤条条两个女儿身，还能分辨出谁是小姐、谁是丫环吗？"

小姐又说："那他为什么一开始就要恋我而不恋你呢？不就是因为我比你美丽吗？当然，你也不丑，但和我相比，总还是有点儿差距吧！"

这丫环也不依不饶地说："那也不一定，自古道：'情人眼中出西施。'初恋的时候，是因为你穿了一身小姐的衣裳，我却是一身丫环打扮。如果我也穿了小姐衣裳，那他恋谁还不一定呢？现在我还是一个含苞待放的姑娘，你虽然没举行过婚礼，实际上已经是媳妇了，已经成了吃过的剩饭了，他觉得谁更漂亮还不一定呢！再说，男人都喜欢年轻的女子，我还总比你年轻那么一点点吧！另外还有一个普遍心理，就是小姐你也一样，你吃了这棵树上结的果子，还想尝尝那棵树上结的果子味道如何。其实，两棵树上结的果子，品种一样，味道都是一样的。你还总想尝个鲜呢，难道他就不想尝鲜吗？"

小姐最后拿出杀手锏说："你是我买来的丫环，我让你做什么，你就必须做什么。我如果要将你卖了，你也不能不从。"

这丫环也反唇相讥道："好啊！那你就将我卖给他吧！"又将头一

歪说："我正盼不得哩。因为我是丫环，他现在就可以带着我走，你是小姐却不能，羡慕死你。"

小姐此时再也想不出别的话，只能说："你说怎么办吧！你能想出一个可以住在绣房里的办法，我就听你的。"

丫环说："这最好，我肯定有办法。我就先将他上下身的衣裳缝在一起，固定在身上，让他脱不下来。再将脚和手捆在一起，让他解不开绳子，拆不开针线。让他做不成那种事，那才能保证我的安全。"

小姐又说："那样，我为什么还要将他留在绣房之中呢？"

最终还是争执不下。最后，这位灯市后生上前两步说："丫环小姐姐，我说个办法吧！我一定让你放心。你就先躺在床上，我就跪在你的床前，对天发誓，决不会对你怎么样，再给你磕上三个响头，这你应该放心了吧！"

此时丫环嗔怪道："你既然有这么好的办法，为啥早不说？早说也就不用你在门外站这半夜啦！"顺便就将那个灯市后生让进绣房。

不成想这个后生并不是第二天就非要离开涌宁，只要小姐用心挽留，每天他都是答应再住一天，再陪小姐一晚。而小姐也是每天都感觉这一晚上得到的情爱都是新的，因为那都是通过争取才能得到的。所以，她每天都觉得特别新鲜。

灯市后生仍然是每到夜晚，还是准时来、按时走，夜至昼离。时长日久，日久生情，小姐每天都与灯市后生住里间，丫环住外间，相处一室。每天灯市少年都要履行承诺，要执行上香、叩首、发誓的既定程序。

时长日久，丫环也难免有看见某些不雅的行为或听到某些不雅的声音的时候。小姐觉得自己与这个丫环情同姐妹，理应有福同享，也很可怜她这么小的年纪就卖给自己当了陪房丫头，最后就产生了一个男女情爱共同享受、主仆同侍一夫的想法。

当晚，小姐就将灯市后生与丫环叫在一起，向他们说明她的好意，本以为都会领她的情。没想到说开以后，丫环虽不承诺愿意，但也不反对。

可灯市后生坚决不同意，强烈反对。他说："我与小姐，虽未明媒正娶，算是山野交媾。但我今生只爱赵小姐一人，而我的全部本真之根，只属于赵小姐一位女子，我今生决不会对第二个女人动心，做出不轨之事。"

从今以后，灯市后生每晚再进小姐卧房，都要如约给丫环下跪、发誓、三叩首。不管丫环做什么动作、如何挑逗，他就像没看见一样，决不跨越雷池半步。

这一日，天将黑的时候，灯市后生还未到，赵小姐与丫环主仆二人商定，要用最直接的办法引诱灯市后生与丫环亲热。

晚间，灯市后生又如约而至，按约定，他每天都要给丫环下跪、发誓和三叩首。可是今晚丫环却一丝不挂，全身赤裸地躺在床上，还用各种声音与动作不停地勾引灯市书生。

可是这位灯市后生就像没看见、没听见、没感觉一样，很沉着、正式、完整、十分认真地做完他按约应该做的事情。进到里屋，还是与小姐一人合欢，丫环与小姐的合谋没有成功。

第二天晚上，丫环故意把灯弄暗一点，小姐与丫环换了地方。两个女子都赤身裸体，很难分辨里外间哪个是丫环、哪个是小姐。小姐躺在外间，丫环坐在里间。

灯市后生进入绣房以后，正要在外间给丫环下跪，发现有点不对。掌灯一看，外间躺的是小姐，他就坐在外间床前，不肯到里间去，也不肯与小姐在外间上床。

最终还是小姐进了里间，丫环到了外间。他又按约做完下跪、发誓和三叩首的所有约定以后，才到里间后去与小姐就寝。

小丫环现在每天都在思量如何才能引得灯市后生也能上了自己的床，自己与小姐一样也能享受到那种只有男人才能给予的快感和抚慰。但每晚都证明是白白想了一整天，又瞎折腾了前半夜。但第二天还是要再做准备，得到的结果还是和以往一样。

每天灯市后生都是按时到绣房来，进门后第一眼看见的，是一个不断变化点缀的房间：赤身裸体，一丝不挂，赤条条，天天都是千姿百态的绣房的装扮与少女身心的变化，而且是每日都有新意。外间的布置变化更大。

面对十五六岁少女的百般挑逗，虽然他日日都是面对变换着的这样一个情景，却很认真地重复着下跪、发誓、三叩首的原始既定动作，如此往复了小半年。丫环每天都总是不死心，百般施展女子之所能，他却从来没有任何动心的表现。

灯市后生这样专心一女的时日，过了整半年。赵夫人看见女儿平添秀色，面色红润，更加美丽，只是衣带觉得窄了不少。原来的杨柳细腰，现在却粗了许多。

其母亲是过来人，就询问女儿为啥成了这个样子。女儿知道已经不能隐瞒，也不必再隐瞒了；就将这半年来的情况，如实告诉了母亲，并求母亲为他们做主，能早日安排他们成婚。

此时正好赵弘殷奉旨巡察边务，回到卧虎寨视察。卧虎寨与赵家山庄仅一小天沟之隔，于是顺道回赵家山庄，想探望一下家小。当晚，赵弘殷回到家中，妻子就将女儿这半年来的事情，如实告知赵弘殷。

赵弘殷听后，先是一阵气愤，将妻子骂了一顿。

妻子也不服输，说道："女儿已经到了婚配年龄，你成天都是忙这忙那，不管女儿的婚事，这才到了今天的地步。如果早就出嫁了，还能有这样的事情吗？你还能怨我吗？再说这半年不只是我一点儿都没发觉，我还试探过，连看守吊桥的卫士都没见过有任何人在夜间来过赵家山庄，就是白天，也没见有生人进出过赵家山庄，这你能全怪我吗？"

赵将军乃是博闻强识之人，他还是用心去静静地思考了一番。天明以后，小姐本来应当要拜见父亲。因肚子都挺得很大了，也没敢来见。

赵弘殷就将女儿叫来，看见女儿的样子，已经知道妻子所言为实。不过，作为父亲也不好多问。他又将所有在吊桥值守过的守卒叫来，一一问过，守卒都说没见过任何生人。

他又仔细寻思，涌宁府第与赵家山庄两处人役有三百余口，半年来从来无人能见其踪迹，这后生就真不能是人了。当即设一计，备一个红线团，线头上打了一个结，牢牢穿了一枚钢针，命令女儿次晨送这个后生时，偷偷将这个针线别在灯市后生后背的衣服之上，并答应将设法探访少年的家世，为他们完婚。

当天夜晚，灯市后生如约又至，赵家小姐自己觉得做了见不得人的事情，更不敢违抗父亲之命，另外还有一线希望是父亲已经答应将设法为他们完婚。

这一晚过得却是特别长，也没有了平日的欢乐。灯市后生问小姐说："你今天为何愁眉不展？"

小姐回答说："偶感风寒，可能是生病了。"

一晃就到了四更天，小姐心中充满凄凉，但也不敢违抗父命。她送这个灯市后生出门时，按父亲的要求，将针线暗暗别在灯市后生的后背衣服之上。另外，她在心中还存有一个希望，总以为父亲搞清楚这个灯市少年的身世后，会很快为他们完婚。

灯市后生离开后，红线团就开始转。可是，转了不大一会儿，线团就不转了。

天刚亮，赵弘殷就一个人随线亲自寻找，其实并没走远，红线就到了井里头，即进入自己家的吃水井中。赵弘殷暗自将线撤掉，又命人送小姐到涌宁府第暂住，以免他的处置行动被小姐瞧见。

小姐前脚一走，赵将军后脚便命赵家山庄的仆役兜水，谁知井中之水越兜越多。赵将军又调来府中军士，日夜不停地兜水，井水仍不见有分毫减退迹象。

赵太守大怒，命人购回数车生石灰，投入井内，再命令军士使用长木杆搅拌。眼看井水变成白色泥浆，水中既冒蒸气又冒气泡，放一个鸡蛋在井中，立等就熟；而且再搅拌一刻以后，白色泥浆中有了血一样的鲜红色。

赵弘殷这才命人将井里头的泥浆舀出来，在井底发现有一只巨大的乌龟，龟盖与井筒大小正合适。人们将其捞出来再看时，大乌龟两只眼睛已经瞎了，眼圈中仍有血水向外渗出，虽说腿脚还会抽搐，但已经不会动弹，连乌龟的头都不会伸缩了。赵弘殷命家人偷偷将这个大乌龟杀掉。

不知道为什么，刚刚入住涌宁府第绣楼的小姐突然心内一惊，心痛难忍，她不知道这是何等征兆，浑身的肌肉都在不停地颤抖。这也许是乌龟精的灵魂所致，它到达了涌宁府第绣楼，看了赵小姐最后一眼吧！可那个丫环却没有任何感觉。

赵将军又下令将这个大乌龟横过来一劈两半，赵家山庄和涌宁府第各分一半；又命赵家山庄和涌宁府第各杀了两头大猪，与乌龟肉合炖在一起，赵家山庄与涌宁府第两处三百余口军士和家中仆役，不论尊卑贵贱，都均等地分着吃了。

因猪肉与乌龟肉合在一起炖熟以后，香气外溢，所有人都直流涎水。闻到其味就飘飘若仙，犹如进入神仙世界。

当这份美味分到每个人手里的时候，心里想啥味，只要一闻，它就有啥味；再想啥味，它就又变成啥味。府谷人常说"鳖滋百味"，讲的就是这个典故。如果吃在嘴里，那更是妙不可言，那个美味是用语言与文字难以表述的。

因为吃了这一顿传说中都没有的美餐，赵家山庄与涌宁府第两处的人们欢喜雀跃。

小丫环上了绣楼，给小姐讲述这个"鳖滋百味"的神奇美味，同时也给小姐送来一份，又再次盛赞其乃绝世美味。

赵小姐用眼一看，正好碗里头有一个乌龟头，似曾相识，眉宇间还有灯市少年的面相。小姐此时才明白，合府人丁所食之"鳖滋百味"，正是自己丈夫的肉呀。她潸然泪下，悲痛欲绝。

此时的她，说又不能说，哭又不能哭；连明显一点的痛苦表情都不能表现出来，而且还要装作和平常一样，只能将泪水吞入腹中。

赵小姐也非等闲之辈，此刻已经暗下决心：自己的夫君虽然是个妖精，但仍然是我一生唯一的丈夫，我终身决不会再嫁；不管留在心中的他是人还是妖，都不会惧怕今后的任何艰辛，一定要使夫君留存的这个生命、夫君赋予自己的这一点骨血活在这个世界上。

赵小姐心中也明白，腹中这点骨血是人形还是龟形，出生以后才能知道。出生以后如果是人形，自己就将其养育成才。如果不是人形，自己就隐入山林，也要将其养育成形，待其能独立生存以后，自己就追随夫君而去。

至此，小姐就振作起精神，将碗中的乌龟头拣出来，放在枕头边。思念难过的时候，就亲亲乌龟头，安慰一下自己。

再说赵弘殷处理完赵家山庄的事情，回到了涌宁府第，彻夜未眠，思量如何处置女儿腹中的孽种。天明以后，他又去府第旁边的生药铺找了郎中，但他又怎么也说不出口，只好悻悻地回家了。

但又不能不处理，真是急得这位见过世面之人也抓耳挠腮，毕竟这是他唯一的骨血，却又想不出一个万全之策。赵弘殷还在绞尽脑汁想办法的时候，突然觉得腹痛难忍，不到一刻就死了。

也就在赵将军归天之后的当日，在天黑以前，这天吃过龟肉的人，全部都莫名地死掉了！这数百个鬼魂就涌到了阎王殿，阎罗王一看来了这么多冤鬼，但又不是屈死鬼，大部分还都是军中健卒。

涌宁府的丰都城很小，夜叉赶紧将丰都城鬼门关的城门关上，不让这些冤鬼进城，并说他们的阳寿未到，让他们赶紧返回阳间去。

这些鬼魂返回去以后，原有的尸首已经腐坏！这些冤鬼就直接跑到了有分娩的人家转世投了胎。有的孕妇产期还远远未到，要差好几个月或好几个时日，这些屈死鬼，就硬逼着人家产妇提前临了盆。

这些鬼魂几乎在死亡的同一时间又回到了人间，因本来就男鬼为绝大多数，这回是一哄而起，全部投了男胎。

涌宁府地方也不算很大，就同时出生了三百多个小男孩。后来，他们长大成人，又一起加入了赵匡胤的常胜军。

且说涌宁府第与赵家山庄两处居所，只有小姐一个人因没吃龟肉而活了下来。

唯一吃了两份龟肉的是丫环，她把小姐那份也吃了，因此死后阴魂不散，没有跟随大队鬼魂去阎罗殿，而是回到了绣楼。她发现小姐不理她了，满院再也看不见一个人影。

丫环忽然发现：自己上楼与下楼再也不用走楼梯，心中想上去就上去了，啥时候想下来，直接又下来了；想进哪个门，连门都不用开，就直接进去了；天黑也没睡觉的感觉，天明也没有想吃饭的意思，这些从未有过的感觉可真好。

当她再次回到绣楼时，小姐正准备吃饭，饭菜摆了一桌子，小姐就像没看见自己一样，让都不让一声，也不说让她吃饭。她气愤不过，将碗里的饭端起来就吃，吃了半天，饭也还是那么多，肚子也没觉得饱。这时候小姐开始吃饭，她坐下来就吃，连一句让丫环吃饭的话都没说。

丫环心中不觉大怒，只有半天没说话，就什么情谊都没有了？她抢过饭碗就扔到了楼下，回过头一看，小姐还在吃，她实在气不过，就夺过来再扔。连续扔了十几次，小姐还在吃，丫环实在是气不过，就自己下了楼。

下楼以后，丫环觉得还不解气，她知道小姐吃完饭要下楼走莲步，于是就拦在楼梯上。绣楼楼梯很窄，她就站在中间，两手抓住两侧扶手；却眼看着小姐拿着碗筷，穿过自己的身体就下楼去了。她不只是没拦住小姐，甚至自己身上连感觉都没有。

拦也拦不住，这就更加生气，就跟着小姐到了厨房。没想到，小姐自己还会洗碗，这是以前没有见过得。她想帮她洗，奈何她连头也不抬。丫环又生气了，耍起小性子，就想将那些碗筷打烂，气得她打了好半天，可那几个碗还在那里，连一个也没烂。

丫环更气了，迈步就到了院子里，看见一个丫环不干活儿，躺在墙旮旯里头睡懒觉。丫环想走过去把她拽起来，一看这死丫头穿的竟是自己的衣裳，上去扒下来就穿在自己身上；那耳环也是自己的，也拽下来就戴在了自己的耳朵上；又看那头花也是自己的，也拽下来别在了自己头上；再一看，那脸也像自己啊；又仔细看时，什么都像自己。

丫环这时才恍然大悟，这个就是自己的身体，而自己如今已经成了鬼魂！听说鬼魂都不知道疼痛，丫环就将自己狠狠地咬了一口，真的一点都不疼。

丫环这下明白了：这就是魂不附体！那就赶快附体吧！从来没做过灵魂附体的事情，不知道该怎么做，这附体又应该是怎么个附法。那就爬在自己的身体上附吧！这就使劲和自己的身体往一起揉搓。揉了好半天，好不容易揉在一起啦！又感觉这心坏了，七窍也坏了，手也不能动弹，也坏了。

丫环正想爬起来，马上就心痛难忍，浑身所有的地方都疼痛难忍。她赶紧爬起来，再一看，身体还在那里，自己的鬼魂还是自己的鬼魂，倒是感觉不到任何疼痛了。

这时候的自己还是个鬼魂呀！这又该怎么办呢？她正在想办法时，走过来两个穿着破烂衣服的男人，去抱她的身体。丫环哪能容忍得了那么丑陋、又肮脏的男人去抱自己？她跑上去就打，可是，这个男人全然不顾。倒是抱起来也没有怎么样，更没有想非礼的意思。

丫环更没想到的是那个男人抱着自己的身体只走了几步，就要将自己往那个又破又脏的口袋里面塞；更不能容忍的是，口袋里面还有两个男人。

丫环觉得再怎么也不能和那两个男人塞在一起吧，于是再次上前拉扯，无济于事，还是被塞进去了。这时，她才又想起来，自己已经是鬼魂了，那个美丽丫环的身体与自己已经没有什么关系了！

那么，自己此时该怎么办？听说人死了都要去阎罗殿，那就到阎罗殿去吧！涌宁府城的阎罗殿在城垣东南角，丫环还没想好办法，阎罗殿已经到了。

她刚走上奈何桥，看到桥下面流的都是血水，肮脏得看都不能看，还闻到她不能忍受的一股夹杂着血腥气的奇怪味道，真是臭气熏天。

血水中还飘着许多被割得零七碎八的东西，说不定是人身体的哪一块，有半个脑袋，也有一块身子，或者一副滴着血的心肝或人的肠子；或者是被大斧劈了半个脑袋，只剩下一只不能闭上、一下也不会眨、睁得溜圆的血红的眼睛，还有锯开的半拉牙床子。

但河上也有坐船的，船上的这些鬼魂都衣着华丽。她还看见有一位女子坐在轿子里头，那个轿子就放在船头上。这个女子也有点眼熟，丫环细看才认出来，那正是将军的元配——赵李氏夫人。

自己在心里回想了一下，我一生都没做过任何坏事，对待主子都是忠心耿耿。如果不能坐轿子，坐船也行啊！正好再伺候着赵李氏，仍然当自己的丫环也挺好。

正想着，脚下的这个奈何桥顿时就颤抖起来，几乎将她摔了下去，但她还是爬在了桥面上勉强没有掉下去。

丫环刚爬过了桥，迎面就来了一个母夜叉，直接就向自己奔来，还手执一把锈迹斑斑的大钢叉就要叉她。丫环争辩道："我又没做任何坏事，你为何要用铁叉叉我？"

夜叉答道："你在绣房中那样淫荡，虽然没有得到实际之快慰，但也已经触犯了律条。你还有偷吃美味之罪，光这两条就应该上刀山了，我就是要来叉你上刀山的。"

这丫环一听，夜叉说的都是真事，还真就吓坏了，赶快掉头就跑。夜叉又吼道："你的阳寿还远未到，我也不拿你了，你自己找地方投胎去吧！"

这丫环就又跑回人间，心想："到哪里去投胎呢？咦，我家小姐腹中不是正怀孕吗？虽然不是太名正言顺，将就点，还是回去投小姐的胎吧！这就回去好好等待，反正怀孕已经是半年多了，再等几个月吧！"

从此，丫环还和以前一样，天天守候在小姐身旁。这么大的一座府第，就住了小姐一个人和丫环这一个屈死鬼。所以，丫环就从此不让任何其他鬼魅靠近，尽心保护着小姐与胎儿。

十个月到了，小姐没有分娩。一年过去了，小姐还是不分娩。两年过去了，小姐依旧还是没有分娩的迹象。

　　小姐也挺着个大肚子等不及了，她听说产妇走远道或者过上几个十字路口，就能起到催生作用。这一天，小姐收拾行装，雇了一辆马车，坐着马车就回到了赵家山庄。

　　这个丫环的鬼魂，也顺便搭着小姐的轻辇，坐在拉车的驾辕马身上，也同时回到了赵家山庄。就在这天的夜里，她看见有两只小乌龟在绣房外面玩耍。丫环看见这两只小乌龟，非常喜爱。这两只小乌龟正要往绣房里面爬。

　　她想，这么小的乌龟什么时候才能爬上去，光就绣房那个台阶吧，哪一个也有好几个小乌龟那么高，又够不着台阶上沿，它怎么能爬上去呢？她就将小乌龟捉了起来，抱在怀中，带回了绣房。抱到绣房以后，就放在绣房外间的床上，她也正好与小乌龟玩耍。

　　这时候，突然听见小姐在里间有呻吟之声，看来快要生了，跟前却没有任何人照应，就赵小姐一个人自己分娩。她这个鬼魂，既想照应一下小姐，又要赶紧做好投胎的准备。

　　正在这个时候，小姐要生啦！她也正要去投胎，没想到这两只小乌龟就抢先飞过去了，比她跑得还快。她还想去抢回本应属于自己、守护了两年多的投胎机缘，不曾想却有两条大龙向她扑过来，吓得她这个鬼魂赶快逃跑。

　　一跑出赵家山庄，那正好是黄河的龙湾内湾。鬼魂本身也身轻，又因为跑得太快了，一时没站稳，一下就从山庄前面的石崖上摔了下去，跌得鼻青脸肿，一时就把丫环的鬼魂跌得昏迷不醒了，在还没有醒过来的时候，已经被大水冲在了黄河的激流之中。

　　不知过了多少时日，丫环感觉身子还是十分沉重，在黄河的激流中，不知飘了有多少天。按阳世间的天象，树叶落了又发芽，再新长，也有两三个轮回了。

　　这天，她随水漂流至龙门县地界，见水流湍急，心中害怕，顿觉清醒，紧了一下身子就跃上岸来。正好有一家卖艺人家，于河岸边盖了一间草房，夫人在茅草庐舍内分娩。

这正是，慌乱中来不及选择父母，有胎便投。这个丫环的阴魂，即转世投胎到了这一家，这艺人家就产下了一名女婴。这个女孩因出生在卖艺人家，父母就让女儿从小拜师学艺，最终学成十分高强的武艺，一生都从未遇到过敌手，她就是后来的赵京娘。

再说涌宁府第与赵家山庄，那天吃过一顿龟肉之后，只过了三天，两处都没有发现什么疾病，赵府三百余口人，突然全部死亡。只有赵小姐一人因没吃龟肉而活了下来。

对赵小姐来说这也更好，自己毕竟是一个没出阁的大姑娘，肚子挺得老大。这么大的一座深宅府第，就住了她一个人，外人一般也不进来，也就没人看见。她就潜居于深府之中，孕期已达到了两年零四个月，还没有生产的任何迹象。

因为在涌宁府第等不到分娩，这一天她就回到了赵家山庄，进门不多时，突然觉得腹痛难忍，没想到一胎竟生了两个儿子。

这两个男孩出生后，赵小姐自己首先看看他们长什么样子：是人娃娃，还是小乌龟？看见他们和灯市后生一模一样，是一个正常的人形，这使得赵小姐内心宽慰了很多。

赵小姐想到了自己私自婚配，一胎又生了这两个儿子，既不是父母之命，也没有媒妁之言，实际是诓隐了自己的父母，私配而得双子。匡字又为老千家姓之一，决定让两个儿子就选这个"匡"字为姓，一字双意。大儿子因诓隐父母取名"匡胤"，又希望二儿子能忠诚于其兄长，能够生死与共、一生义气为先，所以取名"匡义"。

不管赵家怎么诓隐遮瞒，天下没有不透风的墙，老百姓还是都知道了这件事。

从匡胤兄弟出生这年起，涌宁府城就不再过元宵节了。因为每年元宵节的灯会，都是在晚上才进入高潮，姑娘们也是很晚才出来观灯，父母对女儿就很难管束。他们担心女儿在晚间的灯市上自主跟人私奔或私配。

这就是一个传说。

宋太祖赵匡胤传

从小立志习武

　　时光荏苒，赵匡胤就要满周岁了。赵弘殷的心中不禁惶恐起来。因为赵弘殷的第一个儿子就是在满周岁后不幸夭折的。赵弘殷向妻子建议道："夫人，我们，就不要给胤儿抓周了……"

　　杜氏不同意："将军，生死有命，富贵在天，与抓周何干？"

　　杜氏虽为女流之辈，但比丈夫更有主见。赵弘殷最后说道："那就听夫人的吧！"

　　于是赵弘殷夫妻开始为儿子准备抓周的东西。抓周，又称拭儿、试晬、拈周、试周。这种习俗在民间流传已久，它是小孩周岁时举行的一种预测前途和性情的仪式，是第一个生日纪念日的庆祝方式。

　　相传，三国时吴主孙权称帝未久，太子孙登得病而亡，孙权只能在孙辈中选太子。有个叫景养的西湖布衣求见孙权，进言立嗣传位事关千秋万代的大业，不仅要看皇子是否贤德，而且要看皇孙的天赋，并称他有判断皇孙贤愚的办法，孙权于是命景养择一吉日进行这一工作。

是日，诸皇子各自将儿子抱进宫来，只见景养端出一个满置珠贝、象牙、犀角等物的盘子，让小皇孙们任意抓取。众小儿或抓翡翠，或取犀角。只有孙和之子孙皓，一手抓过简册，一手抓过绶带。

孙权大喜，于是册立孙和为太子。然而，其他皇子不服，各自交结大臣，明争暗斗，迫使孙权废黜孙和，另立孙亮为嗣。孙权死后，孙亮仅在位七年，便被政变推翻，改由孙休为帝。

孙休死后，大臣们均希望推戴一位年纪稍长的皇子为帝，恰好选中年过二十的孙皓，这时一些老臣回想起先前景养采用的选嗣方式，不由啧啧称奇。其后，许多人也用类似的方法来考校儿孙的未来，由此形成了流被江南的"试儿"习俗。

"抓周"的仪式一般都在吃中午那顿"长寿面"之前进行。讲究一些的富户都要在床前陈设大案，上摆：印章和儒、释、道三教的经书，笔、墨、纸、砚，算盘、钱币、账册，首饰、花朵、胭脂，吃食，玩具。如是女孩"抓周"，还要加摆铲子、勺子、剪子、尺子、绣线、花样子等。

一般人家，限于经济条件，多予简化，仅用一铜茶盘，内放私塾启蒙课本《三字经》或《千字文》一本、毛笔一支、算盘一个、烧饼油果一套。女孩加摆：铲子、剪子、尺子各一把。由大人将小孩抱来，令其端坐，不予任何诱导，任其挑选，视其先抓何物、后抓何物，以此来测卜其志趣、前途和将要从事的职业。

如果小孩先抓了印章，则谓长大以后，必乘天恩祖德，官运亨通；如果先抓了文具，则谓长大以后好学，必有一笔锦绣文章，终能三元及第；如是小孩先抓算盘，则谓将来长大善于理财，必成陶朱事业。如是女孩先抓剪、尺之类的缝纫用具或铲子、勺子之类的炊事用具，则谓长大善于料理家务。

反之，小孩先抓了吃食、玩具，也不能当场就斥之为"好吃""贪玩"，也要被说成"孩子长大之后，必有口道福儿，善于'及时行乐'"。总之，长辈们对小孩的前途寄予厚望，在一周岁之际，对小孩祝愿一番而已。

抓周既然是游戏，真正相信它的人并不多，但有些父母却对此十分认真，赵弘殷和杜氏就是这样的人。

赵匡胤满周岁的那一天终于来了。抓周的时候，赵弘殷在儿子的面前放了一大堆东西，有吃的、玩的、用的……数书本最多。

赵弘殷拿了五六本书放在距赵匡胤最近的地方。很明显，赵弘殷希望儿子的小手第一次就抓到书本。但赵匡胤没有去抓书本。确切地说，他什么也没有抓，两只小手只是在身前舞动，可就是不抓。

赵弘殷有些急了："胤儿，你倒是快点抓啊……"

杜氏瞧出了点名堂："将军，你看胤儿在看什么？"

可不是吗？赵匡胤一对小眼珠子滴溜溜地朝着赵弘殷的身后瞅。赵弘殷身后的墙壁上，悬挂着一柄剑。那柄剑曾握在赵弘殷的手里多次征战沙场。

赵弘殷皱了皱眉，然后吩咐仆人道："将剑取来，放在少爷面前。"

说来也怪，仆人刚把剑放在赵匡胤的面前，赵匡胤的双手就马上抓住了剑鞘，且一只小手还慢慢地摸到了剑柄上，似乎是要将剑从鞘里拔出来。再看赵匡胤的脸，明显有一种满足的神情。

"夫人，"赵弘殷又皱起了眉，"这孩子，好像有点奇怪……"

杜氏却不以为然："有什么好奇怪的？你喜欢舞刀弄枪，胤儿自然也就喜欢剑。"

是啊，第一个儿子赵匡济倒是在抓周的时候抓着了书本，但却早早夭折了。说不定，胤儿舍书抓剑，是个好兆头呢。

尽管如此，在赵匡胤抓周之后，赵弘殷的心几乎提到了嗓子眼儿。好在他这种担心是多余的。一年过去了，两年过去了，三年也过去了，赵匡胤在茁壮地成长着。

而且，自满周过后，赵匡胤好像从未得过什么病，赵弘殷这才稍稍安下了心。杜氏也常常自觉不自觉地看着赵匡胤的身影微笑。

时光如梭，赵匡胤一天天长大。他从小性情豪迈，胆略过人，臂力奇大，资质聪敏；他父亲历后唐、后晋两朝，都是武官。每逢父亲校阅军伍、操练行阵的时候，赵匡胤必定前往观看。他喜出入营中，开硬弓、骑劣马，十八般兵器，一学便会，一会便精。

父亲叫他读书，他奋然回答："治世用文，乱世用武。现在时局扰乱，兵争不休，只有练习武事，将来乘机崛起，才能安邦定国，方不虚此一生。"

赵匡胤小小年纪之所以会有这样的思想，与他所处的军阀混战环境密切相关。特别是他亲眼目睹李从珂造反事件，更是给他带来了极大震撼。

李从珂，本姓王，小字二十三，母魏氏，镇州平山人。身世微贱，父早死，跟着母亲魏氏相依为命。在他十岁那年，骑将李嗣源路过平山时，见其母魏氏貌美，于是掠为妻子，李从珂也随之被掳，成为唐明宗的养子，赐姓李，名从珂。

李从珂长大后谨慎诚实、沉默少言，但身形雄伟健壮，又骁勇善战，常随李嗣源南征北讨，颇得其喜爱。后唐庄宗李存勖即位后，发动了灭梁战争。李从珂跟随着李嗣源冲锋陷阵，屡立战功。

天祐十五年，庄宗与后梁的军队在胡柳坡作战，两方的军队都疲惫不堪，李从珂护卫庄宗夺取土山，摧毁敌军精锐，他们的军队士气才振奋起来。

当时，李嗣源已先渡过黄河，庄宗不高兴，问他说："你应当为我拼死战斗，渡河往哪里去？"李嗣源认罪，庄宗因为李从珂作战有功，才消除怨怒。

天祐十八年，庄宗李存勖率军和后梁军队在黄河岸边交战，在梁军退却时，李从珂竟然领十几名骑兵混在敌人当中和他们一起后退，等到抵达敌人的营寨大门时，李从珂大喊一声，杀死几个敌兵，然后用斧头砍下敌人的旗杆回到自己营寨。

李存勖见状，大叫："壮哉，阿三！"立即让人拿酒来，亲手赐给他一大杯酒。李存勖本人就总喜欢冒险作战，李从珂的举动使他极为振奋。

同光元年四月，李从珂跟随李嗣源攻破郓州。九月，庄宗在中都打败梁朝大将王彦章，迅速赶赴汴州。李嗣源率领先锋部队，李从珂率领精锐骑兵跟随，昼夜兼程行进，最先攻下汴州城。庄宗慰劳李嗣源说："恢复唐的天下，是你们父子的功劳。"

长兴四年，闵帝李从厚即位后，李从珂备受猜忌：李从厚先是解除了他儿子李重吉的禁军之权，改任亳州刺史，调离京师；然后又宣召他出家为尼的女儿李惠明进宫。

李从珂听说儿子被外调、女儿被内召，知道新主对他产生了猜忌，终日惶惶不安。后来，闵帝更是听从朱弘昭、冯赟等人的建议，实行"换镇"政策：诏令李从珂离开凤翔，改任河东节度使。

李从珂接到诏令后，非常不满，于是举兵反叛。李从珂让人起草了檄文散发到各地，以"清君侧、除奸臣"为名，请求各节度使共同出兵攻打京师。

李从厚命王思同领兵来讨伐，王思同集结各路兵马围攻凤翔城。这凤翔城不是重镇，城低河窄水也浅，无法固守。王思同的军队和李从珂的相比，占了很大优势。

在朝廷重兵的大力攻击下，凤翔城东西关的小城先后失守，李从珂的属下伤亡也很大，再打下去，城池难保。李从珂站在城头上，焦急万分，恨自己没有早点防备，以致今天要落个身首异处的下场。

情急之下，李从珂三下五除二，将上身的衣服脱掉，露出身上的一个个伤疤，然后站到了城墙上，哭泣着说："我自小就跟随着先帝出生入死，身经百战，满身创伤，才有了今天的江山社稷；你们大家跟着我，这些事都看在眼里。现在，朝廷宠信佞臣，猜忌贤臣，我究竟有什么罪要受此惩罚啊！"

在生死关头，李从珂哭得声泪俱下，动之以情、晓之以理，使许多攻城的军士动了恻隐之心，转而支持他。李从珂先后劝降曾经的部下羽

生逢乱世

林指挥使杨思权、都指挥使尹晖等攻城将领，并趁机一举击败李从厚派遣的所有军队，随即拥兵东进，兵锋直指都城洛阳。

一路上，各郡县无不望风迎降，朝廷派来征讨的军马也先后投到了李从珂麾下。旬月之间，兵至陕州，进逼洛阳。李从厚无兵无将，仓促出逃。

四月三日，李从珂率军进入洛阳城。宰相冯道率领文武百官劝进，李从珂假意不从。第二天，太后下诏废李从厚为鄂王，命李从珂监国。四月六日，又立李从珂为帝，他这才登基做了皇帝，是为后唐末帝，改元清泰。

李从珂称帝时，赵匡胤年龄不过七八岁，虽然并不懂得这些事件的真正意义，但是却从父亲匆忙的神色、母亲惊惶不安的话语中，感受到了时代的焦虑、政治和强权对人的重大影响，因此他从小就立志成为一名驰骋沙场的武将。

但是，赵匡胤的父母却不这样想。赵弘殷自己就是武将，深知战场的危险；母亲更不想让儿子天天打打杀杀，特别是她想到儿子一旦进入军营，连面可能都难得一见了，更是极力反对赵匡胤学武。

在父母的坚持下，赵匡胤被送到外公杜三翁那里读书，进了陈学究的私塾。赵匡胤常因争强好胜、容不得别人的缺点而经常受到老师的教训。

这私塾虽只有二十几个学生，却有几个是后来的盖世英雄，如后周世宗柴荣，一代名将石守信、杜彦咸，赵匡胤与他们气味相投，如鱼得水。

当时这些人都是孩童，个个聪明，有胆有略，而且个个花样百出、顽皮捣蛋，最后将老师的便壶凿穿，涂上泥巴，弄得老师当夜把尿水全部淋在床上。

得罪了老师，赵匡胤只好打道回府，回到洛阳，又与韩令坤、慕容延昭、张光远、杨廷龙、周霸、史圭、李汉升、李重进等年轻人搅和在一起。

　　赵弘殷不甘心儿子天天与狐朋狗友一起胡闹，于是又给儿子请来了一位姓辛名文悦的同乡，给匡胤当业师，讲习五经。

　　辛老先生是位饱学宿儒，勤于治学，对学业抓得很紧。但赵匡胤受到时代的熏陶，干戈扰攘，耳濡目染，哪里还有心思苦读嚼蜡似的"之乎者也"。

　　在武力决定一切的思想支配下，他魂不守舍，口念经书，实则心飞旷野。一听先生说放学，他就像离弦的箭，拔腿而出，伙同孩子们玩起操演打仗的游戏，很快就成了孩子王。只要他一声令下，没有一个不听话的。从学塾归家，他命令孩子们排队，自己跟在后面喝令，队伍好生整齐。

　　在了解到匡胤对武艺感兴趣之后，辛文悦请他一位朋友教授匡胤武艺与兵法。赵匡胤本来对习文不感兴趣，可从学武之后，再加上辛文悦的引导，他对读书的兴趣也日益浓厚起来。

　　关于赵匡胤童年的学习经历，还有一个美丽的民间传说。

　　据说，赵匡胤兄弟在赵家山出生后，赵府全家都死了，只有赵小姐带着他们兄弟生活。

　　一晃几年过去了，匡胤兄弟已经到了读书的年纪，赵小姐想起了自己家的风河书院。府谷城南有天然凌云道，能避东南西北风，严冬狂风不侵其地，凌云道就成为避风道。炎热的夏天，外面无风，道内却有习习凉风，四季行风犹如如河水。早年，赵弘殷太守就建书院于此地，因景致而命其名——"风河书院"。

　　赵小姐将原来的风河书院收拾好，又请了先生，将两个儿子送入城南风河书院读书。同时又资助了十来名当地学子，与儿子共同学习，家庭有困难的书生，纸笔砚墨与食宿，赵家一切都负责起来。

　　书院开馆第一天，书生们互相不熟悉，匡胤力气又大，不一会儿就和同学们打起架来了！比匡胤大好几岁的孩子也打不过他。他把同学打得鼻青脸肿，同学打不过就骂匡胤兄弟二人说："你们这两个'乌龟王八蛋'，是你妈不要脸，私自嫁了个乌龟精而生的你们，不光是连个父亲都没有，更连个姓也没有。这方圆几十里也没个姓匡的，回去问你妈，你们那姓匡的爹在哪里？是哪里人？还敢和我们争高下吗？我们不揍你已经算是好的啦！"

匡胤和匡义弟兄非常气愤，马上就回家，问妈妈道："我们有父亲吗？有姓吗？这附近几十里也没姓匡的，我们为什么姓匡呢？同学们为什么骂我们是乌龟王八蛋？"

当妈妈的一着急，就告诉儿子道："你们有父亲，也有姓。父亲姓赵，名叫赵弘殷。说你们是乌龟王八蛋，那只是骂人的粗话，不必计较。我们也是人，和他们是一样的人。自古以来，揍打没好手，揍骂没好口；再骂你们，你们不管他就是了。"

赵小姐心想："要想人不知，除非己莫为。天下的人都爱搬弄是非，自己私配的这个事天下人都知道，世上有那么多张嘴，就是不让人说，你能堵住几张嘴，自己连谁的嘴也堵不住。明着不说，背后还是要说。堵还不如不堵，就让他们说去吧！"从此，匡胤兄弟即用外祖父的姓氏。

先生闻听书生打架以后，知道这回书生闯了大祸。因书院校舍本是赵家私塾，自己也是赵家出资聘请的，学童学费也都是赵家资助，伙食也大都是赵家提供。

这个时间正是二匡兄弟回家询问母亲之时。这时先生就将所有书生叫至跟前，说道："你们这些孩子吃的饭、住的房子，还有先生我的薪资，都是赵家给的。你们还要骂人家，你们还想念书吗？今后不论对错，都不准与这两个孩子有争执，谁再与他们发生争执，我就将谁逐出学堂。"

先生训诫完学子以后，就坐在书院静候主家发落，没想到主家始终未曾过问。先生又再次告知学子道："从此以后不准与赵家孩子争执，如再有争执，不论对错，都要逐出学堂；你们要知道，连这学堂都是赵家的。"

因当时赵家兄弟也是孩子，而且还是书院年龄最小的孩子；他们认为自己也有父亲，也有姓，与其他学生也都无异，即转怒为喜，并未深究此事。

兄弟二人回到书院，从此就以赵为姓。因为匡胤与匡义性格为人忠实厚道，时间长了与同学关系良好，所以就和睦相安，还经常用各种方式接济那些穷人家子弟。

因赵匡胤兄弟天资聪敏过人，先生所教，其他书生三天还没学会，他们这两兄弟却教一遍就能熟知，学完后就要求先生再教授新内容。没用几天时日，先生的学问已经空空如也，没有东西可教了。连续换了两位先生，不到半年，都因学问枯竭而悻悻地离开了书院。

第三位先生还没到书院，就知道了这个情况，于是随机应变，改为每天教十个字，但前面已经学会了不少，就是每天只教十个字，这位先生也觉得非常吃力。

其他同学还学不会，赵匡胤兄弟早已学习完十个字，实在觉得无聊；又是炎热的夏天，书房里太热了，他们就出了书院，顺着风河古道，来到了黄河边。

因为酷暑难当，这两个孩子又天性乐于玩水，赵匡胤兄弟本身又是水族，乌龟精所生，水性自不必言，因为水性本就是天性。据说，赵匡胤兄弟能在水中日行千里。

赵匡胤兄弟二人在学习的空闲时间教同窗学友玩水，让他们到了水中应该如何动作才能不被淹死，可保平安无事。

这天，赵匡胤兄弟二人从书院出来，到了黄河岸边，将书包摔在岸上，纵身就跳入了黄河之中，逆流而上。他们行至雾迷浪，看见一条巨龙沉睡不醒。

赵匡胤上前就骑在龙背之上，双手摇龙角，直摇得河岸上山摇地动、河道中波涛汹涌，赵匡胤兄弟在水中却什么都不知道。

不管你怎么摇晃，巨龙仍然沉睡不醒。正当午时，太阳照在正中，赵匡义忽然看见龙口有一对鲤鱼分左右跃出，急忙用手去捉，结果鲤鱼跑了！

于是，赵匡胤弟兄两人就待在龙口旁边，等待鲤鱼再次出现。没想日影已经西斜不少，也没有鲤鱼再次游出。兄弟二人贪玩儿，竟然忘记了回家吃午饭。

此时太阳已经到了后半晌，赵小姐见儿子后半晌还没回来吃饭，就跑到书院来寻找。书院里没有，她又问赵匡胤兄弟的同学。同学告诉赵小姐道："两个人都下河玩水去啦。"

赵小姐又寻至黄河边，看见衣服与书包都放在岸上，人却看不到，又问小同学他们俩下水有多长时间了，同学回道："下河已经有两三个时辰了。"

赵小姐以为孩子们必然淹死无疑，又联想到自己为了这两个孩子所受的委屈与苦痛，真是无法言说。于是手拍河岸，放声大哭，尽诉自己这些年来的一切苦痛始末。

因为赵小姐即是龙母，只拍得河床震动，浪潮汹涌，波涛击岸，声震如雷。赵匡义忽然听见了母亲的哭声，好像是在叫他们弟兄两人，赶紧告诉兄长。

兄弟二人急忙返回，看见其母亲正在大哭。他们上前拉住母亲的手臂，就问母亲为何号哭。

赵小姐看见儿子们回来了，心中也马上就明白了，她的这两个儿子是乌龟精之子，水性就是天性，从此再也不怕他们被淹死。

第二天，赵匡胤兄弟学习完十个字，又去雾迷浪玩水，待到正当午时，又有两条鲤鱼从龙口游出来，被赵匡胤兄弟捉个正着。他们各捉了一尾，就上了对岸想卖鱼。

对岸正是火山县地界，山上正是火山王杨衮的府第。二人正遇上火山王的家人下山买鱼，于是将双鱼卖了一两银子。

两兄弟返回永安驿的街上，用这一两银子买饭吃，席面非常丰盛。大约只吃了两成多一点，大部分都剩下了，赵匡胤兄弟就送给了街上那些流浪儿。

再说火山王杨衮的家人将鱼买回去以后，厨师刮鳞杀鱼，没想到这鱼就发出和孩子一样的哭声。厨师都吓得不敢杀了，急忙报告给杨衮，杨衮命令将鱼放生到黄河里面去。

第二天，杨府又如前日买回两尾一模一样的鱼，杀鱼时又有哭声，有哭声就再放生。经过连续数日，都是如此，火山王命家人带卖鱼的童子来见。

杨衮亲自询问赵匡胤兄弟说："你们这两条鱼是从哪里捕到的？怎么每天都能得到一模一样的两条鱼？"

赵匡胤毕竟是孩子，就将河湾水里面的事情具实告诉了杨衮。

杨衮说："明日再逮住鱼儿以后，到府中来卖，我给你们二两银子。"赵匡胤兄弟二人当然高兴，当即就答应了。

就在这天夜里，火山王杨衮从祖坟中将祖辈的遗骨取出来，装在一个白布口袋里面，取祖入龙门，子弟必有龙子龙孙之象，所以就欲将祖宗遗骨置于龙口之中。

第二天，赵匡胤兄弟二人应约而至，以鱼换了二两银子。火山王又交给匡胤兄弟一个白布口袋，让其放入龙口，放入龙口以后再到府中领取赏银二十两。

赵匡胤自然很高兴，当时就答应了。因当时还没吃饭，天也晚了一点，回家后当日没有去，就将这个白布口袋带回到家中。

半夜里，赵小姐发现匡胤带回来一个白布口袋，怀疑儿子是不是偷了别人家的东西。夜半就将儿子叫起来质问，赵匡胤兄弟二人以实情告知母亲。

赵小姐将白布口袋摸了一下，里面好像是人的骨头，又拆开针线一看，确定就是人死多年后的白骨。她心里就想："那杨衮为啥要把这些人的骨头放入龙口呢？杨衮既然要将多年前亡者的白骨放入龙口，一定是有好处的。而且自己的丈夫是一个乌龟精，埋在哪里都不合适，正愁没地方安葬，这不正是时机吗？如果放入龙口，谁都不会知道，也能给后人少留一些话柄。"

经过这数年时间，赵小姐已将亡夫之龟骨六十四块拣齐。她思忖之后，随即就缝制了一个红布口袋，将这六十四块龟骨装了进去；并告诉赵匡胤兄弟，先将自家红布口袋放进去以后，再放杨家的白布口袋。

赵匡胤兄弟肯定听妈妈的话，第二天，他们又到了雾迷浪，先将自家红布口袋放入龙口。未料，放入红布口袋以后，龙口噗的一声就合上了，用手掰，怎么都掰不开。

因为再怎么用手掰，终不能将龙口掰开，两兄弟又回到岸上，在岸边找了一个干柴棒，不但撬之也不能开，而且将干柴棒撬断了，半截干柴棒留在了龙口以内。

赵匡胤兄弟二人用尽各种办法，均不能动之分毫。实在是没有办法了，他们随即又从岸上找来柳树条，将杨家白布囊捆绑，将白布囊挂于龙角之上。然后游到对岸，去杨府讨赏。

小孩子没有把事情做好，神色难免有点慌张。杨衮看见其神色不正常，就说："我的白布口袋你并没有放入龙口，你们居然敢哄骗我？"

赵匡胤据实告诉了火山王。杨衮勃然大怒，立即命令赵匡胤兄弟二人迅速去取回白布囊。

赵匡胤兄弟又返回到雾迷浪，睡龙已经找不到了。弟兄两个将雾迷浪水潭区域找遍了，也没能找到石龙。任他们怎么找，就是没有了睡龙的踪影。

天快黑了，赵匡胤兄弟才返回火山王府，并将实情告诉杨衮，说是实在是没办法找到睡龙了。

杨衮也明白，这也许就是天意，他也实在没有办法了。就问赵家兄弟道："你挂在左边还是挂在右边，是哪一只龙角？"

这个年龄期的孩子，对左右还不大明白，就给杨衮模仿了一遍。杨衮看出来，是挂在右龙角。男左女右，他又长叹了一声，暗恨："你如果能得了天下，我杨家世代将为你保江山也罢，还要女将当先、男儿受气，真正恨煞人了。"从此，杨衮不再与赵匡胤他们家为邻，举家西迁龙鳞城。

随军迁移开封

天福三年冬，赵匡胤全家迁往开封。赵家的这次忽然迁徙，与当时的政局密切相关。

李从珂称帝后，与河东节度使石敬瑭的矛盾也日益尖锐。石敬瑭生于唐景福元年，太原汾阳里人，从小就沉默寡言，喜欢读兵法书，而且非常崇拜战国时期赵国名将李牧和汉朝名将周亚夫。时任代州刺史的李嗣源对他很器重，将自己的女儿嫁给了他。

李存勖听说石敬瑭善于骑射，把他提拔到自己身边，李嗣源请求将他调往军中，李存勖同意了。李嗣源让他统领自己的亲军——精锐骑兵"左射军"，号称"三讨军"，视他为自己的心腹之将。此后，石敬瑭跟随李嗣源转战各地，成为李存勖的一员骁将。

后唐应顺元年，李从厚继位，是为后唐闵帝。石敬瑭被加授中书令，调任镇州成德军节度使；李从厚让在陕西的李从珂任河东节度使，李从珂发动兵变，领兵杀向洛阳。

李从珂又请石敬瑭去商议军国大事，石敬瑭在路上遇到从洛阳逃出来的李从厚，李从厚的随将埋怨石敬瑭不保李从厚，短兵相接后，石敬瑭将李从厚的随从全都杀死，然后将李从厚幽禁起来，去向李从珂请功。后来，李从珂派人将李从厚杀死。

李从珂继位以后，任石敬瑭为太原节度使、北京留守，充大同、振武、彰国、威塞等军蕃汉马步总管。虽然石敬瑭帮自己除掉了李从厚这个后患，但李从珂并没有信任他，反而将石敬瑭当成最大的威胁来对待，想尽办法要将他调离河东这块根据地。石敬瑭到首都参加完李嗣源的葬礼之后，也不敢提出要回去，害怕李从珂起疑心，所以整天愁眉不展，再加上他当时有病，最后竟瘦得皮包骨，不像个人样。

妻子李氏赶忙向母亲曹太后求情，让李从珂放石敬瑭回去。李从珂虽然不是曹太后的亲生儿子，但曹太后从小对他如同亲生一样，又见石敬瑭病成这样，估计难以构成什么威胁，于是就顺水推舟做个人情，让石敬瑭回到了河东。放走石敬瑭，李从珂并不放心。清泰二年，李从珂派遣武宁节度使张敬达领兵驻屯在代州，牵制并监视石敬瑭。

石敬瑭回去之后，更是小心防范，其妻李氏有次回去参加李从珂的生日宴会，想早点回来，李从珂却醉醺醺地对她说："这么着急回去，是不是要和石郎造反呀？"

李氏回来告诉了石敬瑭，这使石敬瑭更加相信李从珂对他疑心很重，因为酒后人常说些平时不想说的话。从此石敬瑭就开始为以后做充分的准备。石敬瑭一方面在首都的来客面前装出一副病态，说自己没有精力治理地方政务，以此来麻痹李从珂；另一方面，他几次以契丹侵扰边境为名，向李从珂索要大批军粮，说是屯积以防敌入侵，实际是为以后作打算。李从珂被他蒙在鼓里，屡次上当，但石敬瑭的部下却看了出来，在朝廷派人慰劳将士时，有些人就高呼万岁，想拥立石敬瑭做皇帝以功邀赏。石敬瑭害怕事情泄露，就将领头喊口号的将士共三十六人杀死。

为防止以后有变时措手不及，石敬瑭决定试探李从珂，于是上书假

宋太祖赵匡胤传

装辞去马步兵总管的职务，希望李从珂让他到别的地方任节度使。如果李从珂同意，就证明怀疑自己；如果安抚让他留任，说明李从珂对他没有加害之心。

但李从珂听从了大臣薛文通的建议，薛文通说："河东调动也要反，不调动也会反，时间不会太长，不如先下手为强。"

后唐清泰三年五月，李从珂改任石敬瑭为郓州节度使，晋封赵国公，又改赐"扶天启运中正功臣"名号；接着降诏催促石敬瑭前往郓州就任，这下刺激得石敬瑭慌不择路地派遣桑维翰勾结契丹做了"儿皇帝"，从此留下百世骂名，此是后话。石敬瑭先装病不走，然后又要求李从珂让位给李嗣源的亲生儿子李从益，说李从珂是养子，不应该继承皇位。

李从珂下令罢免石敬瑭的所有官职，然后派兵讨伐，命张敬达领兵攻打太原。安重荣、安元信、安审信率军来援，张万迪等人率军来降。这个月里，城外围军进攻得非常激烈，石敬瑭亲自抵挡飞箭流石，人心虽然坚定，但粮仓里的粮食却逐渐匮乏。

万般无奈，石敬瑭决定求助于契丹。年近半百的石敬瑭竟无耻地提出遵奉三十四岁的塞外大国契丹的辽太宗耶律德光为父，主动自称"儿皇帝"，并割让长城以南的燕云十六州及每年贡献银绢三十万两匹，请求施以援手。他手下的一号军头都押衙刘知远虽然是个沙陀人，但他的战略眼光和"中原情结"远强于石敬瑭。

刘知远力劝道："主公此举大谬，想让契丹人来帮我们，出点钱就可，何必割让土地。您比耶律德光大十一岁，怎么能做他的儿子？何况雁北自古就是中原屏藩，一旦失去，契丹铁骑就可以毫无阻碍地驰骋中原，必然会酿成大祸，到时候想后悔都来不及了。"

石敬瑭不听，仍然派手下谋士桑维翰前去送信。正愁没机会南下的耶律德光喜出望外，立即领兵从雁门关南下来救石敬瑭。

但后唐君臣对契丹的来援却毫无戒备，没有及早截断雁门诸通道，致使契丹主耶律德光所率的军队顺利通过险要，进抵太原，大败后唐军队，将后唐五万大军包围于晋安寨。

被围于晋安寨的后唐军队内无粮草、外无救兵，军心已乱，副使杨光远、大将安审琦劝主帅张敬达投降，遭其拒绝，便索性将他杀害，率全军投降了石敬瑭。契丹国主作册书封石敬瑭为大晋皇帝，改元天福，国号大晋，契丹国主自解衣冠授之。就这样，石敬瑭在柳林即位称帝。

随后，石敬瑭与契丹大军得以顺利南下进逼京师洛阳。此时，后唐兵力还很强，但李从珂志气消沉，昼夜饮酒悲歌，不敢领兵出战，坐等灭亡。各镇将领见状，纷纷投降石敬瑭。

清泰三年闰十一月二十六日，李从珂见大势已去，于是带着传国玉玺与曹太后、刘皇后以及儿子李重美等人登上玄武楼，自焚而死，后唐从此灭亡。李从珂死后无谥号及庙号，史家称之为末帝或废帝，传国玉玺也在此时遗失不知所踪。

洛阳在一夜之间更换新主，使少年赵匡胤受到了极大的震撼，也又一次看到了强权和武力的威力，从而更加坚定了自己学武的人生选择。

天福三年十月，石敬瑭决定迁都汴州，以汴州为开封府，称东京。以东都洛阳为西京，以西都长安为晋昌军节度。随后，后晋朝廷浩浩荡荡，迁都开封。赵弘殷在后晋建国后，并没有受到太多影响，依然担任军队职务。不过，随着后晋迁都，赵家也不得不随军迁移，这一年，赵匡胤已经是一个十一二岁的少年了。

离开洛阳的时候，赵匡胤很有些舍不得，这毕竟是自己生长的地方，这里有太多的记忆，有太多的幼时伙伴，而现在却要走了，他怎么会不伤心呢？

然而，现实就是这样，皇帝要迁都，臣民只能跟着走，赵匡胤只好无奈地跟着父母踏上了迁移的旅程。

离开故土固然让人伤心，而外面新奇的世界又极容易让人兴奋。所以，赵匡胤很快又高兴起来，并向父亲打听开封是一个什么样的地方。据传，赵家在这次迁移的路途中，遇到了传说中的陈抟老祖。陈抟，字图南，号"扶摇子"，赐号有"白云先生""希夷先生"，著名的道家学者、养生家，尊奉黄老之学。

　　唐咸通十二年，陈抟出生于亳州真源县。他四五岁时，在涡水岸边游戏玩耍，有一青衣老妇给他哺乳，从这以后陈抟日益聪明颖悟。长大后，他读经史百家，一见成诵，过目不忘，以诗著名。

　　唐文德元年，陈抟受皇帝召见，赐号"清虚处士"。五代吴越宝正七年、后唐长兴三年，陈抟去京城洛阳应考进士，名落孙山。

　　后唐清泰二年，陈抟隐居武当山九石岩，从此不求俸禄官职，以山水为乐。在那里，陈抟服气辟谷修道二十多年，只是每天饮几杯酒而已。后陈抟移居华山云台观，又再次移居少华山石洞中。每当他睡觉时，多是一百多天不醒。

　　有一天，陈抟下山云游，遇到一逃难汉子。汉子肩挑两箩筐，一头坐一小孩。陈抟一见笑得坠落驴下。行人问他何故，陈抟说："我道天下无真主，一挑担着两盘龙！天下自此定矣。"他给了逃难汉子一些银两，叮嘱他好好抚养两个孩子。

　　这个传说中赵弘殷逃荒的经历与历史事实对照显然有一定的差距。赵匡胤出生后的十几年，朝代两度更迭，父亲赵弘殷虽然在官场受到冷落，家境艰难，但却一直未脱行伍。而且，这个时候赵匡胤的弟弟还没有出生。不管传说如何，却说赵家随军迁移，非止一日，来到新都开封。

　　开封，简称汴，又称汴京、汴梁。早在夏朝时期，这里就是都城。春秋时期的郑庄公在开封城南朱仙镇附近修筑储粮仓城，取"启拓封疆"之意，定名"启封"。汉初因避汉景帝刘启之名讳，将"启封"更名为"开封"，这便是"开封"的由来。战国时期的魏惠王迁都大梁，开封获得极大发展，日趋繁荣。魏惠王还修长城、联诸侯，国力日盛，使大梁城与秦国的咸阳、楚国的郢都并列，成为当时国内最发达的名都大邑。进入唐代之后，开封也是水陆便捷的大都会。唐高祖武德四年，设汴州总管；唐玄宗天宝元年，汴州一度改为陈留郡。

　　五代时期，后梁定都开封十七年，时间虽短，但开封的租赋较轻，人民得到休养生息。同时，梁定都开封，使中国的政治中心从西部转向东部平原地区，具有重要的里程碑意义。

后梁灭亡，继起的后唐定都洛阳，开封仍置宣武军。石敬瑭灭唐，建立后晋，又从洛阳迁都开封。开封逐渐取代洛阳成为政治、经济、文化、军事中心。

传说赵家迁移到开封后，举目无亲，只好在鸡儿巷的破庙里暂住。时值寒冬，夜里俩孩子冻得哇哇直叫。赵弘殷生火为孩子取暖。庙里和尚梦见有火龙飞入庙内，惊醒后对赵弘殷说："你的孩子是龙。"

后来，赵匡胤成宋朝开国之君，他过世后弟弟赵光义继位，也当了皇帝。一条小巷走出了两位真龙天子，成为"龙潜之地"，人们于是将"鸡儿巷"更名为"双龙巷"。

不管传说如何，赵家初到开封，虽说是随军迁移，肯定也是有一个适应阶段的。不过，军营里随军的孩子很多，赵匡胤并不是很寂寞，很快就适应了新的环境，并认识了一些新朋友。来到开封不久，赵弘殷的妻子杜氏再次怀孕。这次怀孕的经历非常富有传奇色彩，据说，杜氏当时梦见神仙捧着太阳授予她，从而怀有身孕。

后晋天福四年（己亥年）十月七日甲辰，杜氏在开封府浚仪县崇德北坊护圣营官舍生下了第三个儿子，取名赵匡义。出生的当天夜晚，红光升腾似火，街巷充满异香。

对于这个弟弟的出生，赵匡胤并没有太多关注。他这时已经十二三岁，已经有了自己的主见，而且开始有了自己的朋友圈。

儿时的赵匡胤就有天生的孩子王气质。比如，每次从学馆回家，必定指派其他孩子居前开道，自己在后安步徐行，神色庄毅，其情其景令路人也自觉避让。但因出身将门，赵匡胤还是更喜欢舞枪弄棒、骑马射箭，一学就会，远超众人。对统兵打仗一类的战阵之事，他似乎也有着更多的天赋。他指挥孩子们排兵布阵，都是有板有眼，"行伍肃然"，令人称奇。争战的游戏是孩子的天性，但对少年的赵匡胤则有非同寻常的意义：一来锻炼了他的领袖才能，使他确立了在孩子们中的地位；二来也积蓄了不少人才，因为他的不少玩伴如韩令坤等都成为他日后事业的助手。少年时的赵匡胤也有许多神奇的经历。有一次，有个恶少牵来一匹没有驯服的烈马让赵匡胤骑。他说是从来没人敢骑，问赵匡胤有没有胆量，赵匡胤答道："不能驭马，焉能驭人！"

赵匡胤纵身上马，任那马上蹿下跳，都稳稳骑在上面，那马突然朝附近树林狂奔，因为速度太快，赵匡胤撞在树上，被甩出二丈多远，大家都以为他一定死了。过了一会儿，赵匡胤悠悠醒转，见那马还在旁边，又飞身上去，从此这马被他驯服，成了他的坐骑麒麟马，这让在场之人都感到不可思议。还有一次，赵匡胤在与自己的玩伴在城中一间土屋赌钱，吆五喝六，非常投入，却突然听到窗外鸟雀喧噪，于是众人出来追逐鸟雀，这时身后的土屋却轰然倒地，众人都一齐庆幸。

赵匡胤经历的这种不合常理的运气，无不被后人当作他"吉人自有天相"的例证。实际上，这可能更多地跟赵匡胤有胆有识、机警过人有关。就这样，赵匡胤勤学苦练，学得了娴熟的骑术和武艺，为后来建功立业打下了基础。在开封双龙巷生活了几年，赵匡胤逐渐长大，他生就一张紫红的大脸，魁梧的身躯，雄伟英俊，十分洒脱。他稳重深沉，善于思索，决心弃文习武，走武力统一的道路，用战争平息战争。

十七岁时，赵匡胤已经长成容貌魁伟、气宇不凡的青年，赵弘殷为他娶了同为护圣营军校的贺景思之女贺氏为妻。

贺景思是开封人氏，因为与赵弘殷同是军队将领，因此赵匡胤和贺氏早就认识，可以说是青梅竹马、一起长大的军人子弟。

赵匡胤成亲后，二人夫妻情深，赵匡胤更是一改往日逢场作戏、遇博争雄、醉酒好斗的纨绔本性，一边习武，一边看书。虽在军中，手不释卷，为他后来的文治武功打下坚实的基础。

关于赵匡胤青少年时期的这段人生经历，在民间故事中，被赋予了一层神奇的色彩。

据说，赵匡胤兄弟长到十四岁时，体格性情大不相同，基本是一武一文的料子。匡胤高大雄健，力举千斤，有万夫不当之勇。匡义却文弱，貌美而如好妇，性情似儒生。

一年夏天，酷暑难挡。赵匡义对哥哥说："听说龙鳞城有笔架山，乃是清凉世界，又有河路相通，咱今天同去游玩如何？"

赵匡胤马上就答应了，他们回家给母亲说了一声，两人循水而行，不消一刻便到达笔架山下。到了以后，他们出水上了河东岸，正好遇上杨衮的七个孙子在沙滩玩耍。

杨大郎一眼就认出了匡胤兄弟。又呼喊其众弟兄，对其他兄弟说："他们就是骗咱们爷爷的贼子，害得我们背井离乡，今日一定要将这两个骗子擒获，狠狠揍上一顿，才能解了我心中的怨恨。"

赵匡胤虽力大无比，赵匡义却又相当文弱，赵匡胤毕竟还要护着弟弟，因而寡不敌众，只能边战边退，一直退到了东山坡。

赵匡胤忽然看见有一株白果巨树，就将匡义扶到树上去，自己也爬到了大树上。杨家七郎也赶到树下，也往树上攀爬。

赵匡胤就在树上推搡并用脚蹬，因杨家弟兄人多，赵匡胤必然又是顾东顾不了西。正在招架不住的时候，他忽然看见树干中有一个枪杆，上去随手就是一拨，拨出来以后，竟得了一杆断头枪。赵匡胤站在树上一抡，呼呼生风，打得枝叶乱飞，真是得心应手之神奇兵器。

赵匡胤从树上跳下来与大郎交战。七兄弟毕竟是徒手，虽人多也不能取胜，赵匡胤护着弟弟，边战边走，向河边退去。一到了河边，二人跳入水中，杨家七兄弟就再也追不上了。

赵匡胤得了这么一个神奇兵器大喜，带着这个兵器回到家中并为这个兵器取名叫"降龙宝杖"。这段赵匡胤少年时代的传说，很好地反映了他少年时期就争勇好斗的性格特点。

闯荡天下

　　赵匡胤因为多次碰壁，感觉前途渺茫，自己一无所用，心里很不是滋味。这一天他来到襄阳高辛庙，到庙里求签，卜一卜自己的前程。每根签上的符号都不同，不同的符号代表不同的前程。

　　赵匡胤默默祈祷，看能不能成为节度使，结果抽出一签是空的，赵匡胤叹了口气。

　　于是赵匡胤接着祈祷，希望能做个防御使，结果抽出一签又是空的，赵匡胤心凉了半截。

　　赵匡胤退而求其次，继续祈祷，心里暗自许愿做个团练使也行啊，可是抽出的签竟然还是空的。

　　赵匡胤快要崩溃了，难道我赵匡胤顶天立地的汉子，只有做小校的命吗？于是咬着牙又抽了一签，竟然还是空的！

　　赵匡胤的心拔凉拔凉的，从头顶凉到了足底，他仰天长叹："他奶奶的，这不成那不成，难道要让我做天子吗！"

立志闯荡天下

天福十二年，赵匡胤已经是一个二十岁的小伙子了。长大后的赵匡胤容貌威武、气度豁达，有见识的人知道他不是一般人。就在这一年，赵匡胤作出了离家出走的决定。赵匡胤离家出走，与当时的时局密切相关。后晋初年，石敬瑭当上契丹的"儿皇帝"之后，非常苦恼。他对契丹百依百顺，非常谨慎，每次书信皆用表，以此表示君臣有别，称太宗为"父皇帝"，自称"臣"，为"儿皇帝"。

每契丹使臣至，石敬瑭便拜受诏敕，不仅按之前约定的每年奉送的金银财帛年年不少，除了这些官方往来，他还注意培养私下的交情。每当契丹遇上红白喜事、周年忌日之类的，石敬瑭都要派人送去最新鲜的时令鲜货和契丹国罕见的珍珠宝贝，以致赠送玩好奇异的车队川流不息。耶律德光身边的人也得罪不起，上至萧太后、诸王，下至普通大臣，也都有一份。按说石敬瑭做得已经很不错了，但契丹贵族们并没有把石敬瑭当人看，有一点做得不好，就破口大骂。石敬瑭反正已经不要脸了，只能厚着脸皮赔笑，因为他深知契丹人是得罪不起的。

石敬瑭如此自甘下贱，契丹人还是要找他的茬。而且，石敬瑭的行为招致了部下的极度不满。石敬瑭虽推诚以抚藩镇，但藩镇仍然不服。

石敬瑭整天忧郁苦闷，疾病缠身。自知活不久了，就把宰相冯道请来，叫太监抱着幼儿石重睿，向冯道叩拜，然后放在他的怀抱里，却没说话。冯道很清楚，石敬瑭叫他辅佐自己的儿子接替皇位。同年六月，石敬瑭在屈辱中死去，时年五十一岁，谥圣文章武明德孝皇帝，庙号高祖，葬于显陵。

冯道和侍卫都虞侯景延广商量，国家多难之际，小孩儿担当不起责任，不可拘泥于晋帝的临终委托，便把晋帝的侄儿齐王石重贵请来，接替晋室的帝业。石重贵的亲生父亲石敬儒是石敬瑭的兄长，早年在唐庄宗部下为将，早死，因而石重贵被石敬瑭收养为子。因为石敬瑭的五个儿子早死，而石重睿年纪尚幼，所以冯、景二人只好立石重贵为帝，史称晋出帝。

石重贵虽为皇帝，朝中大权却由侍卫亲军都指挥使景延广掌控。景延广无勇无谋，却狂妄自大，目空一切，不可一世。他自掌权以来，改变了石敬瑭对契丹的一贯政策，拘禁其使者，杀害契丹商人，抢夺其货物。契丹主耶律德光大怒，决心征讨后晋，两年之内，三次出兵，都没有得手。述律太后想议和，桑维翰也劝晋帝主动。但是耶律德光心高气傲，不愿善罢甘休，要等待时机发起第四次进攻。开运三年，契丹主耶律德光再次发动对后晋的战争。他指示赵延寿诈降，送假情报给后晋。掌权的大臣冯玉和李崧听信了，哪里知道这是契丹人设的圈套！

晋帝叫大将杜威担任北征统帅，同时发布檄文，气魄果真不小：先平服雁门关以南的土地，再恢复幽州，讨平塞外，俘虏契丹国主。并且公开悬赏："擒获耶律德光的人，授予头等大镇节度使，赏钱一万缗，绢帛一万匹，银子一万两。"双方的大军在恒州滹沱河两岸对峙。耶律德光哄骗杜威说："赵延寿威望不高，我原想叫他当皇帝的；你若投降，南方的皇帝就是你了。"

杜威兴奋之极，定下了投降的策略。契丹国主派赵延寿到晋军大营慰问将士。他身穿皇帝的绛红色礼服，临行时，契丹国主笑着告诉他："南方的一切，全是你的。"杜威带领部将出营迎候，赵延寿代表契丹国主送他一套跟自己同样的礼服，并肩检阅军队。两个南方的降臣，都穿着南方皇帝的服饰，不伦不类。有了晋军统帅这个榜样，河北的守将纷纷效法，契丹人很顺利地打到开封来了。叛将张彦泽带领先头部队，日夜兼程，直逼东京开封的皇城南门，截住晋帝外逃的道路。

石重贵自知大势已去，拔出佩剑，驱赶后妃、宫人，在后宫放火，准备自焚，被亲军将军薛超拦住了。不一会儿，张彦泽派人送来契丹国主和述律太后的安抚信，召请桑维翰和景延广见面，晋帝才冷静下来，叫人扑灭火头，敞开宫门。晋帝坐在后园中，与后妃们抱头痛哭，又召翰林学士范质起草降书，自称："孙男臣重贵，祸至神惑，运尽天亡，今与太后及妻冯氏，全家面缚请罪。派小儿延煦、延宝敬呈国玺一颗，金印三枚，专来迎候。"太后的表文自称"新妇李氏妾"。晋帝既自称孙子，又称臣子；太后自称新媳妇，这在中国历史上也是头一回。

契丹国主渡过黄河，要进开封城。晋帝石重贵和太后想去迎接。有人让晋帝口衔玉璧，手牵绵羊，大臣抬着棺材，到郊外投降。有人主张用中国士民迎接皇帝的礼节。张彦泽报告上去，契丹主一概不许，他说："我是打败南方的胜利者，不是来接受投降的。"

天福十二年正月初一，晋室文武大臣，在开封城北，和被囚的皇帝告别，然后换上老百姓的衣服，迎接契丹主，伏在路边请罪。耶律德光全身貂皮衣帽，里面衬着金甲，站在高岗上，叫大家起立，换上原来的官服，招招手，表示慰问。晋帝和太后等人在封丘门外迎候，契丹国主辞不接见。开封城的士民惊惶奔逃，耶律德光登上城楼，派翻译传话："我也是人，大家不要怕。我本不愿南下，是晋军引我来的。我会让你们安居乐业的。"天福十二年二月初一，耶律德光在开封称帝，下诏将国号"大契丹国"改为"大辽"，改会同十年为大同元年。赵延寿见耶律德光已正式称帝，很不满意，请求做皇太子。耶律德光说："皇太子要天子的儿子才能做，你做不得。"

一夜之间，契丹人占领开封城，赵弘殷一家不得不紧急出逃。赵家是在石重贵投降之后离开的。赵匡胤建议父亲西去洛阳，回到他出生的地方。赵弘殷不同意。杜氏对赵匡胤言道："就听你爹的话吧。"赵匡胤只好跟着父亲往西南去了。耶律德光住在开封，广收各地的贡品，每天纵酒作乐，跟降臣们吹牛："你们的事我都懂，我的事你们才不清楚呢！"威吓他们不要妄生异想。

赵延寿请求给契丹的军士发薪饷，耶律德光很不耐烦："我们本来就没有这一套嘛！"吩咐部队到农村去，以放马为名，四处抢劫。抓到青壮年就杀，老弱则被丢入河沟，从开封到洛阳，沿途几百里，人丁财物一扫而光。契丹国主找到判三司刘煦："你是主管晋国财政的。我的三十万军队有大功，应当奖赏，你就快些交钱吧！"

当时国库空虚，刘煦只好拼命搜刮开封的士民百姓，宰相和将军也要交钱，地方州县日夜追索，闹得人人怨愤。钱交上来，契丹国主并未颁赏，而是将其收在国库，准备送回幽州去。老百姓恨透了耶律德光，只想把他赶走。这种时局给太原节度使刘知远提供了称帝的机会。

刘知远，河东太原人，沙陀族，生于唐昭宗乾宁二年，从小为人沉稳庄重，不好嬉戏。到了青少年时期，正值李克用、李存勖父子割据太原，刘知远就在李克用的养子李嗣源部下为军卒。当时，石敬瑭为李嗣源部将，在战斗中，刘知远不顾自己的生死安危，两次救护石敬瑭脱难。石敬瑭感而爱之，以其护援有功，奏请将刘知远留在自己帐下，做了一名牙门都校。后唐清泰三年，刘知远移镇汶阳，升任马步军都指挥使。同年，石敬瑭得助于刘知远等人谋划，建立了后晋。后晋建立后，刘知远日趋显贵，累迁太原王兼任北面行营都统、北平郡王、太尉。

刘知远是个出身很苦的沙陀人，青年时代在太原李姓家中做赘婿。刘知远放马时不小心践踏了寺院的麦田，和尚把他抓住，给了一顿鞭子。十多年后，他再回太原，首先把那位和尚请来，送给他礼物，感谢他对自己的激励："要不是方丈教训我，真还没有今天呢。"这么一个小举动，太原人对他产生了好感，所以很快就在北方安定下来。

刘知远在这段时期的主要意图是称霸河东，成就干业，因此对朝廷的诏命半推本就，一方面不服调遣，作战中逗留不进，另一方面也主动出击一下。后晋开运四年正月一日，契丹进犯京师，俘虏了后晋少帝石重贵北去，刘知远才发兵堵住东边太行山的各个关隘。

刘知远为了对契丹进行试探，专门派遣牙将王峻给耶律德光送去三份表章：一是向他祝贺胜利；二是说明太原形势复杂，不敢离开；三是请他召回派驻太原附近的军队，免得发生误会。

耶律德光鞭长莫及，只得顺水推舟，复信嘉奖，在刘知远的名字前面亲手加一个"儿"字，赐给木拐。按契丹的礼法，贵重的大臣才能得到这种赏赐，就像按汉族礼仪赐给旌节一样。

据说，这个荣誉在契丹国内只有耶律德光的叔父伟王一个人得到过。王峻拿着木拐，契丹人望见他都纷纷到路边避让。王峻回来后，对刘知远说契丹政治混乱，一定不能攻占中原，于是便商议建国。

开运四年，刘知远在太原称帝，建立了后汉政权。他没有马上改国号，但放弃了开运年号，使用石敬瑭的年号，称天福十二年。接着，刘知远下诏禁止为契丹刮取钱帛，慰劳保卫地方和武装抗辽的民众，在诸道的契丹人一律处死等。刘知远在晋阳称帝，诸镇和后晋旧将多起兵响应。广大百姓也群起反抗，大部多至数万人，小部不下千百人，攻破州府县城，杀死契丹国主任命的官吏。澶州起义军首领王琼，攻入州城，围击契丹将领耶律郎五；东方起义军攻破宋、亳、密三州。耶律德光很害怕，便决定逃走。三月的开封，春意初浓，冰雪消尽，天气渐渐暖和了。耶律德光发布诏令："时节转热，我难以久留，想暂回北方探望太后。特将开封升为宣武军，派萧翰为节度使，留驻中原。"臣吏们请皇帝把太后接来，耶律德光直摇头："太后的家族很大，像老柏树的根，搬不动的。"耶律德光想把后晋的降臣全部带走，有人提出："全都北迁了，一旦人心动摇，反而无人管理，不如大部分留下为好。"

耶律德光决定凡是任职理事的人跟他去，空闲的人留下。临行时，

宋太祖赵匡胤传

耶律德光向萧翰反复叮嘱，要他特别小心、不负厚望。萧翰是述律太后的内侄，他的妹妹是耶律德光的皇后。大舅守住中原开封，当然再适合不过了。

　　耶律德光从开封出发了。随从官员几千人，宫女太监几百人，警卫仪仗几千人，捆载着搜刮而来的全部金银财宝，只留下乐器和仪仗。晚上住在赤岗，但见空村荒凉、人烟萧条，虽是春耕时节，却田地荒芜，只有乌鸦在野坟堆上飞舞。耶律德光叫宰相发布文告，招抚流民回乡，却又不禁止骑兵抢劫。渡过白马津后，他心情颇好，和高勋谈起："我在北方，天天射箭打猎，实在痛快；南方几个月，人都憋坏了，今天能够回去，死了也不遗恨。"大军经过相州，只用了一餐饭的时间就攻破城池，把男子全部杀光，妇女通通带走。耶律德光叫高唐英留守相州，搜索遗民，才剩下七百多人。节度使王继弘后来掩埋尸体，竟有十万多具。耶律德光总结自己失败的原因，得出所谓三失：各地搜刮百姓钱财，是第一失；让契丹士兵打谷草扰民，是第二失；没有早点遣返节度使去治理各镇，是第三失。

　　四月间，耶律德光到达栾城，忽然得病，浑身发烧，冰块压在身上，口里含着冰水，还压不住；走到杀胡林，竟病死了。侍卫将他的肚腹剖开，抹了许多盐，快马加鞭，把遗体运回幽州。耶律德光没有见到述律太后，太后也没有流泪，她只是自言自语，也算是对死去的儿子说："等到我把国家的事情安排好了，再来葬你吧。"

　　刘知远称帝后，传檄中原，向契丹皇帝发起挑战，从太原出兵，要夺取开封。契丹留在开封的节度使萧翰，也是个粗暴贪鄙的人物，看到妹夫耶律德光走了，马上胡作非为起来。

　　萧翰正在得意之时，忽然听到刘知远南下的消息，吓得六神无主，只想逃回北方，但他要找个替身守在开封，自己才好脱身。找谁合适呢？他打听到唐明宗李嗣源的儿子李从益和母亲王淑妃住在洛阳，觉得这是个好替身，马上派军队强行接到开封，立为中原皇帝。百官在殿上谒见皇帝，王淑妃母子都很惶恐。她说："我们是孤儿寡妇，无依无靠的遗民，诸位这样推崇，会把我们母子送上死路的。"可是萧翰只为早日脱身，哪管这些，只留下一千军士，然后急匆匆地北上逃走了。

王淑妃召见大臣，诚恳地宣示："我母子二人受了萧翰的逼迫，将来要领死，也是命中注定的。诸位没有罪过，应当早日迎接新皇帝，安排自家的前程，不必为了我们而耽误大事。"

官吏们都被感动了，不忍离开。有人提出办法："收集各地的军队，大约有四五千人，还有契丹留下的人马，共同据守一个月，北方的救兵就到了。"王淑妃并不愿意："我们是亡国之君的余裔，怎敢和别人争夺天下？不幸落得这样的境地，是生是死，让人家去裁决吧。假如新皇帝理解我们，当是万幸。如果自不量力，公然抗拒，不仅连累诸公，也会使全城百姓遭殃，罪过就更大了。"

有些人还想抗击。三司使刘审交厉声反对："我是北方人，难道不为北国着想？城里的混乱才平息，公家私人都很穷，百姓死了一大半，还要再困守一个月，只会全部灭亡！诸位不必多话，一切听从太妃。"接着，王淑妃叫儿子改称梁王，派人迎接刘知远早来开封，自己搬出公府，回到私人的住宅里。刘知远刚到洛阳，开封的使者也到了，转达了王淑妃的建议。刘知远接受请求，派郭从义先到开封清扫宫殿，同时要他把王淑妃母子秘密处死。

王淑妃临死时，悲愤地叹息："我儿子是契丹人逼出来的，哪里会有死罪？刘知远为何不把他留下，每年寒食节，给明宗的陵墓送一碗麦饭啊，太残酷了！"听到这些话的人无不悲伤流泪。

刘知远到达开封以后，下诏大赦，改国号为"汉"，仍称后晋的"天福"年号，他说："我是不会忘记晋国的。"晋室的遗臣，投降契丹的元老们，像杜重威、李守贞这样一些人，也主动归附刘知远。

刘知远自立为帝的消息传到了朱仙镇。赵弘殷在妻子面前咬牙切齿说："这姓刘的果然居心叵测……"杜氏似乎很是想得开："什么居心叵测？乱世出英雄！我以为，这姓刘的也不失为一个英雄！"

赵弘殷默然。又很快地，刘知远以皇帝的名义宣告：后晋旧臣一律官任原职，并速回汴梁见驾受封。杜氏问丈夫何去何从。赵弘殷仰天长叹道："我也不想再做什么将军了，还是回洛阳吧。"

然而赵匡胤却不想回洛阳了，他找到母亲，求母亲去劝说父亲回汴梁。杜氏摇着头对赵匡胤说："儿啊，你知道吗？这走马灯似的改朝换代，你爹已经看够了，有些厌倦了。"

不过，杜氏虽然在赵匡胤的面前摇头，但还是找到丈夫说道："你要回洛阳，我不反对，不过，你要为孩子们想想。回到洛阳，就做不成官了，说不定，还会因此得罪了新皇帝刘知远……"

思考再三，赵弘殷勉强同意了妻子的看法。这样，赵家便从朱仙镇回到了汴梁城，成了后汉新朝的子民。而赵弘殷便又成了后汉新朝的一位将军，只是手中依旧没有什么兵权，只是空衔而已。好在将军的俸禄不曾短少，就过日子而言，赵家却也无忧。更何况，在后晋一朝时，赵家还颇有积蓄。所以，赵弘殷回到汴梁后，虽然很失意，但日子过得也悠游自在。然而，赵匡胤回到汴梁之后却大失所望，以至于变得闷闷不乐，不仅在妻子贺氏面前很少言语，就是在父母的面前，他也几乎变成了哑巴。这天，几个朋友找他出去玩儿。他们都是军人子弟，与赵匡胤从小一起长大，因此非常要好。他们来到天庆楼，只见这里的御勾栏内，南唐进献的一对美人——大雪和小雪，正在歌舞献技，这班少年个个看得心花怒放，高声喝彩，便要在御勾栏内饮酒取乐。

当时大雪深得后汉皇帝的宠幸，小雪是太师苏逢吉的禁脔，有很多豪门子弟，因看上大雪、小雪的美貌而得罪了皇帝和太师，最终弄得倾家荡产。当时就有人劝止，赵匡胤勃然大怒，说："勾栏乃是公共场所，人人可以取乐，怎么苏逢吉竟敢霸占了，不许旁人玩耍！况且他身为宰相，乃朝廷大臣、百官的表率，狎妓饮酒，已经有罪，为何还要禁止他人到勾栏中去寻欢取乐呢！别人怕他的势力，我赵匡胤不怕。大家尽管放心前去，如果姓苏的有甚话说，我只一拳就将他打倒，看他有什么本事处治我。"就这样，赵匡胤在京都汴梁大闹勾栏院，惹出大祸，父亲决定安排他外出避难，可是母亲却舍不得，只想让儿子到乡下躲一段时间。何去何从，决定权最终还是在赵匡胤的手上。

　　这时赵匡胤已经二十岁，正想出去闯荡一番。赵匡胤其实早就厌倦了自己的生活，特别是再次回到开封，家庭生活日益窘迫，辛劳的父母已经很难维持这个大家庭的全部生计。由于王朝更迭、世道纷乱，父亲赵弘殷官运平平。这时赵家不光有赵匡胤一个孩子，还有弟弟赵匡义、妹妹以及新出生的弟弟赵匡美，这样一家人就连生活也变得十分艰难。看看自己，年过二十，业已成家，身强力壮，精力充沛，却整日悠闲度日，连个正式工作都没有，不能为父母分忧解难，更别提建功立业了。

　　在连续几个辗转难眠的夜晚，赵匡胤不断思索着自己的现在和将来：堂堂七尺热血男儿，理应胸怀大志，图谋建功立业，至少也要像父亲一样驰骋沙场，为国征战，为家奋斗，才能不枉此生，岂能像现在这样游手好闲，两手空空，一事无成！当这种思索和冲动不断深入和积累时，一种大胆的想法突然冒了出来，我要离家出走，去寻找自己的梦想，成就自己的事业！赵匡胤没有再犹豫，在他二十一岁那年的某个日子，毅然离开了自幼相依的父母、新婚不久的妻子、年幼可爱的弟妹们，离开这个并不富裕却温暖的家。离开家的赵匡胤面临着人生的第一个选择，外面的世界很广阔，东西南北，四面八方，自己应该选择哪个方向呢？经过短暂的思考，赵匡胤选择了西方，他决定溯黄河而上，寻找属于自己的那个机会。当他走到黄河古道上，看见河水滔滔，奔腾不息，浩荡东去，不禁受到极大的鼓舞。男子汉大丈夫就应该像这气势磅礴的黄河，不论前方有多少艰难险阻和崇山峻岭，都毫不惧怕，绝不止步，哪怕千回百转，哪怕穿山越岭，依然奔着大海而去，向着那个最终的目标坚定前进。

　　关于赵匡胤青年时期的远行，民间传说中有不同的版本。

　　说是赵匡胤兄弟这天闲着无事，就到辎城寨玩耍，正遇上后汉王爷刘慎来辎城寨巡视。王爷就将守将招来问："这两个孩子是什么人？"

　　守将答道："是当地的百姓。"王爷看见这两个孩子身形伟岸，必然身手不凡，不像普通百姓。王爷亲自盘查后，知道是邻国之人、将军之后，当即就将守将罢免，并下令责打兄弟二人四十军棍。

这一下惹恼了赵匡胤，上前就拉住王爷的胡子，拽下来一大把。刘慎急召辎城寨兵勇持械上前。赵匡胤因为是来玩耍，虽然没带兵器，但也全不畏惧；起先还是不想伤人，可王爷就想杀他，赵匡胤兄弟被团团围住，走都走不了。眼看有生命危险，赵匡胤急了，抬腿一脚，将兵勇砍刀踢飞，护住弟弟且战且退。不想这王爷还是想杀死赵匡胤兄弟二人，兵勇越围越多。赵匡胤不得已，在兵勇手中夺过来一条长枪，杀开一条血路，突出重围。这一场战斗，辎城寨伤亡有数十人之多。

从此，赵家山庄与辎城寨就结了仇。随后辎城寨的王爷又调来大军，乘夜间将赵家山包围。此时的赵匡胤还很年轻，历练不深，没想到会有如此严重的后果。不巧的是，当天夜里赵匡胤兄弟外出游玩，正好都不在家。后汉军包围了赵家山庄，也无人能出手相救。后汉兵勇运土将壕堑填平，毁了吊桥，攻入赵家山。将庄内数十口人全部杀死，赵小姐也未能幸免，又放火将赵家山庄化为灰烬。

当赵匡胤闻讯赶回来时，已经是两天以后了。到家后一看，山庄已空无一人，房无一间，只有自己出生的窑洞没有烧毁。数十具尸体大部分已经烧成了骨灰，没有一具全尸。连母亲的尸体也已经无法辨认，只好挖了一个大坑，将所有尸体合葬。跪在大坟前发了毒誓：不报此仇，誓不立于天地之间。安葬完赵家山庄被杀人口以后，赵匡胤将弟弟安顿回了涌宁府第，自己提了降龙杖，到辎城寨报仇。因辎城寨都知道赵匡胤的本事了得，并不出战，只是在寨墙上放箭。赵匡胤无法近前，天大黑以后，只能退了回来，意欲第二天再战。

赵家山庄此时已经不能居住了，他就想到邻居家借住一晚。没想到在回来的路上，龙湾前面的石窑泊这两天出了妖精，这个妖精白天回到黄河里头睡觉。一到天黑，就出来找东西吃。妖精要来时先刮一阵大风，吹得人都不能站立。妖精所到之处，牲畜家禽全被吃光。地里的庄稼，妖精走过以后也是一片狼藉，没了收成。所以家家锁门闭户，不敢出门。赵匡胤与这些百姓原来都是邻居，有些人还能认识。所以，边走边叫了几户的大门，但没人敢给赵匡胤开门。正想再叫，突然觉得狂风大作，狂风中有一个怪物，冲着赵匡胤就奔了过来。此妖眼若铜铃，四肢粗壮，当头正中还长了一只角。赵匡胤上前抓住独角，顺势就骑了上去。此妖四蹄挠地，兽头乱摇，原地打转，看样子是想把赵匡胤摔下来吃了。可匡胤抓得很紧，这个妖精无法得逞。从戌时一直旋转到子时，此妖竟毫无倦意，突然转身就向黄河冲去。

那妖一会儿进了深水，一会儿又回到陆地，赵匡胤全无惧色。直至寅时，没停一刻。天亮时，那妖已经累得趴在了地上，从此就被赵匡胤降服了。赵匡胤为此兽取名叫"独角兽"，独角兽从此就成了赵匡胤的坐骑。

此时匡胤虽然有了独角兽与降龙杖，他并没有急于到辎城寨报仇。因为他明白，靠一个人的力量报仇是相当困难的，对方不与你交战，自己的武艺再高强，靠单枪匹马，仍然找不到制敌的办法。

无奈之下，赵匡胤回到涌宁府第，招兵买马，操演士卒。因为他明白，只有在双方力量达到不相上下的水平，最好是要有绝对战斗力时，才能达到彻底报仇之目的。

为了达到这个目的，赵匡胤首先在涌宁府招收了八百名壮士，刻苦训练。奇怪的是其中有三百余名军士是同年同月同日生，他们都比匡胤大一岁多。世上人都说，这就是他外祖当年的士卒，只不过是又重新投胎，偷闲又活了一世。

辎城寨也没忘记赵匡胤，时有斩草除根的行动。为了躲避辎城寨对他的追杀，赵匡胤在黄河岸边，在龙湾的河水正冲之处开凿了一个石洞，他白天操练士卒，夜里就住在这个石洞中。这个石洞因为正在河水正冲之上，无路可通，因水流太急，船只也不能停靠，只有独角兽和赵匡胤兄弟泅水可以到达。

通过一年多的准备，这支队伍已经有一两万人马，并均已经练成了精兵，气候已成。报仇的条件基本成熟，但赵匡胤觉得，力量还是差那么一点，没有绝对的把握，因为兵力还没达到绝对优势。于是他决定出去寻找帮手，就这样开始了一次行走江湖的人生历程。

结交生死兄弟

后汉乾佑年间的某一天，复州防御使王彦超的府上来了一个不速之客。要说这个不速之客也不是完全不认识的陌生人，虽然他从未见过这个人，但和他的父亲、自己的老同事赵弘殷算是有些交情。

既然是故人之子拜访，王彦超自然是要见一面的，而当他见到衣衫破旧、满面尘土、一副落魄模样的赵匡胤时，着实吃了一惊。

要不是这个家伙对赵弘殷家事了如指掌的话，他真怀疑这不速之客是个图谋不轨的冒牌货、冒充故人之子来这里骗吃骗喝甚至骗取钱财的乞丐。

话又说回来，自己那位老同事赵弘殷虽算不上达官显贵，却是官宦世家出身，他本人又是禁军将领，最近也没听说他犯什么大事，怎么他的儿子落魄成这副样子。

聪明的赵匡胤在王彦超打量自己的眼光中看出了对方的疑惑，于是他如实向这位世叔详述了自己这些天的经历。

不久之前，赵匡胤怀着建功立业的一腔热情，离开汴京，开始了他追寻梦想的历程。然而，当他真的走出这一步，来到这个精彩的外面的世界后，他却发现梦想与现实有着很大的差距。

建功立业，志在四方，说起来确实容易让年轻人热血沸腾，可是这梦想中的功业到底从何而起呢？俗话说："万丈高楼平地起。"要建立功业，就必须有一个扎实深厚的根基，此时此刻，自己离开家庭这个唯一的后盾，身如浮萍，准备四处漂泊，自己建功立业的根基又在哪里呢？

赵匡胤曾经很多次地憧憬过，当今这个乱世，到处都是机遇，自己年轻力壮、智慧过人，又有武艺傍身，加上怀揣建功立业的伟大理想和敢打敢拼的创业热情，遇到赏识自己的伯乐，发挥自己的才干，建立一番功业并不是太难的事情。

然而，事实却是残酷的，自从离家出走几个月来，别说是建功立业，就是一份正式工作都没找着；随身携带的那点盘缠早就花光了，自己成了一文不名的穷光蛋。

赵匡胤开始风餐露宿，没有吃的，就向沿途人家讨要，或者挖一些野菜凑合着填饱肚子；没有穿的，身上这件衣服也甭换了，脏了破了，也得继续将就着穿。他估计自己这副样子，要是站到难民或者乞丐堆里，自己的爹娘都认不出来。

赵匡胤并不是娇生惯养的富家子弟，这种落魄困窘的生活自己还能坚持得住，但让他无法忍受的是自己梦想的失落。现在二十年过去了，父亲的朋友中不乏坐镇地方的军政官员，或许自己可以到他们那里去碰碰运气。

想来想去，他想到了父亲的老朋友、复州防御使王彦超。让赵匡胤感到宽慰的是，这位世叔对自己的态度还算热情，接待也比较周到，每天好酒好肉招待着。

感受到家庭般温暖的赵匡胤十分感动，同时也提出了自己的小小要求，那就是希望在王彦超的手下谋一份差事。这并不是一个过分的要求，在赵匡胤看来，这位世叔好歹也是一州军政长官，在这一亩三分地是说话算数的人物；再说自己是出力找工作，并非是来白吃白喝的，加上父亲当年的交情，王彦超总会给这个面子的。

王彦超却不这么想，对他来说，赏一份差事确实是小事一桩。要说赵匡胤虽不是人见人爱、花见花开、车见车爆胎的超级帅哥，但也是相貌端正、彬彬有礼、家教良好的官宦子弟，可他偏偏对这位前来投靠的故人之子打心底里喜欢不起来。

或许是赵匡胤落魄困窘的样子和颠簸流浪的经历给他留下了太过深刻的负面印象，或者是他担心赵匡胤是在京城犯了什么事混不下去了才来投靠自己，总之，王彦超拒绝了赵匡胤的要求。

当然，对待故人之子即便拒绝也不能太过直接生硬，以免伤害对方尚且年轻脆弱的心灵。

于是在几天的精心款待后，精于世故的王彦超送给了赵匡胤一些银子做路费，并且语重心长地教诲这位世侄，说了一番诸如"贤侄你前途光明，天资聪颖，在这个小地方实在屈才，难有作为，还是另谋高就吧"等等之类安慰性的话语。

赵匡胤是个聪明的年轻人，自然明白王彦超的心理，对方是不愿意接纳自己。赵匡胤没有再强人所难，更没有摇尾乞怜，他向王彦超郑重表示感谢后便离开了复州。

送走了不速之客的王彦超认为自己对这件事情的处理十分满意：自己虽然拒绝了这位远来投奔的故人之子，却也盛情款待，尽了地主之谊，而且以一个体面温婉的理由将对方拒绝，给足了赵氏父子的面子，自己这么做也算是仁至义尽了，想来这位赵大郎也不会怪罪自己。

王彦超的感觉基本是正确的，被扫地出门的赵匡胤确实没有忘记他的热情招待，但他更没有忘记对方不念旧情、对自己拒而不纳的薄情，以及在自己最需要帮助之际遭遇的冷淡和拒绝。

十多年后，当命运逆转，赵匡胤荣登帝位时，他依然没有忘记这段经历，因为无论如何，落魄之时被人瞧不起、被人拒绝的滋味是最不好受的。赵匡胤应该感谢王彦超，如果不是这次拒绝，自己将来的一切或许都会发生改变，自己的人生可能会沿着另一条完全不同的轨道前进，自己乃至整个国家的命运都会为之改变。从这个角度讲，王彦超的这次不识货的拒绝，实在是影响历史进程的"无比英明"的抉择。这或许就是传说中的天意吧！

当然，对自己和被自己拒绝的赵匡胤将来的前途命运，当时的王彦超是绝对预料不到的，否则就是借他十个脑袋，他也不会拒绝这位落魄青年。只是让他想不到的是，自己用来婉言拒绝赵匡胤的那些"奉承话"，居然误打误撞地成真，而且在十几年之后挽救了自己的性命。赵匡胤建立北宋后，始终念念不忘这段往事。

一次，赵匡胤与王彦超设宴围猎，在酒酣时道："朕昔日来复州投卿，卿因何不纳？"王彦超听了立即降阶顿首道："浅水岂能藏神龙耶，当日陛下不留滞于小郡实乃天意也！"

宋太祖听完哈哈大笑，也就不再追究过去之事。再说赵匡胤，离开王彦超后，拿着他赠送的几贯钱去赌博，手气竟出奇地好，盘盘皆赢。当他满心欢喜地拿钱离开时，那些红了眼的赌徒却一拥而上，将他按在地上，一阵拳打脚踢，抢了他的钱财之后扬长而去。

两年的流浪生活颇为艰辛，赵匡胤到处碰壁，饱尝了人情冷暖、世态炎凉。尽管如此，赵匡胤的梦想之路并没有完全熄灭。这次，他想到了父亲的好友、随州刺史董宗本。

天无绝人之路，一路南下的赵匡胤最终被叔叔董宗本接纳。董叔叔和先前的王叔叔对自己的态度截然不同，但是董宗本年轻气盛的儿子董遵诲却瞧不起寄其檐下的赵匡胤，没给他些许尊重，倒是给穿了不少小鞋，经常有一搭没一搭地弄一些问题羞辱他。

吃别人的饭，嘴巴自然硬不起来，受了委屈的赵匡胤只能选择躲避。他想："惹不起，我还躲不起吗？"

据说董遵诲曾经问赵匡胤："每见城上紫云如盖，又梦登高台，遇黑蛇约长百尺余，俄化龙飞腾东北去，雷电随之，是何兆也？"赵匡胤笑而不语。

　　时间一久，赵匡胤看这里也没前途，于是只好向董宗本告辞，董宗本力挽不住，就厚赠赵匡胤为他送行。

　　奇特的是，随着赵匡胤的离开，董遵诲所曾经看到的紫云也随之消散了。赵匡胤只在随州待了半年。对比他当初信心满满地投奔董宗本时的踌躇满志，离开那一刻的赵匡胤无限失落。后来，四处奔波的流浪者赵匡胤当上了皇帝，子承父业的董遵诲成了禁军骁武指挥使，变成了赵匡胤的部下。

　　与前面在王彦超身上发生的故事情节相似，赵匡胤召见董遵诲，董遵诲不可避免地惶恐不安，等待着大祸临头，与董遵诲有过节的部下乘机上告他十余件罪状，使董遵诲感到了末日的来临。

　　不过没想到赵匡胤不但对新恨旧怨一概不问，反命他出镇通远，担负戍边重任，甚至还用重金将他流落到幽州的老母亲赎回，又给了大量的赏赐。

　　赵匡胤以德报怨，使董遵诲感激涕零，尽心报恩，于是安边御敌，屡建奇功。随后赵匡胤又提升他为罗州刺史，甚至特意解下自己身上的"真珠盘龙衣"予以赏赐，使满朝文武无不对赵匡胤的宽容敬服得五体投地。

　　赵匡胤离开随州，尽管有些失落，但依旧对未来充满期待，所以他继续奔波。这一天，他来到襄阳，因为身上银两不多，只好在一座寺庙里住下。赵匡胤因为多次碰壁，感觉前途渺茫、自己一无所用，心里很不是滋味。这一天，他来到襄阳高辛庙，到庙里求签，卜一卜自己的前程。每根签上的符号都不同，不同的符号代表不同的前程。

　　赵匡胤默默祈祷，看能不能成为节度使，结果抽出一签是空的，赵匡胤叹了口气。于是赵匡胤接着祈祷，希望能做个防御使，结果抽出一签又是空的，赵匡胤心凉了半截。赵匡胤退而求其次，继续祈祷，心里暗自许愿做个团练使也行啊，可是抽出的签竟然还是空的。

　　赵匡胤快要崩溃了，难道我赵匡胤顶天立地的汉子，只有做小校的命吗？于是咬着牙又抽了一签，竟然还是空的！

赵匡胤的心拔凉拔凉的，从头顶凉到了足底，他仰天长叹："他奶奶的，这不成那不成，难道要让我做天子吗！"赵匡胤刚发完感慨，突然从手中滑落一支签，赵匡胤捡起来一看，大惊失色，签上卦辞果然表明是皇帝！

这次抽签算命的结果太意外了，赵匡胤高兴得几乎跳起来，肚子好像也不饿了，人也一下子精神了。原本心情已经灰暗到极点的赵匡胤，再次豪情大发，壮志满怀。但是，赵匡胤是个乐天派，很快就恢复了达观自如的状态。

用科学的观点看，抽签算命未足凭信，然而作为信奉"天命"的赵匡胤，在穷困潦倒、心灰意懒之时，求神问卦测试自己的命运，也是在情理之中，至少"天命"使他重新找回了希望。有一天，赵匡胤又喝了不少酒，晕晕乎乎地闯入了一片菜地。由于酒的作用，热得口干舌燥，于是赵匡胤就在菜地里拔了几棵莴笋大嚼起来。

正在赵匡胤坐在田埂上狂嚼吞咽的时候，走来了一位老和尚。这位老和尚已经年近百岁，须发皆白。他一看赵匡胤，方面大耳，虽风尘满面，难掩英挺之气；破衣一身，却全无寒酸之态。老和尚心想，这个落魄的年轻人必非池中之物。

老和尚带赵匡胤走入了一个小寺庙，取来了饭菜干粮和茶水，请赵匡胤随便吃。赵匡胤一通狼吞虎咽，风卷残云，片刻之间把老和尚的饭菜一扫而空。

赵匡胤吃饱喝足之后，这才眨巴眨巴眼睛问："大师，因何助我？"老和尚笑眯眯地说："我本游方僧人，到此地修了一座小庙安身，在路旁种菜谋生。方才我正在睡午觉，梦中一黄龙来到我菜地，啃噬我的莴笋。我被梦境惊醒，急忙到菜地巡视，刚好见到施主你。莫非施主乃黄龙下凡？"

赵匡胤听老和尚这么说，心里且喜且悲：喜的是有这样一个梦兆，当然感到心里很受用；悲的是自己已经壮年，却仍然一事无成，四处游荡，还不能自食其力。

赵匡胤略有不好意思地说："感谢大师相助。我四处奔波，毫无进展。打算到前敌军中效力，可身上的盘缠也花光了。"老和尚点了点头，说："施主你身材雄伟，相貌非常，器宇轩昂，将来前程一定贵不可言。"

赵匡胤叹了一口气说："可是偌大的国家，去哪里合适呢？"老和尚指点他说："汉水以南社会稳定，水至清则无鱼；北方兵荒马乱，征战不休，但恰好是英雄用武之地。少年英雄为何一意南下，而不北上去建功立业呢？我把我所有的积蓄全部资助给你，你往北去会有奇遇。"

赵匡胤茅塞顿开，豁然开朗，决定听老和尚的话，改变方向，折向西北，从随州经商於之地前往关西。他赶快站起身，深施一礼，感谢老和尚。

老和尚哈哈笑道："施主将来富贵，请勿相忘。老僧别无所求，请施主能给我修一座寺院即可。"

赵匡胤满口答应，出得小庙，一路向北赶路。临行时，老和尚还送给赵匡胤一道偈语：

> 遇郭乃安，历周始显，
> 两目重光，囊木应谶。

在武关古道途中，赵匡胤遇见推车去关中贩卖雨伞的柴荣，二人便结拜同行。途径陡岭关时，遭遇山大王董龙、董虎的劫持。赵匡胤不甘示弱，与他们厮杀起来，董氏兄弟边战边退，将赵匡胤诱至九岩寨和羊角寨下的九曲十八弯中，赵匡胤被伏寇围困。

正在危难当头，忽然冲出来一个黑面大汉帮赵匡胤解了围。黑面大汉名叫郑恩，字子明，乳名黑娃，自小父母双亡，十多岁时只身来此，以打油卖油为生。郑恩虽脸黑似漆，却生得身材魁伟、力大无穷，性格豪爽，为人厚道、直率，好打抱不平。

虽然郑恩打出的油清香明亮、质量极好，但是，在生意场上却屡遭厄运。起先，他担油出卖，总是顺清油河而上，要送到洛南县境内的黄家村集市，来回三百余里，他一根铁扁担挑着二百多斤重的两只大油篓，竟两天一趟。

一次，当他担油走到腰庄小花岔石碥上时，遇到从黄家村转来的同行人告说油价大跌，他十分懊恼，生气地将油担往石碥上重重一摞，油从倾斜的篓中溢淌出来，流了一地。当大家赶忙去帮他扶油篓时神奇般地发现：油篓竟深深地陷进入了岩石中，怎么也拔不出来。郑恩自己也觉得诧异，当他亲自把油篓拔出后，在这坚硬完整的岩石上就留下了深深的油篓坑印和流淌的油印。

郑恩在此歇息了一会儿，沮丧地担起油担，同大伙儿一起倒转回来了。后来，人们就将这里称作"倒挂油"，成为流传的佳话及人们观赏的古迹。

此后，郑恩就又顺河而下，将油担送到毛河口下的丹江码头，从那里装船水运至襄樊、武汉。一次正装船时，忽然，突起大风，江浪汹涌，几乎将船颠翻，导致篓中的香油溢泼流淌了一码头。从此，人们就称这个码头命名为泼油口。后来，日子久了，便被误传成"普峪口"了。

一次，郑恩担油去龙驹寨，上到一山岭头在放担歇息时，后面一只油篓因没搁稳而滚到山下去了，他寻来一百来斤重的圆扁石，用铁扁担在中间捅出一洞孔，型如石磨，用绳系挂于扁担的一头，配着剩下的那只篓，担着继续前进。从此，这山岭便叫"滚子岭"，岭下的山沟就叫"油篓沟"了。

赵匡胤受困这一天，适值郑恩在河中洗油篓，不慎油篓被水冲走，郑恩脱下衣服，下水追捞油篓，直追到月亮湾。但见九曲十八弯里尘土飞扬，只听得杀声震天，他便顺手从河边拔起一棵枣树，横扫直冲，杀进重围，打败了寇匪，救出了赵匡胤。两个人又一同前去陡岭关见柴荣，时值柴荣推伞车退至黄土坡躲歇，三人见面甚为庆幸，即歃盟结义为八拜弟兄。时柴荣二十岁居首，匡胤十九次之，郑恩十八岁为小。这就流传下了"两龙一虎，患难与共"的佳话。

郑恩与赵匡胤、柴荣三人结拜后，因为柴荣有事，就先告辞离开了。郑恩与赵匡胤两个人一同来到到清油河街，住进驿馆客栈后，郑恩便去月亮湾取油篓，顺便洗了个澡。上得岸来，郑恩正觉得天热口渴得厉害，忽见到狮子山前瓜园里结了满地的大西瓜，他干渴难耐，便疾步走进园中，顺手摘下一个大西瓜，一拳打开就送进了嘴里，只觉满口生津、周身沁凉。

郑恩狼吞虎咽，不一会儿第二个瓜也将吃完。他心想，再带几个回去给二哥吃，岂不更好！正当准备动手再摘时，忽听一女子厉声叫道："住手！哪里来的偷瓜贼？"这名女子名叫陶三春。在清油河街下不远处，有一个大河湾，在河湾的下前方，有一座孤石山，活像一只卧在地上的雄狮，人称"青狮"。青狮后是一个极其秀美雅静的山坳，内中有一陶家庄，庄主名叫陶洪。陶洪原本是关西有名的三军教头，因厌烦乱世、淡泊功名而告老还乡、颐享天年。他膝下有一独生女儿，名叫陶三春。三春自幼丧母，从小随父学兵法、习骑射，精通十八般武艺，善使一对'齐眉棒'，无人能敌。

这天，父亲出游访友，她同丫环及家院守庄，忽闻报，有一黑贼在偷瓜，因此急忙前去喝问。郑恩嬉皮笑脸地说："老子吃了你几个瓜，哪能算偷？"陶三春怒说："你这黑贼偷瓜还骂人？找打！"

郑恩虽然力气大，但拳脚功夫哪敌得了陶三春，何况根本就没心理准备，不提防挨了三春几铁拳，没战几个回合，就被陶三春反背双手摁倒在地，嘴上不服，身子却动弹不得。接着陶三春叫丫环拿来绳索，将郑恩手脚捆绑在一起，用杠子抬回庄，待爹爹回来发落。

却说赵匡胤在客栈等候多时，不见郑恩回来，有些着急，便出来寻找。在磨沟口遇见从武关访友回来的陶洪，二人原来彼此知名，现一见如故，陶洪邀匡胤到府上做客，盛宴招待。

这时，郑恩在后面听见了赵匡胤的声音，连忙大叫："二哥救命！"赵匡胤一看此景很是吃惊，问及三弟何以至此，郑恩告之原委，叫苦不迭。陶洪见二人称兄道弟，即命陶三春出来松绑，赔礼道歉，重新入席，尽兴畅饮。赵匡胤寻思着："三弟这等勇猛，竟被一个女子降服，可见陶三春何等了得！古语说：'吉缘天定。'不打不成交，二人如能联姻，一则得到了一员巾帼猛将，二则三弟这'愣头青'也有人管制约束，岂不是两全其美？"于是向陶洪提出愿为媒妁之意。陶洪十分高兴，询问女儿，陶三春心中自是满意，嘴上应道："但凭爹爹做主，只等三年封王。"自从赵匡胤在宴席上提媒，陶洪许定了三春与郑恩的婚事后就留他们在庄上暂住，又送给郑恩一匹乌雕宝马，教他们在这里学习骑术。一天，先由郑恩骑着，赵匡胤牵缰绳，行走至双庙岭黄土坡下一村寨时，换由赵匡胤来试骑，不料宝马挣脱缰绳，顺着大路朝东跑去，二人哪里追得上？当此马跑到虎坡上边时，正逢一支披红挂彩、敲锣打鼓、抬花轿的迎亲队伍，马儿被挡拦后，又调头往回跑，当跑至老君山下时，正好碰着前来追赶的俩东家，郑恩和赵匡胤将马捉住，兴高采烈地牵着回了家。后来，赵匡胤当了皇帝，人们就将赵匡胤试马的村寨称之为"试马寨"，挡马处的街店被叫做"挡马店"，老君山下捉马处定名为"捉马沟"。赵匡胤与郑恩在清油河住了一段时间后，告别了陶洪和陶三春，一同来到了关中，见到处都张贴着悬赏捉拿赵匡胤的"通缉榜文"，他只得与郑恩分道扬镳，只身上了华山。

华山被称为"西岳"，与东岳泰山并称，被誉为"奇险天下第一山"。华山山名最早出现在《山海经》和《禹贡》中，即公元前3世纪就有"华山"之名。"西岳"这一称呼据说是因平王东迁，华山在东周王国之西，故称"西岳"。秦帝国建都咸阳，西汉帝国建都长安，都在华山之西，所以华山不再称为"西岳"。直到东汉建立，华山又恢复了"西岳"之称，并一直沿用。由于华山太险，所以唐代以前很少有人登临。历代君王祭西岳，都是在山下西岳庙中举行大典。《尚书》载，华山是轩辕黄帝会群仙之所。《史记》载，黄帝、虞舜都曾到华山巡狩。据记载，秦昭王时命工匠搭梯攀上华山。秦始皇首祭华山，汉唐以来，封号递增，愈演愈烈，汉武帝敕修西岳庙前身集灵宫；汉元延二年，汉成帝巡幸河东，涉西岳而归。魏晋南北朝时，还没有通向华山峰顶的道

宋太祖赵匡胤传

路。直到唐朝，随着道教兴盛，道徒开始居山建观，逐渐在北坡沿溪谷而上开凿了一条险道，形成了"自古华山一条路"。

唐武德二年，唐高祖大猎于华山。是年，唐高祖送李世民东征祭山。唐上元元年，唐高宗狩猎于华山下曲武原。其中尤以唐玄宗以与华山为本命，封华山神为金天王为最。唐天宝九年，群臣请奏封禅西岳，唐玄宗命人开凿华山路，设立坛场。华山的大名，对赵匡胤如雷贯耳，早就有心游览，现在正好经过，怎么能够错过大好机会。

传说，陈抟老祖算好赵匡胤这天要来华山避难，便装扮成一个卖桃老汉，挑着桃筐，拦在华山路口。赵匡胤走一步，歇一步，又饥又渴，又困又乏，心里正盼着遇见个卖吃喝的，好吃一个饱哩，谁知瞌睡来了就有人递枕头。他老远望见两筐鲜桃，又红又大，顿时脚上来了劲儿，于是就一鼓作气跑了上去，不问三七二十一，狼吞虎咽地吃起来。不一会儿，两筐鲜桃便所剩无几。吃罢桃，赵匡胤将嘴一抹，横下扁担，依着箩筐，倒头便睡，还不时地把他那双大臭脚伸进陈抟老祖的怀里。

陈抟老祖也不唤醒他，就在一旁悄悄地等着。一直等到日落西山，赵匡胤才醒来。可是他扛起盘龙棍，扭头就走。陈抟老祖连忙拦住说："你这位壮汉，吃了我的桃，还躺在我的扁担上睡了一觉，睡醒了分文不给，连个谢字都没有，扭头便走，讲不讲理呀？"

"要钱？要什么钱？多少钱？"赵匡胤说道。陈抟并不生气，仍然心平气和地说："得了，我看你也付不起，就要你一文钱吧。"赵匡胤一听哈哈大笑，想这老头儿好生奇怪，两筐桃子才要一文钱，就慷慨大方地说："好，一文钱就一文钱。"可是，他在身上摸了半天，连一文钱也没有摸出来，不禁羞得面红耳赤。

陈抟老祖一看，一文钱难倒了英雄汉，忙找了个台阶给他下："没有钱不要紧，只要你陪我下一盘棋，赢了我，就算你付了桃钱。"赵匡胤心想："别的我不会，下棋赌博我可是行家，我不光要赢桃钱，还要让你连家里的桃树都输个精光呢？"

头一盘，赵匡胤赢了，他越发得意，硬要来第二盘。陈抟老祖说：

"你还了桃钱，也就罢了。天色已晚，我要回家了。"赵匡胤急忙拉住道："别急，老头儿，下一盘棋我还要赢你家的桃树呢。"陈抟老祖哈哈一笑说："要是你输了呢？"赵匡胤说："我就赌这根盘龙棍。"

谁知第二盘还没走几步，赵匡胤就败下阵来。陈抟二话不说扛起盘龙棍直奔华山而去。赵匡胤岂肯认输，跟在后面连喊带叫："再来一盘，再来一盘！"就这样喊着叫着，等他追上陈抟时，已来到了东峰下棋亭。此时明月当空，天宇如洗，山空谷静，万籁俱寂，只有清风徐徐吹来，山峦隐隐如黛。赵匡胤从未体味过如此美妙的情景，直觉得身处世外仙境，不由得一阵阵如幻如梦。直到他发现坐在石桌对面的已不再是卖桃老汉，而是一位须发皆白的老道长时，才想起自己是追着卖桃老汉来再杀一盘的。陈抟老祖指着眼前已摆好的棋盘说："你追着来是想再赌一局，不知这次用什么做赌注？"

赵匡胤知老者不是凡人，早已从心里佩服了许多。他知道自己身上空空如也，盘龙棍已输给对方，无论如何，也想不出拿什么做赌注，只好信口说："我赌华山！"陈抟老祖正等着这句话呢，他当然满口应允，还说："空口无凭，要写个文约为证。"

赵匡胤想："华山又不是我的，输了就输了，立个文约又有何妨。"陈抟老祖早就预备好笔墨纸砚，写了文约，还让赵匡胤按了指印，然后才坐下下棋。下了三盘，赵匡胤输了三盘。陈抟老祖高兴地说："华山真的属我道家了？"赵匡胤却耍赖说："山是道家的山，树是皇家的树。"陈抟一听此话，连忙跪倒口呼："谢主隆恩！"

赵匡胤不知这位道长为何行起君臣之礼，正想问个明白，陈抟老祖说："壮汉身有九五之尊，日后便知。"

赵匡胤知自己有天子之位，信口开河输了华山，日后定遭世人谴责，心中悔恨，忙去抢夺文约。不料陈抟老祖轻轻地吹了一口气，文约就飞过谷涧，贴到棋亭对面三凤山的石壁上去了。赵匡胤知自己欲赖不成，就想请求陈抟指点迷津，早日成就立国大业，可是陈抟却已经不见踪影。赵匡胤无奈，只好找路下山，继续北行。

宋太祖赵匡胤传

千里护送京娘

后汉乾佑二年的一天，赵匡胤来到了山西太原。太原远古时期属冀州，是传统上说的华夏九州之一，为九州之首。殷商时太原为古国北唐，春秋末期，晋定公显赫于世的晋阳古城问世于汾河晋水之畔。周威烈王二十三年，韩、赵、魏废晋静公，将晋国剩余土地全部瓜分。之后，赵国定都晋阳。

秦始皇统一中国后，分天下为三十六郡，设置太原郡，郡治晋阳。汉代全国设十三州，并州刺史设治晋阳，这也是太原称并州之始，太原简称"并"来源于此。是时，太原为全国十三州治所之一，闻名遐迩。

东晋十六国时，晋阳先后被刘渊、石勒、慕容燕、苻坚占据。北魏仍为太原郡，兼置并州。南北朝时，晋阳又是东魏和北齐的别都，始终保持着"霸府"的地位，高欢、高洋父子坐镇太原，遥控朝政。

隋代，太原是全国性的大城市。开皇二年，置河北道行台。开皇九年，改为总管府。大业初，府废，改称太原郡。

隋末，李渊、李世民驻守太原，因晋阳古有唐国之称，李渊父子定都长安后，遂以"唐"为国号。因此，唐文化的发源于太原。唐初，在并州初置大总管府，又改大都督府。

唐朝的几位帝王曾数次扩建晋阳城，并相继封其为"北都""北京"，为河东节度使治所，与京都长安、东都洛阳并称"三都""三京"，诗人李白曾盛赞"天王三京，北都居一"。

五代十国时期，后唐、后晋、后汉、北汉，或发迹于晋阳，或以此为国都；一时间太原名声显赫于举国，传为"龙城"。

赵匡胤来到太原，想起自己父亲有一位堂兄弟赵景清在清油观当住持，于是前往投奔。赵匡胤这两年走南闯北，虽然受尽艰难困苦，却也闯出江湖名气。江湖人称赵公子，又称为赵大郎。人说他先在汴京城打了御勾栏，闹了御花园，触犯了汉末帝，逃难天涯；到关西护桥杀了董达，得了名马赤麒麟；黄州除了宋虎，朔州三棒打死了李子英，灭了潞州王李汉超一家。

江湖传言赵匡胤生得面如噀血、目若曙星、力敌万人、气吞四海，专好结交天下豪杰，是个路见不平、拔刀相助的侠义之士。赵景清在太原也早听说了赵匡胤的江湖名气，既为自己的侄子高兴，又害怕他惹出什么祸端；但毕竟是自己多年不见的侄子，因此就热情地接待了赵匡胤，并留他在观里暂住。

赵匡胤走南闯北，这一休息，竟然病倒了，病了三个月。赵匡胤天天卧病在床，赵景清也少了许多担心。比及病愈，赵景清朝夕相伴，要他养好身体，不放他出外闲游。

一天，赵景清有事出门，叮嘱赵匡胤说："侄儿耐心静坐片刻，病如小愈，切勿行动！"赵景清去了，赵匡胤哪里坐得住，心里想道："不便到街坊游荡，这本观中闲步一回，又有何妨？"

于是赵匡胤将房门拽上，绕殿游观。他先登上三清宝殿，行遍东西两廊、七十二司，又看了东岳庙，转到嘉宁殿上游玩。好个清油观，一处处殿宇崔巍，让赵匡胤流连忘返，渐渐转到酆都地府冷静所在，却见

宋太祖赵匡胤传

小小一殿，匾额上写着"降魔宝殿"，殿门深闭。

赵匡胤前后观看了一回，正欲转身，忽闻有哭泣之声，乃是妇女声音。赵匡胤侧耳而听，其声出于殿内。

道观虽然不像佛寺那样在男女问题上讲究清规戒律，但道观中传出一阵阵压抑的、绝望的年轻女子的哭声，却总使人觉得奇怪。赵匡胤心想："蹊跷作怪！这里是出家人住处，缘何藏匿妇人在此？其中必有不明之事。且去讨取钥匙，开这殿来，看个明白，也好放心。"

他回身到房中，唤道童讨降魔殿上钥匙。道童道："这钥匙师父自家收管，其中有机密大事，不许闲人开看。"

赵匡胤想道："'莫信直中直，须防人不仁！'原来俺叔父不是个好人，三回五次只教俺静坐，莫出外闲行，原来干这勾当。出家人成甚规矩？俺今日便去打开殿门，怕怎的！"

方欲移步，只见赵景清回来，赵匡胤怒而相视，口中也不叫叔父，气呼呼地问："你老人家在此出家，干得什么好事？"

赵景清不解其意，便道："我不曾做什么事。"

赵匡胤说："降魔殿内锁的是什么人？"

赵景清方才省得，便摇手道："贤侄莫管闲事。"

赵匡胤急得暴跳如雷，大声叫道："出家人清净无为，红尘不染，为何殿内锁着个妇女，在内哭哭啼啼，必是非礼不法之事！你老人家也要摸摸良心，是一是二，说得明白，还有个商量；休要欺三瞒四，我赵某不能与你同流合污！"

赵景情见他言词峻厉，便道："贤侄，你错怪愚叔了！"

赵匡胤说："怪不怪是小事，且说殿内可是妇人？"

赵景清说："正是。"

赵匡胤说："可又来。"

赵景清晓得赵匡胤性躁，故未敢明言，用缓词答应道："虽是妇人，却不干本观道众之事。"

赵匡胤说："你是一观之主，就是别人做出歹事寄顿在殿内，少不得你知情。"

赵景清说："贤侄息怒。此女乃是两个有名的响马不知道从哪里掳来的，一月之前寄于此处。托吾等替他好生看守，如有差错，寸草不留。因贤侄病未痊愈，不曾对你说得。"

赵匡胤说："响马在哪里？"

赵景清说："暂往别处去了。"

赵匡胤不信道："岂有此理！快与我打开殿门，唤女子出来，俺自审问她详细。"说罢，绰了浑铁齐眉短棒，往前先走。

赵景清知他性如烈火，不好遮拦。慌忙取了钥匙，随后赶到降魔殿前。景清在外边开锁。那女子在殿中听得锁响，只道是强人来到，愈加啼哭。赵匡胤也不谦让，才等门开，一脚跨进。那女子躲在神像背后吓作一团。赵匡胤近前放下齐眉短棒，看那女子，果然生得标致！

眉扫春山，眸横秋水。含愁含恨，犹如西子捧心；欲泣欲啼，宛似杨妃剪发。琵琶声不响，是个未出塞的明妃；胡笳调若成，分明强和番的蔡女。天生一种风流态，便是丹青画不真！

赵匡胤抚慰道："小娘子，俺不比奸淫之徒，你休得惊慌。且说家居何处、谁人引诱到此？倘有不平，俺赵某与你解救则个。"

那女子方才举袖拭泪，深深道个万福。赵匡胤还礼。女子先问："尊官高姓？"景清代答道："此乃汴京赵公子。"女子道："公子听禀……"未曾说得一两句，早已扑簌簌流下泪来。

原来那女子也姓赵，小字京娘，在蒲州解梁县小祥村居住，年方一十六岁。因随父亲来阳曲县还北岳香愿，路遇两个响马强人：一个叫做"满天飞"张广儿，一个叫做"着地滚"周进。他们见京娘颜色，饶了她父亲性命，把她掳掠到山神庙中。

张、周二强人争着要成亲，不肯相让。议论了两三日，二人恐坏了义气，于是将这京娘寄顿于清油观降魔殿内，吩咐道士小心照顾看守，再去别处访求个美貌女子，掳掠而来，凑成一对，然后同日成亲，做压寨夫人。那俩强人去了一月，至今未回。道士惧怕他们，只得替其看守。

京娘叙出缘由，并向匡胤哭道："我好怕强盗等一会儿就来，到时就只有一死以保清白了。"赵匡胤听完，才向景清说："适才太莽撞，险些冲撞了叔父！既然京娘是良家室女，无端被强人所掳，俺今日不救，更待何时？"

赵匡胤又向京娘说："小娘子休要悲伤，万事有赵某在此，管教你重回故土，再见爹娘。"京娘说："承公子美意，释放奴家出于虎口。奈家乡千里之遥，奴家孤身女流，怎生跋涉？"

赵匡胤说："救人救到底。俺不远千里亲自送你回去。"

京娘拜谢说："若蒙如此，便是重生父母。"

赵景清说："贤侄，此事断然不可。那强人势大，官司禁捕他不得。你今日救了小娘子，典守者难辞其咎。再来问我要人，教我如何对付？须当连累于我！"

赵匡胤笑着说："大胆天下去得，小心寸步难行。俺赵某一生见义必为，万夫不惧。那响马虽狠，敢比得潞州王么？他须也有两个耳朵，晓得俺赵某名字。既然你们出家人怕事，俺留个记号在此，你们好回复那响马。"

赵匡胤说罢，抡起浑铁齐眉棒，横着身子向那殿上朱红槅子狠狠地打了一下，"哗啦"一声，把菱花窗棂都打了下来；再复一下，把那四扇槅子打个东倒西歪。唬得京娘战战兢兢，远远地躲在一边。

赵景清面如土色，口中只叫："罪过！"

赵匡胤说："强人若再来时，只说赵某打开殿门抢去了，冤各有头，债各有主。要来寻俺时，教他打蒲州一路来。"

赵景清说："此去蒲州千里之遥，路上盗贼生发，独马单身尚且难走，况有小娘子牵绊，凡事宜三思而行！"

赵匡胤笑着说："汉末三国时，关云长独行千里，过五关斩六将，护着两位皇嫂，直到古城与刘皇叔相会，这才是大丈夫所为。今日一位小娘子救她不得，赵某还如何做人？此去倘冤家狭路相逢，教他双双受死。"

赵景清说："虽如此，还有一说。古者男女坐不同席，食不共器。贤侄千里相送小娘子，虽则美意，出于义气，旁人怎知就里，见你少男少女一路同行，嫌疑之际，被人谈论，可不为好成歉，反为一世英雄之玷？"

赵匡胤呵呵大笑着说："叔父莫怪我说，你们出家人惯装架子，里外不一。俺们做好汉的，只要自己问心无愧，人言不必计较。"

赵景清见他主意已决，问："贤侄几时起程？"

赵匡胤说："明早便行。"

赵景清说："只怕贤侄身子还不健旺。"

赵匡胤说："不妨事。"

赵景清安排道童置酒送行。赵匡胤于席上对京娘说："小娘子，方才叔父说一路嫌疑之际，恐生议论。俺借此席面，与小娘子结为兄妹，俺姓赵，小娘子也姓赵，五百年前是一家，从此兄妹相称便是了。"

赵京娘说："公子乃贵人，奴家怎敢高攀？"

赵景清说："既要同行，如此最好。"呼道童取过拜毡，京娘："请恩人在上，受小妹子一拜。"赵匡胤在一边还礼。京娘又拜了景清，呼为伯伯。赵景清在席上叙起侄儿许多英雄了得之事，京娘欢喜不尽。是夜直饮至更余，景清将自己卧房让与京娘睡，自己与赵匡胤在外厢同宿。

五更鸡唱，景清起身安排早饭，又备些干粮牛脯，为路中之用。赵匡胤鞴了赤麒麟，将行李扎缚停当，嘱咐京娘："妹子，只可村装打扮，不可冶容炫服，惹是招非。"早饭已毕，赵匡胤扮作客人，京娘扮作村姑，戴个一般的雪帽，齐眉遮了。兄妹二人作别景清。

景清送出房门，忽然想起一事道："贤侄，今日去不成，还要计较。一马不能骑两人，这小娘子怎跟得上，可不耽误了行程？先找一辆车儿同去却不好？"赵匡胤说："此事算之久矣。有个车辆又费照顾，将此马让与妹子骑坐，俺誓愿千里步行，相随不惮。"

京娘说："小妹有累恩人远送，愧非男子，不能执鞭坠镫，岂敢反占尊骑。"赵匡胤说："你是女流之辈，必要脚力。赵某脚又不小，

宋太祖赵匡胤传

步行正合其宜。"京娘再三推辞,赵匡胤不允,只得上马。赵匡胤挎了腰刀,手执浑铁棒,随后向赵景清一揖而别。赵景清说:"贤侄路上小心,恐怕遇了两个响马,须要用心提防!下手斩绝些,莫带累我观中之人。"赵匡胤说:"不妨不妨。"说罢,把马尾一拍,喝声:"快走。"那马便慢腾腾地跑,赵匡胤迈开脚步,紧紧相随。

太原在山西省的中部,蒲州在山西省的西南角,从太原出发。首先经风陵渡过黄河到达懂关,再经过榆次、东阳、平遥、灵石、洪洞、临汾、曲沃、运城、芮城,到达蒲州少说也有一千五百里路,当时交通不便,山川阻隔,赵匡胤担当护花使者,千里走单骑,护送一个娇滴滴的小美人,什么事情都可能发生。

是日赵匡胤行到一个土冈之下,地名黄茅店。当初原有村落,因世乱人荒,村民都逃散了,还存得个小店儿。日色将暮,前途旷野,赵匡胤对京娘说:"此处安歇,明日早行罢。"

京娘说:"但凭尊意。"店小二接了包裹,京娘下马,去了雪帽。小二一眼瞧见,舌头吐出三寸,缩不进去。心下想道:"如何有这般好女子!"小二牵马系在屋后,赵匡胤请京娘进了店房坐下。小二哥走来踮着脚呆看。赵匡胤问:"小二哥有甚话说?"

小二道:"这位小娘子,是客官什么人?"赵匡胤说:"是俺妹子。"小二道:"客官,不是小人多口,千山万水,途间不该带此美貌佳人同走!"赵匡胤说:"为何?"

小二道:"离此十五里之地,叫做介山,地旷人稀,都是绿林好汉出没之处。倘若强人知道,只好白白里送与他做压寨夫人,还要贴他个利市。"赵匡胤大怒骂道:"贼狗大胆,敢虚言恐吓客人!"照小二面门一拳打去。小二口吐鲜血,手掩着脸,向外急走去了。店家娘在后面气得大骂。京娘说:"恩兄忒性躁了些。"

赵匡胤说:"这厮言语不知进退,怕不是良善之人!先教他晓得俺些手段。"京娘说:"既在此借宿,恶不得他。"

赵匡胤说:"怕他做甚?"京娘便到厨下与店家娘相见,将好言好语安慰了她半晌。店家娘方才息怒，开始动火做饭。京娘归房，房中尚有余光，还未点灯。赵匡胤正坐，与京娘讲话。只见外面一个人进来，到房门口探头探脑。赵匡胤大喝道："什么人？"

那人道："小人自来寻小二哥闲话，与客官无干。"说罢，到厨房下，与店家娘唧唧哝哝讲了一会儿方去。

赵匡胤看在眼里，早有三分疑心。灯火已到，店小二只是不回。店家娘将饭送到房里，兄妹二人吃了晚饭，赵匡胤教京娘掩上房门先睡。自家只推水火，带了刀棒绕屋而行。约摸二更时分，只听得赤麒麟在后边草屋下有嘶鸣踢跳之声。此时十月下旬，月光初起，赵匡胤悄步上前观看，一个汉子被马踢倒在地。见有人来，挣扎起来就跑。

赵匡胤知是盗马之贼，追赶了一程，不觉数里，转过溜水桥边，不见了那汉子。只见对桥一间小屋，里面灯烛辉煌，赵匡胤疑那汉子躲匿在内，步进看时，见一个白须老者，端坐于土床之上，在那里诵经。怎生模样？眼如迷雾，须若凝霜，眉如柳絮之飘，面有桃花之色。若非天上金星，必是山中仙长。那老者见赵匡胤进门，慌忙起身施礼，赵匡胤答揖，问："长者所诵何经？"

老者道："《天皇救苦经》。"赵匡胤说："诵他有甚好处？"

老者道："老汉见天下分崩，要保佑太平天子早出，扫荡烟尘，救民于涂炭。"赵匡胤听得此言，暗合其机，心中也欢喜。赵匡胤又问："此地贼寇颇多，长者可知他的行踪么？"

老者道："贵人莫非是与一位骑马女子住宿在坡下茅店里？"

赵匡胤说："然也。"老者道："幸遇老夫，险些儿惊了贵人。"

赵匡胤问其缘故。老者请赵匡胤上坐，自己在一边相陪，从容告诉道："这介山新生两个强人，聚集喽啰，打家劫舍，扰害汾潞地方。一个叫做'满天飞'张广儿，一个叫做'着地滚'周进。半月之间不知道在哪里抢了一个女子，二人争娶未决，寄顿他方，待再寻得一个来，各成婚配。这里一路店家，都是那强人吩咐过的，但访得有美貌佳人，赶快报他，重重有赏。晚上贵人到时，那小二便去报与周进知道，先差野火儿姚旺来探望虚实，说：'不但女子貌美，且骑一匹骏马，单身客人，不足为惧。'有个'千里脚'陈名，第一善走，一日能行三百里。贼人差他先来盗马，众寇在前面赤松林下屯扎。等待贵人五更经过，便要抢劫。贵人须要防备。"赵匡胤说："原来如此，长者何以知之？"老者道："老汉久居于此，动息都知，见贼人切不可说出老汉来。"赵匡胤谢说："承教了。"拎棒起身，按原路走回，店门兀自半开，赵匡胤揎身而入。却说店小二为接应陈名盗马，回到家中，正在房里与老婆说话。老婆暖酒与他吃，见赵匡胤进门，闪在灯背后去了。赵匡胤心生一计，便叫京娘问店家讨酒吃。店家娘取了一把空壶，在房门口酒缸内舀酒。

赵匡胤出其不意，将铁棒照脑后一下，打倒在地，酒壶也撇在一边。小二听得老婆叫苦，也取朴刀赶出房来。怎当赵匡胤以逸待劳，手起棍落，也打翻了。再复两棍，都结果了性命。

京娘大惊，急救不及，问其打死二人之故。赵匡胤将老者所言，叙了一遍。京娘吓得面如土色道："如此途路难行，怎生是好？"

赵匡胤说："好歹有赵某在此，贤妹放心。"

赵匡胤撑了大门，就厨下暖起酒来，饮个半醉，上了马料，将銮铃塞口，使其无声。扎缚包裹停当，将两个尸首拖在厨下柴堆上放起火来，看火势盛了，然后引京娘上马而行。此时东方渐白，经过溜水桥边，准备再找老者问路，却不见了诵经之室。但见土墙砌有三尺高，一个小小庙儿，庙中坐着一个土地公公。赵匡胤方知夜间所见，是土地公公引导，不禁想道："他呼我为贵人，又见我不敢正坐，我必非常人也。他日倘若发迹，当加封号。"

赵匡胤催马前进，约行了数里，望见一座松林，相似如火云。赵匡胤叫声："贤妹慢行，前面想是赤松林了。"言犹未毕，草荒中钻出一个人来，手执钢叉，见赵匡胤便搠。

赵匡胤不慌不忙，用铁棒架住钢叉。那汉且斗且走，想引赵匡胤到林中去，激得赵匡胤怒起，双手举棒，将其半个天灵盖劈下，那汉便是

"野火儿"姚旺。赵匡胤叫京娘把马停住："俺到前面林子里结果了那伙蟊贼，再和你同行。"京娘说："恩兄仔细！"

赵匡胤放步前行。那赤松林下，"着地滚"周进屯住四五十喽啰，听得林子外脚步响，只道是姚旺伏路报信，于是，手提长枪，钻将出来，正迎着赵匡胤。赵匡胤知是强人，并不搭话，举棒便打，周进挺枪来敌。两个人斗了几十个回合，林子内喽啰知周进遇强敌，筛起锣一齐上前团团围住二人。赵匡胤说："有本事的都来！"

赵匡胤一条铁棒，如金龙罩体、玉蟒缠身，迎着棒似秋叶翻风，近着身如落花坠地，打得三分四散、七零八落。周进胆寒起来，枪法乱了，被赵匡胤一棒打倒。众喽啰见状都落荒乱跑。赵匡胤再复一棒，结果了周进，回步已不见了京娘，急往四下找寻，见那京娘已被五六个喽啰簇拥着进赤松林了。赵匡胤急忙赶上，大喝一声："贼徒哪里走？"众喽啰见赵匡胤追来，弃了京娘，四散而去，赵匡胤说："贤妹受惊了！"京娘说："适才喽啰内有两个人，曾跟随响马到清油观，原认得我。方才说'周大王与客人交手，料这客人斗大王不过，我们先送你到张大王那边去'。"

赵匡胤说："周进这厮，已被俺剿除了。只不知张广儿在何处？"

京娘说："只愿你不相遇更好。"赵匡胤催马快行，约行了四十多里，到一个市镇。赵匡胤腹中饥饿，带住辔头，欲要扶京娘下马上店。只见几个店家都忙乱乱地安排炊爨，全不来招架行客。

赵匡胤心疑，因带有京娘，为免生事，牵马过了店门。只见家家闭户，到尽头处，一户小小人家也关着门。赵匡胤心下奇怪，去敲门时，没人答应。转身到屋后，将马拴在树上，轻轻地去敲后门。里面一个老婆婆，开门看了一看，意中甚是惶惧。

赵匡胤慌忙跨进门内，与婆婆作揖道："婆婆休讶，俺是过路客人，带有女眷，要借婆婆家中火，吃了饭就走。"

婆婆捻神捻鬼地叫噤声！京娘也进门相见，婆婆便将门闭了。赵匡胤问："那边店里安排酒会，迎接什么官府？"

婆婆摇手道："客人休管闲事。"赵匡胤说："有甚闲事，直恁利害？俺是远方客人，烦婆婆说明则个！"

婆婆说："今日满天飞大王在此经过，这乡村敛钱备饭，买静求安。老身有个儿子，也被店中叫去相帮了。"赵匡胤听后，心想："原来如此。一不做二不休，索性与他个干净，绝了清油观的祸根罢。"

赵匡胤说："婆婆，这是俺妹子，为还南岳香愿到此，怕逢了强徒，受他惊恐。有烦婆婆家藏匿片时，等这大王过去之后方行，自当厚谢。"婆婆说："好位小娘子，权躲不妨事，只客官不要出头惹事！"

赵匡胤说："俺男子汉自会躲闪，且到路旁，打听消息则个。"

婆婆说："一定要小心！这里有现成的馍馍，烧口热水，等你来吃，饭却不方便。"赵匡胤提棒出后门，欲待乘马前去迎他一步，忽然想到："俺在清油观中说出了'千里步行'，今日为惧怕强贼乘马，不算好汉。"于是大踏步奔出路头。这时，赵匡胤心生一计，复身到店家，大声说："大王即刻到了，洒家是打前站的，你下马饭准备好了吗？"

店家道："都准备好了。"赵匡胤说："先摆一席与洒家吃。"

众人积威之下，谁敢辨其真假？还要他在大王面前方便，大鱼大肉，热酒热饭，只顾搬将出来。赵匡胤放量大嚼，吃到九分九，外面沸传："大王到了，快摆香案。"赵匡胤不慌不忙，取了护身龙杖，出外看时，只见十余对枪刀棍棒，摆在前导，到了店门，一齐跪下。

那"满天飞"张广儿骑着高头骏马，"千里脚"陈名执鞭紧随，背后又有三五十喽啰，十来乘车辆簇拥。你道一般两个大王，为何张广儿恁般齐整？那强人出入聚散，原无定规，况且闻说单身客人，也不在其意了，所以周进未免轻敌。

这张广儿分路在外行劫，因"千里脚"陈名报说二大王已拿得美貌女子并请他到介山相会，所以整齐队伍而来，行村过镇，壮观威仪。赵匡胤隐身北墙之侧，看得真切，等待马头相近，大喊一声道："强贼看棒！"从人丛中跃出，如一只老鹰半空飞下。说时迟，那时快！那马惊骇，往前一跳，这里棒势去得重，打折了马的一只前蹄。

那马负疼就倒，张广儿身轻，早跳下马，其背后陈名持棍来迎，早被赵匡胤一顿棒打。张广儿舞动双刀，来斗赵匡胤。赵匡胤腾步到空阔处，与强人放对。斗上十余合，张广儿一刀砍来，赵匡胤棍中其手指。广儿右手失刀，左手便觉没势，回步便走。赵匡胤喝道："你绰号'满天飞'，今日不怕你飞上天去！"赶进一步，举棒往脑后劈下，打做个肉饼。可怜两个有名的强人，双双死于一日之内。

众喽啰却待要走，赵匡胤大叫道："俺是汴京赵大郎，自与贼人张广儿、周进有仇。今日都已剿除了，并不干众人之事。"

众喽啰弃了枪刀，一齐拜倒在地，道："俺们从不见将军恁般英雄，情愿让将军当寨主。"赵匡胤呵呵大笑说："朝中世爵，俺尚不稀罕，岂肯做落草之事。"

赵匡胤看见众喽啰中，陈名也在其内，叫出问："昨夜来盗马的就是你么？"陈名叩头服罪。赵匡胤说："且跟我来，赏你一餐饭。"

众人都跟到店中。赵匡胤吩咐店家："俺今日与你地方除了二害。这些都是良民，方才所备饭食，都着他饱餐，俺自有发放。其管待张广儿一席留着，俺有用处。"店主人不敢不依。

众人吃罢，赵匡胤叫陈名道："闻你日行三百里，乃有用之才，如何失身于贼人？俺今日有用你之处，你肯依否？"

陈名说："将军若有所委，不避水火。"赵匡胤说："俺在汴京，因打了御花园，又闹了御勾栏，逃难在此。烦你到汴京打听事体如何？半月之内，可在太原府清油观赵知观处等候我，不可失信！"

赵匡胤借笔砚写与叔父赵景清家书，把与陈名，又将贼人车辆财帛分作三份，一份散与市镇人家，偿其向来骚扰之费，将打死贼人尸首及枪刀等项，着众人自去解官请赏；一份分与众喽啰，作为衣食之资，各自还乡生活；最后一份又剖为两份，一半赏与陈名为路费，一半寄给清油观修理降魔殿门窗。赵匡胤分派已毕，众心都心服口服。赵匡胤叫店主人将酒席一桌，抬到婆婆家里。婆婆的儿子也来了，与赵匡胤及京娘相见，并向婆婆告知除害的事，大家都非常高兴。

赵匡胤向京娘说："愚兄一路不曾做得个主人，今日借花献佛，与贤妹压惊把盏。"京娘千恩万谢，自不必说。是夜，赵匡胤自取囊中银十两送与婆婆。就宿于婆婆家里。第二天，两个人继续上路。当过了武关、走到瓜子沟口时，人马皆渴了，见路边有一口井，匡胤就去提水，可是没有绳竿和桶，只见他两手扳住井台往旁一搋，井身神奇地倾斜了，井水就从井口里流了出来，他手捧甘泉喝足后又饮了马儿，方爽快而去。从此，人们就将这里称叫做"扳倒井"。

这一天，赵匡胤和京娘来到一座山。赵匡胤远远望到山上一个个金马驹跑跳嬉戏、金光闪闪，傍黑到了山脚，看到的却是一块块紫黄石头。

赵匡胤住在山下一个村里，听村民们说，这山叫紫山，山上有八种宝：一是金马驹，二是人参宝，三是回娄秀，四是桃花玉，五是七彩石，六是温泉水，七是去污土，八是黑石柴。紫山上的两座大塔，是"八宝"守护神，也是打开山门的两把钥匙，当地有"塔倒山门开，现出八宝来"的说法。

赵匡胤觉着奇怪："说紫金山是一座神山、宝山，我当了皇帝后就封它叫'八宝紫金山'。"何谓八宝？赵匡胤为什么要把紫金山封为"八宝紫金山"？八宝是指古代帝王行使权力的八枚印章，即行玺、之玺、信玺、天子行玺、天子之玺、天子信玺、神玺和受命玺，一般统称玉玺。

这八枚玉玺，是皇权的象征、至高无上的珍贵之物，子孙世袭，代代相传。赵匡胤把紫金山上的八宝，与玉玺一样看重，可见在其心目中的分量。后来，陈桥兵变，赵匡胤黄袍加身，忙于军国大事，无暇再来紫山。赵匡胤死后多年，宋仁宗赵祯继位，才颁旨将紫金山改名为"八宝紫金山"。宋朝末年，金人入侵，中原大乱，南方一个妖道，趁乱溜进紫山，寻找打开山门的钥匙，要盗走山中"八宝"。

这个妖道在山上转悠了一个多月，什么也没有找到。就在他准备回去的那天晚上，忽然看到紫金山上有一头金马驹撒欢。他喜出望外，找了一根粗麻绳，结了一个绳套，偷偷摸摸上了紫金山，趁金马驹只顾玩耍时，抛出绳套将金马驹套住，高高兴兴牵着下了山。

当他牵着金马驹快要走出山门时，金马驹立时变成一块大紫黄石头，像生了根似的不动了，气得这个妖道口吐鲜血倒地身亡。老百姓编了一首打油诗，讥笑这个妖道："太祖封八宝，妖道来偷盗；宝物没偷走，命也搭上了。"赵匡胤离开金紫山，继续赶路。这一天，赵匡胤贪赶路程错过宿站，沿路行来，都是旷野之地，好不容易来到一个小村落，只有五六户人家，却都是大门紧掩，绝无声息。只有一家门前，立定一个身带重孝的妇人，也正准备锁门外出。

赵匡胤上前借宿遭到拒绝，待那妇女远去，赵匡胤管不了那许多，带着赵京娘越墙而入，心想借住一晚，等第二天那妇人回来他们便早已离去。进去一看，只见三间小小的平房中停着一副灵柩，后面垂着白幔，点着灯烛，摆着许多鱼肉菜蔬，赵匡胤仿佛记得那妇人离去时说过今天是她死去的丈夫回煞的日子。赵京娘有些害怕，赵匡胤可不管，大喜道："我腹中正在饥饿，既有现成的酒饭，乐得饱餐一顿。"赵京娘感于赵匡胤的豪气，跟着他一阵狼吞虎咽地大吃，吃后倒头便睡。

半夜时分，房中的蜡烛火光变成了绿色，渐渐低将下来，顿觉阴森凄惨，那灵柩好像有噗噗的爆裂之声，接着似有人发出一声长叹，声音幽细，一阵旋风扑入屋内。赵匡胤虽然胆大，也不禁毛骨悚然，赵京娘更是花容失色，赵匡胤把杵棒取在手中，径奔门前，向外一望，不禁十分惊异！原来灵前停了两只大公鸡，正在那里向供桌上觅取食物，但见它们虽和鸡十分相似，身体却要大数倍，翎毛都呈灰墨之色，颈项很长，眼圆喙尖，锐胫利爪，看似极其勇猛。

左边这个，头顶上像鸡冠一般簇将起来，右边的那个却是光秃秃的，匡胤暗道："这两个东西大概就是煞神。"主意打定，赵匡胤把身体当门立定，放开霹雳一般的喉咙，大声喝道："好怪物！我在此处下榻，竟敢前来现形，快快上前领死。"一棒当头劈下。

随着一声断喝，赵匡胤头上的阳光就显现出来，煞神知他是大有来

宋太祖赵匡胤传

历的，想逃都被他的阳光罩住，竟乖乖地被赵匡胤打死。赵京娘从来没有见过如此奇景，不觉呆了，第二天村民们回来，看到被打死的煞神，对赵匡胤两人敬若神明，对着两人一骑离去的方向顶礼膜拜。

二人又一次赶过了宿头，在一处破庙中过夜，春寒料峭，入夜更觉寒气袭人，两人就着一堆柴火默默地坐着，赵京娘在火光闪烁中，面颊被炙得通红。赵京娘对赵匡胤的仁风义举自然是铭感五内，及到长途相随相伴更是日久情生，此刻呼吸相闻更是如醉如痴，但她只见赵匡胤正襟危坐、一脸正气，几次欲言又止。京娘想起赵匡胤之恩："当初红拂一妓女，尚能自择英雄；莫说受恩之下，愧无所报，就是我终身之事，舍了这个豪杰，更托何人？"京娘欲要自荐，又羞开口，欲待不说："他直性汉子哪知奴家一片真心？"左思右想，一夜不睡。

不觉五更鸡唱，赵匡胤起身鞴马要走。京娘闷闷不悦。京娘对赵匡胤由敬生爱，不断地向他表露情感。她先是故意将绣鞋踢脱掉落马下，指望匡胤在给她穿鞋时，能触摸金莲送情传意，不料匡胤竟是用马鞭将绣鞋挑起，送至她面前，让她自己穿上，京娘心中感到好一阵失落。

继而，她又佯称腹痛，匡胤就抱扶她下马，不一会儿说好了，又抱扶她上马，过一会儿说又痛了，就又抱扶她下马，这反复一上一下，她便于与他勾肩搭背、身体偎贴，显得万般旖旎。

夜宿时她一会儿言寒一会儿又道热，匡胤又只得为她添衾减被，其软香温玉尽显；可赵匡胤生性刚直，尽心服侍，全然不以为怪。

又行了三四日，过曲沃地方，离蒲州三百多里，他们夜宿于荒村。京娘口中不语，心下踌躇：如今快要到家了，只管害羞不说会错失机会；一到家中，此事便罢休，悔之何及。黄昏以后，四宇无声，微灯明灭，京娘兀自未睡，在灯前长叹流泪。赵匡胤说："贤妹因何不乐？"

京娘说："小妹有句心腹之言，说来又怕唐突，恩人莫怪！"

赵匡胤说："兄妹之间，有何嫌疑，尽说无妨！"

京娘说："小妹深闺娇女，从未出门，只因随父进香，误陷于贼人之手，锁禁清油观中，还亏贼人去了，苟延数日之命，得见恩人。倘若贼人相犯，妾宁受刀斧，宁死不从。今日蒙恩人救离苦海，千里步行相送，又为妾报仇，绝其后患。此恩如重生父母，无可报答。倘蒙不嫌貌丑，愿备铺床叠被之数，使妾少尽报效之万一，不知恩人允否？"

赵匡胤大笑着说："贤妹差矣！俺与你萍水相逢，出手相救，实出恻隐之心，非贪美丽之容。况彼此同姓，难以为婚，兄妹相称，岂可及乱。俺是个坐怀不乱的柳下惠，你岂可学纵欲败礼的吴孟子！休得狂言，惹人笑话。"京娘羞惭满面，半晌无语，重又开言道："恩人休怪妾多言，妾非淫污苟贱之辈，只为弱体余生，尽出恩人所赐，此身之外，别无报答，不敢望与恩人婚配，得为妾婢，服侍恩人一日，死亦瞑目。"赵匡胤勃然大怒说："赵某是顶天立地的男子，一生正直，并无邪佞，你把我看作施恩望报的小辈、假公济私的奸人，是何道理？你若邪心不息，俺即今撒开双手，不管闲事，怪不得我有始无终了。"赵匡胤此时声色俱厉。京娘深深下拜说："今日方见恩人心事，赛过柳下惠鲁男子。愚妹是女流之辈，坐井观天，望乞恩人恕罪则个！"

赵匡胤方才息怒说："贤妹，非是俺胶柱鼓瑟，本为义气而千里步行相送，今日若就私情，与那两个响马何异？把从前一片真心化为假意，惹天下豪杰们笑话。"京娘说："恩兄高见，妾今生不能补报大德，死当衔环结草。"正是落花有意随流水，流水无情恋落花。自此京娘愈加严敬赵匡胤，赵匡胤愈加怜悯京娘。

赵匡胤和京娘两个人说话，直到天明。是时，一轮朝阳喷薄欲出，一路无话，看看来到蒲州。京娘虽住在小祥村，却不认得，赵匡胤问路而行。京娘在马上望见故乡光景，好生伤感。却说小祥村赵员外，自从失了京娘，将及两个多月，老夫妻每日思及啼哭。忽然庄客来报，京娘骑马回来，后面有一红脸大汉，手执杆棒跟随。

赵员外道："不好了，响马来讨妆奁了！"

妈妈道："难道响马只有一人？且教儿子赵文去看个明白。"

赵文道："虎口里哪有回来肉？妹子被响马劫去，岂有送转之理？必是容貌相像的，不是妹子。"话犹未了，京娘已进中堂。

爹妈见了女儿，相拥而哭。哭罢，问其得回之故。

京娘将贼人锁禁清油观中，幸遇赵公子路见不平、开门救出、认为兄妹、千里步行相送，并途中连诛二寇，大略叙了一遍，又说："今恩人见在，不可怠慢。"赵员外慌忙出堂见了赵匡胤，拜谢说："若非恩人英雄了得，吾女必陷于贼人之手，父女不得重逢矣。"

于是令妈妈同京娘拜谢，又唤儿子赵文来见了恩人。庄上宰猪设宴，款待赵匡胤。赵文私下与父亲商议道："'好事不出门，恶事传千里。'妹子被强人劫去，家门不幸，今日跟这红脸汉子回来，人无利己，谁肯早起？必然这汉子与妹子有情，千里送来，岂无缘故？妹子经了许多风波，又有谁人聘她。不如招赘那汉子在门，两全其美，省得旁人议论。"赵公是个随风倒舵没主意的老儿，听了儿子说话，便教妈妈唤京娘来问她道："你与那公子千里相随，一定把身子许过他了。如今你哥哥对爹说，要招赘与你为夫，你意下如何？"

京娘说："公子正直无私，与孩儿结为兄妹，如嫡亲相似，并无调戏之言。今日望爹妈留他在家，管待他十日半月，少尽其心，此事不可提起。"妈妈将女儿的话给赵公说了，可是赵公不以为然。少间筵席完备，赵公请赵匡胤坐于上席，自己坐于下席相陪，赵文在左席，京娘在右席。酒至数巡，赵公开言道："老汉有一言相告。小女余生，皆出恩人所赐，老汉全家感德，无以为报。幸小女尚未许人，意欲献与恩人，为箕帚之妾，伏乞勿拒。"

赵匡胤听得这话，一盆烈火从心头升起，大骂道："老匹夫！俺为义气而来，反把此言来污辱我。俺若贪女色时，路上也就成亲了，何必千里相送。你这般不识好歹，枉费俺一片热心。"说罢，将桌子掀翻，便一直往门外走。

赵公夫妇唬得战战兢兢。赵文见赵匡胤粗鲁，也不敢上前。只有京娘心下十分不安，急走去扯住赵匡胤衣裾，劝道："恩人息怒！且看愚妹之面。"赵匡胤哪里肯依，甩开京娘，奔至柳树下，解了赤麒麟，跃上鞍辔，如飞而去。京娘哭倒在地，她的芳心一片片碎了，随着麒麟马的蹄声渐远渐渺。爹妈把她劝转回房，又把儿子赵文埋怨了一场。赵文又羞又恼，也走出门去了。

赵文的老婆听得爹妈为小姑的事情而埋怨了丈夫，好生不喜，强作相劝，将冷语来奚落京娘说："姑姑，虽然离别是伤心事，那汉子千里相随，又绝然而去，也是个薄情的。他若是有仁义的人，就了这头亲事了。姑姑青年美貌，不怕没有好姻缘相配，休得愁烦则个！"气得京娘泪流不绝、顿口无言。

京娘心下自想："因奴命蹇时乖，遭逢强暴，幸遇英雄相救，指望托以终身。谁知事既不谐，反涉瓜李之嫌，今日父母哥嫂亦不能相谅，何况他人？不能报恩人之德，反累恩人的清名，为好成歉，皆奴之罪。似此薄命，不如死于清油观中，省了许多是非，倒得干净，如今悔之无及。千死万死，左右一死，也表奴贞节的心迹。"

捱至夜深，待爹妈睡熟，京娘取笔题诗四句于壁上，撮土为香，望空拜了赵匡胤四拜，将白罗汗巾抛上房梁，悬梁自缢而死。

可怜闺秀千金女，化作南柯一梦人。天明，老夫妇起身，不见女儿出房，到房中看时，见女儿缢在梁间，吃了一惊。老两口儿放声大哭，赵妈妈解下女儿，儿子媳妇都来了。赵公知道女儿冰清玉洁，把儿子痛骂一顿；免不得买棺成殓，择地安葬。后来，赵匡胤称帝后，追念京娘昔日兄妹之情，遣人到蒲州解良县寻访消息。使者寻得消息回报，太祖甚是嗟叹，敕封为贞义夫人，立祠于小祥村。

从军入伍

赵匡胤回来后，看到书案上折成两截的齐眉棍，忽然想到那个壮汉与士兵打斗时所使用的连枷，思忖了一下，然后拿起已经折成一长一短两截的齐眉棍，来到北街口那家陈记铁匠铺，让陈铁匠把这一长一短两截木棍按连枷的样式连在一起。

不到一个时辰，陈铁匠便将这一长一短两截木棍用几个铁环和两个铁箍连在一起。

赵匡胤拿起沉甸甸的棍子乱耍了几下，棍梢甩动起来呼呼生风，令人眼花缭乱。

陈铁匠看完赵匡胤耍完这套棍术后，好奇地问道："赵将军，您看这似棍非棍、似鞭非鞭的兵器应该叫什么名字好？"

赵匡胤看着手中这条棍，自言自语道："此棍似断非断，似折非折，有头有尾，首尾一体，就叫'盘龙棍'吧！"

加入郭威的大军

赵匡胤乘着千里赤麒麟，连夜走至太原，与赵知观相会，"千里脚"陈名已到了三日。陈名告诉赵匡胤，后汉天子刘知远已死，太子刘承祐继位，天下大赦，赵匡胤的案子已经销了。

陈名还告诉赵匡胤，现在郭令公掌管全国的兵权，正招兵买马，准备出征讨伐各地造反势力。听到这里，赵匡胤不禁心里一动，他想起了在襄阳时老和尚告诉自己的偈语，第一句就是"遇郭乃安"，是不是正应在郭令公身上呢？

郭令公何许人也？郭令公即郭威，字文仲，别名郭雀儿。邢州尧山人。郭威的父亲郭简，担任后晋的顺州刺史，后为割据幽州的刘仁恭所杀。郭威此时仅数龄，随母王氏前往潞州，王氏在路途中不幸辞世。郭威依靠姨母韩氏提携抚育，始得成人。

郭威十八岁时，当地的泽潞节度使李继韬招募兵士，他去应招，李继韬见便收留他在身边做"牙兵"。

郭威长得很魁梧，勇力过人，李继韬很欣赏他，有什么小的过失也经常迁就他。郭威好斗，喜欢赌博，又好喝酒，但有时也喜欢打抱不平。

后梁龙德年间，山西潞州，一天，正逢集市。市场上人来人往，熙熙攘攘。

肉市上，一个屠户袒腹露胸，正在那儿操刀卖肉。他长得豹头环眼，一脸横肉，敞开的衣襟中露出黑黝黝的一片胸毛，高大的身材站在肉案旁边，远远望去，好像是半截铁塔。

一个庄稼汉从人群中挤过来，要买一块肉。屠户随手砍下一块，马马虎虎称了一下，扔到庄稼汉的篮子中，伸手要钱。

庄稼汉低头瞅瞅篮中的猪肉，面露难色，嗫嚅着指指案上，要再添一点肥的。屠户嘲弄地说："肥肉？就凭你这模样还想吃肥肉？不行！"

庄稼汉恼了，说："不添，我就不买了！"说着，把篮中的猪肉扔到了案上。

屠户勃然大怒，跨过肉案，抓住庄稼汉的衣领，劈脸就是几拳，边打边骂："老子给你割好肉，你又要不买，岂不是戏弄老子！"

庄稼汉被他打得鼻青眼肿，七窍流血。旁边的人看不下去，上来拉架，屠户一拳一个，把他们打得纷纷后退。

一个老者见屠户行凶，远远躲开，自言自语地说："又是他！成天在这儿强买强卖、欺行霸市，官府怎么也不管管他呢！"

这时，从街上摇摇晃晃地走过来一个士兵打扮的青年，生得浓眉大眼，身材虽不及屠户粗壮，倒也结结实实。他就是郭威。

只见郭威手持一只酒葫芦，边走边喝，腿脚似乎不大当家，看来已经喝得不少。也不知是天热还是酒劲烧的，郭威猛然把上衣扒下，搭在肩上，这时人们才看到，在他的脖颈上纹有一只展翅欲飞的青色雀儿。

郭威听到喧闹，就挤进了人群围成的圈子，圈子内，屠户已把庄稼汉打得倒地不动、奄奄一息。屠户威风凛凛地叉腰望望，觉得意犹未尽，又握紧拳头，逼向刚才试图拉架的那几个人。

郭威看了一阵，似乎明白了刚才所发生的一切，他猛然扔掉酒葫芦，甩掉上衣，纵身跨步，挡住了屠户。

屠户只求老拳过瘾，也不管来人是谁，挥拳就打，郭威侧身一闪，只听得一声惨叫。众人急忙伸头望去，只见郭威不知什么时候已把屠户的右臂拧到了背后，屠户皱着眉头，杀猪般地喊"疼"。

郭威把屠户推到肉案旁，吩咐道："给我切肉！"

屠户甩了甩酸痛的右臂，老老实实地切起肉来。郭威一会儿要肥的，一会儿要瘦的，一会儿要剔骨，一会儿要刮毛。屠户忙得满头大汗，手下稍微慢一点，郭威不是劈头一巴掌，就是当胸一拳头。人们见到屠户弹指间成了狗熊，嘲笑声此起彼伏。

屠户实在忍受不住，"哐当"一声，把肉刀扔在地上，拍打着祖露的肚皮对郭威说："好！算你有本事！有种你就杀了我吧！"

郭威嘻嘻一笑："你当我不敢？"俯身拾起刀，一刀刺进屠户的胸膛，屠户瞪着惊骇的双眼，慢慢倒地。围观的人们见出了人命，怕连累自己，四散奔逃。

郭威见人们没命逃走，感觉有些奇怪，他四面望望，蹲下来摸了摸倒在地上的屠户，发现手上满是鲜血，一下出了一身冷汗，醉意随着冷汗跑得无影无踪。

郭威意识到闯了大祸，起身就要逃跑，但已经晚了，大队士兵已闻讯赶来，把他团团围在中间。郭威见跑不掉了，就在屠户身上擦干手上的血迹，满不在乎地让兵士们捆了起来，押到留后衙门。

潞州留后李继韬听说市上出了命案，急忙升堂。一看凶犯不是别人，竟然是自己卫队中刚招募来的郭威，李继韬不禁大怒。

听完地保陈述案情，李继韬火气渐渐消了下去，他挥退左右，低声对郭威说："本帅念你是一条好汉，饶你一条性命。只是我这里你不能再呆下去了，赶快去别处寻生路吧！"郭威叩头谢恩而去。

后来李继韬被李存勖派兵攻灭，郭威又被收编进了后唐军队，入了李存勖的亲军"从马直"。

经过几年的折腾，郭威也老练多了，通过读书，也知道了很多做人的道理，并结交了很多热血朋友，结拜了十兄弟，刺臂盟誓："我们兄弟十个，有龙有蛇，他年富贵，互不相忘。"

天福十二年，刘知远称帝，建立后汉，之后攻下开封，定为都城。郭威因助刘知远称帝有功，升为枢密副使、检校司徒，成为统率大军的将领，位至宰相。

刘知远称帝后，他的旧日僚佐均成为朝廷重臣，占据了各种要害部门。杨邠、郭威任正副枢密使，苏逢吉、苏禹任宰相，王章任三司使，史弘肇任侍卫亲军马步军都指挥使兼平章事。在这些人中除郭威外，其余均为蛮横无知、贪暴残酷之徒。

不过，刘知远称帝并没有多久，他就生病了。刘知远的长子魏王刘承训年长而贤明，刘知远很喜爱他，准备立他为太子。

乾祐元年正月十一日，刘承训刚被立为皇位继承人就病死了，刘知远正病重，悲哀使病情迅速加重，他自知活不长久，召请郭威、苏逢吉等大臣进宫，接受顾命。

刘知远说："我呼吸困难，不能多说话，周王承佑毕竟年轻，后事就托给诸卿了。"喘了一会儿，又补上一句："善防重威。"他当天就去世了，终年五十四岁。

重威就是杜重威，石敬瑭的妹夫。晋出帝石重贵将讨伐契丹的军权交给他，他竟故意造成失败，强迫部队全部投降，自己想当中原傀儡皇帝。他被契丹之主解除武装后，驻在陈桥驿。

耶律德光北撤，萧翰逃走，他又投降刘知远；过不多久，心中怀疑不安，又起兵造反，占据邺城，之后受到刘知远的长期围困，粮草断绝，只好再度出降。而城里的军士和百姓，早已饿死一大半，活着的人也是形容枯槁。

刘知远还是封他为太傅兼中书令，赐爵楚国公。他每次外出，百姓看到了，就要投掷石块，咒骂这个奸贼。可见，他是一个反复无常、有奶便是娘的卑鄙家伙。因此，刘知远始终不放心，临死时特别提示大臣要认真提防杜重威。

郭威等人没有马上发布讣告。第二天，假传汉帝的诏令，宣布杜重威的罪状："重威父子，借我生病的时机，造谣惑众，罪恶滔天，国法难容，特命就地逮捕，连同三个儿子，全部处决。妻子宋国长公主和内外亲族，一概不究。"这样，杜重威被送上刑场。

最危险的人物解决了，大臣们才正式为皇帝发丧。乾祐元年二月初一日，授任刘承祐为特进、检校太尉、同平章事，封周王，当日在刘知远灵柩前即皇帝位，沿用刘知远乾祐的年号。

刘承祐继位后，郭威被任命为枢密使，掌管全国的兵权。当时河中节度使李守贞、永兴节度使赵思绾、凤翔节度使王景崇相继拥兵造反。

消息传出，后汉隐帝命枢密使郭威为统帅，镇宁节度使郭从义为永兴行营都部署，率领侍卫兵马讨伐赵思绾；又以保义节度使白文珂为河中行营都部署，内客省使王峻为都监，讨伐李守贞；再以宁江节度使、侍卫步军都指挥使尚洪迁为西面行营都虞侯，讨伐王景崇。

白文珂等人击败李守贞后，李守贞退守河中城，闭门不战。白文珂、郭从义、常思等人围城，从春天一直围到夏天，始终没有攻破河中城。刘承佑只好请出老帅郭威。

郭威身任招慰安抚使，后汉西部国土上的各军统统归其节制。他还趁机招兵买马，大力扩充自己的军力。

就是在这时，赵匡胤来到邺都。他看到这个与契丹接壤的后汉北部边陲的重要军事基地耕耘繁忙、买卖兴隆、兵强马壮，心中十分感慨："同是汉室之地，东京、邺都两重天，看起来镇守这里的枢密使郭威治国有术、安民有方。难道这就是老和尚给我指的北方知遇？"

恰巧，郭威也正野心勃勃，招兵买马，企图一统天下，武艺非凡的赵匡胤前来投募，自是高兴不已，连忙收于帅幕之下。

是年，赵匡胤二十二岁，正是风华正茂的年龄，经过数年的坎坷流亡，遇上恩主，决计好生追随郭威干出一番事业来。在郭威帐下，赵匡胤迅速地成长起来。

赵匡胤跟着郭威一路行军，到达了河中。郭威并没有劝李守贞投降，更没有训斥和惩罚久攻不下的白文珂等人，只是带了些人，轻装简骑地围着河中城转了几圈。

之后，郭威下达了第一道命令：常思筑寨于河中城南，白文珂筑寨于河中城西，郭威自领中军筑寨于河中城东，留城北一地空缺，不设人马；同时征调周边五县百姓近三万人，在三寨和河中城之间筑起了互相连接的小型堡垒，来保护新建的营寨。

命令一出，全军哗然。面对质疑，郭威不动声色，他的沉默让所有人都闭上了嘴。

一天夜里，久困城中绝不露头的李守贞突然率军出击，没有准备的后汉军一片慌乱，只得放弃了堡垒，向新筑的营寨里撤退。

等后汉军重新集结，列队出寨，准备痛扁敌人时，敌人已经不见了。愤懑、激动、劳累，再加上这些日子以来不断积压的郁闷，让这些火气旺盛的大兵们再也隐忍不了。

郭威的第二条命令使大兵们终于知道了那些征调来的农民工们为什么没被遣散回家了：这些人得重新劳动，把刚刚被毁的堡垒再修筑起来；而他们当兵的也别想闲着，以前干什么，现在继续练！

只不过他们很奇怪，看起来这场战争的主角像是这些勤劳的农民工，而他们这些当兵的，只不过是这些农民工的保镖。

之后，只要堡垒出现，李守贞就会心急火燎，不计利害地率队出城，不管用什么样的代价，都一定要把堡垒毁了，然后他才能带着人马逃回城。如此周而复始，持续了接近整整一年。

郭威终于下达了第三条命令，命全体士兵进攻河中城。在三面强攻、北面放行的情况下，河中城被一举拿下。李守贞贯彻了自己绝不投降的宗旨，城破后全家自焚。

赵匡胤终于明白，郭威为什么会在最初下达了那个莫名其妙的命令。的确，那时的李守贞和河中城就已经是瓮中之鳖了，只要不断地攻城，不断地消耗城内军队的战斗力，就足以让他们崩溃。

胜利是迟早的事，但是前提却是要以战具的毁坏和可怕数字的士兵的死亡去换取。有必要那么做吗？一定要强攻才行吗？与其我主动去攻，去承担损耗，为什么不让对方来攻我，让对方来承受损失？也就是说，有没有什么办法让躲在城里装孙子的李守贞主动跑出来打我呢？

郭威准确地分析出了李守贞死守无援的心理，于是采取围而不歼的策略，一个个新建的营寨和堡垒在向他步步逼近。已经濒临绝境的李守贞再也难以忍受这些本来无害的挑衅。于是，他只能一次次冒险出城，以毁灭堡垒来维持自己还能生存下去的信心。

就这样，郭威只是用一些业务不熟练、用料不讲究的农民工建造粗制滥造的营寨和堡垒，就达到了克敌制胜的目的。

当这些事情发生时，赵匡胤都在现场。平叛战争成了赵匡胤治军用兵的第一课。郭威对赵匡胤成长的影响不可低估，有人甚至说没有郭威就不会有后来的宋太祖。

平定李守贞后，郭威转向赵思绾。此时，后蜀派人来联络赵思绾，赵思绾于是准备投蜀，郭威命人以诈谋召赵思绾入城，然后伏兵擒之，赵思绾与其子被斩于闹市。

在跟随郭威出征的队伍中，除了赵匡胤，还有他的父亲赵弘殷。当时，赵弘殷奉命前往凤翔征讨王景崇。

赵弘殷奉命讨伐王景崇时，适逢后蜀军队来援救王景崇，汉军与蜀军在陈仓交战。刚刚交战，赵弘殷就被敌箭射中左眼，但他的气势更旺盛，奋勇攻击，最终把敌军打得大败，因此次战功升任护圣都指挥使。

这时，李守贞、赵思绾相继被剿灭的消息传来，赵弘殷精神大振，全力出击。王景崇与全家老小自焚而死。

郭威率军平定各地叛乱，使风雨飘摇的后汉政权转危为安。之后，郭威又移师北伐，大败契丹，以功封邺都留守、天雄军节度使，兼枢密使，河北诸州郡皆听郭威节制。

刘承祐自继位后，就与其宠臣对郭威等有功大将十分疑忌。乾祐三年十一月，刘承祐与亲信李业密谋，诏令马军指挥使郭崇威和步军指挥使曹威诛杀郭威，企图一举铲除前朝旧将势力。

邺都城中，郭威正召集各路将领商讨边疆防御大计，忽报京城来使，召马军指挥使郭崇威和步军指挥使曹威出营接旨。郭威有几分诧异，心想有何要事要越过本帅直接传达到下一级呢？

当时正值议论得热烈之际，郭威挥手让二将退下，出去接旨。不大工夫，郭崇威和曹威就回到了帐中，二人的表情复杂，相互交换着眼色，欲言又止。

郭威见他们这副表情，猜到是与刚才那道圣旨有关，便说："二位有何难处，不妨直说，本帅不会让二位为难的。"

郭崇威和曹威二人又对视一眼，"扑通"一声齐齐跪下，捧上朝廷密旨，哭道："大人，朝中有变……"

郭威接过诏书，只见上面写着："……史弘肇、王章谋反，已经伏法。郭威等亦是同党，着你二人就地诛杀，持首级回京复命。"

看完密旨，郭威心中像打翻了五味瓶，酸甜苦辣一齐涌了上来。多年来刀山火海，浴血奋战，把刘家父子扶上了皇帝的宝座，到头来凭这么一张密令，自己就要不明不白地死去，真让人寒心。

郭威把圣旨还给二将，缓缓地摘下头盔，走到大帐当中，对各路将领说："宫中有旨，命郭、曹两位指挥使取我首级。边防大事就拜托诸位了。"转身对郭曹二将说："二位不要为难，赶快动手，好回京复命。"

二将伏地不起，放声大哭："我们鞍前马后跟随大人多年，大人的一片忠心上天可鉴。如今无故处死，我们下不了手啊！"

这时，帐中将领一齐跪倒，齐声痛哭："大人，这定是朝中有人陷害，大人万万不可轻生！"

郭威仰天长叹，声泪俱下："我与杨、史诸公披荆斩棘，跟从先帝打下了天下，又领受托孤重任，竭力侍奉朝廷。现在他们几个死于非命，我还有什么心思苟活呢？你们还是按圣旨行事，拿着我的首级去见天子，免得受我连累！"

郭崇威等人答道："皇上年轻，这一定是奸臣陷害，假如这些人得志，国家岂能安定？我等愿随大人入朝辩诬，除掉那些鼠辈。大人万不能为这一纸空文付出性命，还落得个谋反的罪名。"

谋士赵修己进而说："大人死了也白死，不如顺从众心，挥师南下，取代他汉家的天下。天意乃是如此，请大人不要再犹豫了！"

郭威听手下异口同声，都是一样的见解，也就下了起兵造反的决心。眼前也无其他路可走，不起兵就得掉脑袋，起兵说不定真能夺得皇位，当它几天皇上。

郭威重又戴上头盔，威风凛凛地下令，留义子柴荣镇守邺都，郭崇威率骑兵作为前锋先行南下，自己亲率大军继后，十来万人铺天盖地杀奔京城开封。所过州县，无不开城出降，郭威不费吹灰之力就打到了黄河边上。

巡逻的军士抓到一个刘承佑派出刺探军情的太监，郭威草草写了一道奏章，塞到他衣领里，让他带给刘承佑。

奏章上写道："臣昨得诏书，本该奉命献上首级。但郭崇威等人不忍杀臣，怀疑有奸臣给陛下进谗言，逼臣入朝辩诬。臣不得已率军南下，现屯兵河边，等候陛下吩咐。如臣确有谋反之罪，任凭陛下发落；如为奸臣诬陷，请绑送军前，由臣诛杀，以安军心！"

刘承佑看到奏章，心中也有几分后悔。无奈之下，他慌忙召集侯益、慕容彦超、聂文进等人统领禁军，准备迎敌。

郭威听到朝廷准备出兵迎战的消息，就把沿途州县进献的财物拿出来分给将士，对他们说："争战不是我们入朝的本意，但不战又要被官军杀戮，本帅左右为难。诸位还是奉行皇上的密旨，将我杀掉，我死而无怨！"

将士们被他这么一激，齐声说："皇上负公，公不负皇上，我们万众一心，一定要为公讨个公道！"监军王峻大声宣布："郭公已有安排，攻下开封后，任大家劫掠十天！"士兵们欢呼雀跃。

乾祐三年十一月，郭威率兵渡过黄河，攻入开封。军士们如出笼的饿虎一般大肆烧杀抢掠，城内鬼哭狼嚎，陷入一片火海之中。上至皇亲国戚，下至黎民百姓，家家户户都被乱兵掳掠一空。

王殷、郭崇威见此情景，忙向郭威进言："今晚若不止住抢掠，开封不就成了一座空城了！"郭威也觉得再放任士兵闹下去，自己就要失去人心，只好下令禁止抢杀。士兵们正抢得快活，听到将令，哪里愿意住手。又闹了半夜，直到天明才算安定。

此次进攻开封，赵匡胤在作战中骁勇异常，引起了郭威的注意。这时，郭威已经有了随时改朝换代的能力，但他没有立刻称帝。当时刘知远的弟弟刘旻在太原拥有强兵，刘旻之子刘赟担任徐州一带的武宁节度使，许州的忠武节度使刘信也实力不凡。所以，郭威不能给三镇联合的借口和机会。

郭威非常聪明，他想让李太后出面主持大局、安定人心，所以第二天就率领文武百官拜见太后，请太后早点确立继承皇位的人选。

太后发话，让太师冯道去徐州迎请刘赟即位。高崇闻知隐帝承佑被杀，调集大军，正要南下问罪，听说拟立刘赟为帝，也就不再进军，安坐晋阳，等着当太上皇了。

这边冯道出使徐州，那边郭威接到镇州等地奏报，说是契丹入侵，数州告急。郭威奏明太后，率军出京，北上御敌。

十二月，郭威奉旨引兵北上，力拒契丹。兵至澶州，郭威授意赵匡胤等亲信鼓动军中将士立自己为帝。

第二天一早，郭威率军继续北上，数千名将士突然骚动起来，他们大呼小叫地闯入郭威营帐，喊道："我们已与刘氏结下血仇，决不能再立刘氏为帝。郭公功高盖世，应该自己为帝！"

喊叫声中，有人撕开一面杏黄旗披到郭威身上，把郭威抬到头顶，"万岁"之声响彻山野。

接着，郭威在赵匡胤及众将士的簇拥下，回师汴梁。来到开封城外，宰相窦固贞率百官出迎，劝郭威登基称帝。郭威坚辞不允，也不愿进城，驻扎在城外的皋门村。

入夜，一支七百余人的骑兵部队悄悄地从皋门村奔出直向徐州方向飞驰而去，不一会儿就消失在茫茫夜幕之中。为首的将官正是马军指挥使郭崇威。

晋阳的刘旻听说郭威率军北上又返，顿生疑心，就派使者到郭威营中探听虚实。

郭威对来使说："郭雀儿要做天子，兵进洛阳时就做了，何必等到今日呢？"又指着自己颈上的飞雀说，"世上哪有纹青的天子！请刘公放心，不必多疑。"

刘旻闻报，又放下心来。部下劝他率军越过太行，占据孟津，监视郭威的举动，等刘赟即位后再回晋阳。刘旻置之不理。

刘赟继位心切，只带了几个随身侍卫就匆匆忙忙地随太师冯道西行，忽然发现驿馆四周已被郭崇威的骑兵团团包围。

刘赟大惊，忙问原因，郭崇威道："太后又有诰命，改封你为湘阴公，命你转道赶赴封地，不得再去开封！"刘赟还不死心，如虎似狼的军士们已围了上来，把他推进了驿馆。

广顺元年正月丁卯日，郭威正式称帝，国号大周，定都汴京，史称后周，仅仅统治了中原四年的后汉就此灭亡。

郭威当了后周的开国皇帝，自然要犒劳和提拔拥立有功的将士。赵匡胤在拥立新帝时扮演了重要角色，出力不小，于是被擢升为东西班行首，成为禁军军官。

赵匡胤的父亲赵弘殷这时也被提拔为铁骑第一军都指挥使，很快又转为右厢都指挥使，领岳州防御使。父子俩都是禁军军官，可以说非常荣耀。

从士兵跃升军官，赵匡胤的仕途已经开始。但郭威称帝对赵匡胤的意义显然不止于此。他亲眼目睹郭威由一个身份低微的大兵黄袍加身而成皇帝，这样一场活剧，对其心灵的触动必定很大。

郭威称帝一波三折、安排周密，充分说明驾驭五代时的骄兵悍将并非易事，兵将之间既有利害一体的相关性，也有互相利用的成分，在具体过程中又在不断博弈，都想使自己居于一个不败的位置。明白这一点，就可以理解为什么五代时期会有一而再地黄袍加身这样的戏码了。

成为皇储的助手

后周显德元年，周太祖郭威驾崩，晋王柴荣按遗命在枢前即皇帝位，是为周世宗。柴荣即位后，赵匡胤开始执掌禁军，从此飞黄腾达，在权力之路上越走越远。

周太祖郭威姓郭，他的继承人为什么却姓柴呢？原来，柴荣是郭威的养子。柴荣，邢州尧山柴家庄人，柴荣祖父柴翁、父亲柴守礼都是当地有名的富豪。家道中落、年未童冠的柴荣前去投奔嫁给郭威的姑母。

据说，柴荣的姑母本后唐庄宗之嫔御，庄宗驾崩后，后唐明宗遣其归家，行至河上遇大风雨，在旅店停留数日，偶遇郭威，看他体貌非凡，一见倾心。而郭威也听说柴氏贤惠，父母知志不可夺，于是二人在旅店中成婚。

柴荣生性谨厚，帮助郭威处理各种事务，深受郭威喜爱，被收为养子。当时郭威家境并不富裕，柴荣为资助家用，外出经商，做茶货生意往返江陵等地时结识了赵匡胤，其间学习骑射，练就一身武艺，又读了大量史书和黄老著作。

柴荣自在定州安喜县内与匡胤、郑恩分别的时候，本约定次年元宵佳节至汴京看灯，再行聚首。不料回到邺都去看望姑丈、姑母，他的姑丈郭威和姑母柴氏因为膝下无儿，心下正感不快，见柴荣看望自己，哪有不喜之理！

又见柴荣长得长身玉立、仪表堂堂，并且生性温和，待人接物彬彬有礼，侍候尊长更是柔声下气，颇具孝心，郭威夫妇更加钟爱，索性寄信于柴荣之父，要将他抚养为子，言明将郭威所有的家财产业及朝廷恩荫的爵位日后都归柴荣承袭。

柴荣之父，名唤守礼，因郭威有恩于己，无可报答，遂将妹子嫁他。现在郭威又是汉主的开国元勋，官居极品，并兼将相，地位显赫，他的要求怎敢违背！况且自己儿子做了郭威养子，便可平步青云，立刻变成贵人了，这种机会真是千载难逢，岂可错过！遂立即回信答应。郭威夫妇，见守礼唯命是从，竟肯把儿子送予自己，这一喜好似天外飞来一般！

郭威当下择定吉日，率领柴荣，祭告天地祖宗，把柴荣承嗣过来，抚养为子。郭威夫妇自得柴荣承继之后，忽地有了儿子，出入追随、朝朝侍奉，心下的快乐自然不可言喻。

从此，柴荣弃商从戎，追随郭威。后汉建立后，郭威以佐命功授为枢密副使，柴荣被任命为左监门卫大将军。郭威任邺都留守、枢密使、天雄军节度使，柴荣被任为天雄牙内指挥使、领贵州刺史、检校右仆射。

后汉乾祐三年，郭威和柴荣留居京都开封的亲属全被汉隐帝诛杀，郭威愤而起兵，以"清君侧"为名杀向开封，柴荣受命留守邺都，主持邺都事务。

后周建立后，柴荣以皇子的身份拜澶州刺史、检校太保、封太原郡侯。柴荣在澶州任内，为政清肃，盗不犯境，吏民赖之。其后加封晋王并出任开封尹，判内外兵马事。

这时，虽然赵匡胤和柴荣都追随郭威，但身份悬殊，互相并不知道。后来，在赵匡胤做东西班行首时，一次柴荣进宫办事，正好遇上赵匡胤值班，两个人才再次相遇，互相握手细诉别后情形。

郭威见自己的儿子和匡胤认识，并且十分要好，便问道："荣儿，你与赵指挥的公子是何时相识的，怎么我竟没有知道呢？"

柴荣见问，便将自己与赵匡胤、郑恩，在关帝庙内结拜为异姓兄弟的往事，一一告知郭威。

郭威听了，高兴地对匡胤说道："赵公子原来与我儿是结义兄弟，从此以后，我倒要忝居长辈，唤公子为贤侄了。"

从此，赵匡胤与柴荣来往密切。后周广顺三年，郭威派赵匡胤到滑州充任副指挥使。此时正赶上郭威的养子柴荣被封为晋王，担任开封府尹。

柴荣和赵匡胤曾在军中共事数载，深知赵匡胤英武、机灵，很有才能，于是征得郭威的同意，将赵匡胤调到自己的手下，让其担任汴梁府马直军使。

马直军使这个官职本身并不高，但在皇储身边当差，进入朝廷的权力中心，参与机要，这给了赵匡胤至关重要的施展才华的机会，成为其进身之阶。

事实也正是如此，柴荣对赵匡胤的文韬武略欣赏有加，每逢出征都把他带在身边，赵匡胤很快成为柴荣的左膀右臂。

郭威的治国体制，是通过改革达到统一中国的目的。他所进行的改革是多方面的，收到了显著效果。综合起来，主要包括：提倡节约俭朴；整顿吏治纲纪；减轻压迫和剥削；招抚流民，组织生产；治理河患，灌溉良田；准备统一，进行统一战争。

在治理国家方面，虽然郭威有些能力，但他仍然谦逊地重用有才德的文臣，以行动来改变从后梁以来军人政权的丑恶形象，他对这些有才德的大臣们说："朕生长于军旅之中，不懂得学问，也不精通治国安邦的大计，文武官员有利国利民的良策就直接上书言事，千万不要只写一些粉饰太平的无用话。"

郭威的精心治理，使后周在很短的时间里就显露出国富民强的迹象，为周世宗继续他的事业打下了坚实的基础。

显德元年正月，周太祖得了重病，知道自己不行了，于是交代后事。他拉住柴荣的手，仔细叮嘱说："我不行了，你赶快替我修建陵墓，不要让灵柩留在宫中太久。陵墓务必从简，别去惊动、扰害百姓，不要用许多工匠，不要派宫人守陵，也用不着在陵墓前立上石人石兽，只要用纸衣装殓，用瓦棺做椁就可以了。安葬后，可以招募陵墓附近的百姓三十户，蠲免他们的徭役，让他们守护陵墓。陵墓前替我立一块石碑，上面刻几句话，就说我平生习惯于节俭，遗诏命令用纸衣瓦棺。你要听我的话，如果违反，我不保佑你，还叫你脑袋疼。"

郭威又告诫柴荣说："我以前西征时，见到唐朝帝王的十八座陵寝统统被人发掘、盗窃，这都是由于陵墓里藏着许多金银财宝的缘故，而汉文帝因为一贯节俭，简单地安葬在霸陵原上，陵墓到今天还完好无损。你到了每年的寒食节，可以派人来扫我的墓，如果不派人来，在京城里遥祭也可以。但是，你要叫人在河府、魏府各葬一副剑甲，在澶州葬一件通天冠绛纱袍，在东京葬一件平天冠衮龙袍。这件事你切不可忘了。"

接着，他大封群臣，命柴荣继位时说："我看当世的文才，莫过于范质、王溥，如今他俩并列为宰相，你有了好辅弼，我死也瞑目了。"

当晚，郭威病死于汴京宫中的滋德殿，享年五十一岁。晋王柴荣按遗命在枢前即皇帝位，是为周世宗。

柴荣即位之后，一切按照姑父的遗命，没有繁文缛节。这样简朴的葬仪，在我国的历代皇帝中，是屈指可数的。

年富力强的周世宗柴荣继位后，雄心勃勃，决心遵照养父的遗愿，干出一番大事业。赵匡胤作为周世宗的有力支持者，开始进入皇权政治的核心。

宋太祖赵匡胤传

发明拳术和兵器

显德元年，柴荣继位后，赵匡胤父子均受到重用，同时成为禁军的高级将领，分别在作战部队和警卫部队任职，这在当时可是一大荣耀，说明赵家深受朝廷信任。赵家在军中特别是禁军中的影响力如日中天。

赵匡胤在掌管禁军期间，为了训练士卒，总结平生武学，综合士卒在战场上真拼实杀的格斗经验，编制成了三十二式拳法。后来，赵匡胤登基后成为一代帝王，昔日士卒犹觉此拳的珍贵，乃名之为"宋太祖三十二式长拳"。

太祖长拳，又名三十二式长拳、宋太祖拳、太祖拳、赵家拳、赵门、太祖门，有的地方也叫红拳、洪拳、炮捶、赵门炮拳；同时，又对戚家拳、太极拳、洪洞通背缠拳等拳种产生了重要影响，因此又有"百拳之母"的称谓。

宋初，少林寺住持福居禅师为振兴少林拳法，曾邀当时全国十八家武林高手入寺切磋技艺，宋太祖长拳便是十八家之一。后福居禅师综合诸家之长汇成《少林拳谱》，这也是少林拳法的起源。

太祖长拳共三十二式一百单八招，拳路极长，共分三节四段：上节称为地盘拳；中节称为人盘拳；下节称为天盘拳。

太祖长拳之所以称节、段，而不称路，是因上一节的收势即为下一节的起势，全拳如长山之蛇，击尾而首应，循环无端。

从拳路上看，你会发现此太祖拳法拳路古意盎然。起势先是"探海捞月双抱拳""英雄提袍懒扎衣""三步升堂挖金砖"三个动作，收势是"拜四方礼法周全""退三步定气还原"两个动作。

据说，赵匡胤还发明了"大小盘龙棍"。盘龙棍是双节棍的前身，原称大盘龙棍和小盘龙棍。大盘龙棍一端较短，一端较长，专用来扫击敌军马脚，破甲兵或硬兵器类，使之丧失战斗力。

盘龙棍这种兵器，在民间也称"梢子棍"，是因为盘龙棍前面一截短棍由铁环连接，挥动起来犹如鞭梢，能产生"鞭击力"，击中目标后更具渗透性而得名。

后周邻国御前大将军刘定国曾率军攻打后周边陲重镇西林川，当时镇守西林川的将领正是赵匡胤。

两军阵前，刘定国催马上前，将手中沉甸甸、明晃晃的"金背砍山刀"往身前一横，傲慢地吼道："赵匡胤，见到本将军还不快快下马受降！"

赵匡胤将手中齐眉大棍一抡，指着刘定国笑道："那得看我手中这条棍答不答应！"刘定国听了二话没说，挥起大刀径直向赵匡胤头顶劈来。赵匡胤急忙向右一闪，躲过了这一刀。

刘定国一看，顺势一拧刀把，横刀抹向赵匡胤腰侧。赵匡胤双手把棍一竖，将刀拦住。就这样，赵匡胤与刘定国二人刀来棍往，人闪马移，打了三十多个回合不分胜负。

但赵匡胤毕竟年轻力壮，武艺精湛。当二人战至四十多个回合，就在刘定国一刀劈空之际，赵匡胤催马转至刘定国右侧，抡起手中的大棍向刘定国打去。

这一棍，赵匡胤聚全身之力于棍端，势如泰山压顶。刘定国躲闪不及，赶忙用双手托起刀把向上一架，只听"咔嚓"一声，赵匡胤手中的齐眉棍前端被砍裂了。

赵匡胤一看，迅速将棍收回。刘定国见赵匡胤手中的长棍断裂，乘势挥刀便砍。赵匡胤向后一闪，躲了过去，紧接着一扯缰绳，策马跑回了自己的阵营，下令军士全部撤回城中。

赵匡胤回到城中，看着自己这根断裂的齐眉棍，不禁叹了口气。原来，这根齐眉棍是赵匡胤在青霞山玄空寺学武时，行衍和尚赠送给他的。

这根齐眉棍由上等花梨木制成，质地坚硬，棍体沉重。南征北战数年间，赵匡胤曾用它战胜过许多骁勇悍将，没想到今日一战却将棍打折，自然十分心痛。

用过午饭，赵匡胤上街巡视，忽听前方传来阵阵喧嚣，便信步走了过去。赵匡胤挤进围观的人群里一看，原来是三个守城的士兵与一个粗壮的汉子打了起来。

只见那个粗壮的汉子手中拿着连枷，正向一个手持长枪的士卒头上抡去。连枷是农民拍打农作物脱粒用的一种工具，在一根长约二米的木棍前端，用铁环连接一条长约五十公分左右的长方形木板而制成。使用时，双手挥动木棍带动木板产生"离心力"来拍打农作物。

手持长枪的士卒来不及躲闪，急忙用双手托起枪杆向上一迎，架住了连枷的主体棍。但用铁环连接的木板却由于惯性作用，继续打了下去。只听"啪"的一声，正打在士兵的后脑勺上。

这个士卒晃了几步，便昏倒在地。壮汉再次抡起手中的连枷，正欲打向另外两个士卒。

赵匡胤大声喝道："住手！"

壮汉听见有人喊，回头一看，发现人群中一位气度不凡、军官模样的人正健步走来，下意识地放下了手中的连枷。

赵匡胤快步走到汉子面前，拱手说道："不知这位大哥与他们三个动手是为何事？"

壮汉用手指了指那个昏倒在地的士卒，怒气冲冲地说："这个人说守城需要檩木，硬要把我家这几根准备修建房屋的檩子拿走。我不同意，便打了起来。"

赵匡胤抬眼一看，街边上这个汉子所居住的房屋已经残破不堪，随时都有倒塌的危险。他心想，这是由于时局动荡、战乱不断，才导致百姓生活如此疾苦。于是，赵匡胤抱拳躬身，致歉道："这位大哥，在下是本城守将赵匡胤，没能管好手下的士卒，以致做出违反军规之事，赵匡胤向您赔罪了！"

壮汉一听眼前这位军官就是赵匡胤，马上抱拳说道："原来是赵将军，您守城也是为了我们百姓。既然真是为了守卫城池，那么这几根檩子就拿去吧。"赵匡胤谢过之后，严厉训斥了那几个士卒。

赵匡胤回来后，看到书案上折成两截的齐眉棍，忽然想到那个壮汉与士兵打斗时所使用的连枷，思忖了一下，然后拿起已经折成一长一短两截的齐眉棍，来到北街口那家陈记铁匠铺，让陈铁匠把这一长一短两截木棍按连枷的样式连在一起。

不到一个时辰，陈铁匠便将这一长一短两截木棍用几个铁环和两个铁箍连在一起。

赵匡胤拿起沉甸甸的棍子乱耍了几下，棍梢甩动起来呼呼生风，令人眼花缭乱。

陈铁匠看完赵匡胤耍完这套棍术后，好奇地问道："赵将军，您看这似棍非棍、似鞭非鞭的兵器应该叫什么名字好？"

赵匡胤看着手中这条棍，自言自语道："此棍似断非断，似折非折，有头有尾，首尾一体，就叫'盘龙棍'吧！"

第二天晌午，刘定国率军来到城下骂阵，赵匡胤遂出城迎战。刘定国催马上前，一看赵匡胤手中提着用铁环连接在一起的一长一短两截棍子，不禁仰天大笑道："姓赵的小子，你难道就只会使这条破棍子不成？都折成了两截还舍不得扔掉。这样，你刘爷我等你一会儿，你快去换一件像样一点儿的兵器来！"

赵匡胤听后，将手中盘龙棍一抖，大声说道："刘定国，今天让你见识一下我这盘龙棍的威力！"说完，双手挥起盘龙棍便砸向刘定国的脑袋。

刘定国一看，忙用双手托起刀把向上一迎。就当刘定国用刀把迎住盘龙棍的棍身时，棍梢顺势折叠打了下去，正打在刘定国的后脑勺上。

虽然刘定国头戴铁盔，但也被棍梢震得头昏眼花，险些从马上摔落。赵匡胤紧接着又将盘龙棍扫向刘定国腰侧，刘定国下意识地将刀把一竖，结果又被棍梢击中后腰。

刘定国一上来便连挨两下，知道赵匡胤今天使的兵器与众不同，十分刁钻古怪，这样下去自己肯定会吃亏，于是一扯缰绳，调头便跑。

赵匡胤见刘定国要溜，迅疾以棍梢扫向刘定国胯下那匹战马的前腿。刘定国的战马被击后，"咴"的一声嘶鸣扑倒在地。刘定国被重重摔在地上，头盔也掉了下来。

赵匡胤乘机挥起盘龙棍向刘定国头顶上打去。刘定国坐在地上，见势不妙，本能地抬起手臂向上一挡，但他却忘了棍梢会折叠，只听"啪"的一声，棍梢又中后脑。

刘定国"唉呀"一声惨叫，倒在地上。赵匡胤将手中的盘龙棍一挥，顿时军营中战鼓号角齐鸣，赵家军冲了过来，把刘定国的军队打得四散逃窜。

从此，盘龙棍便在武林中流传开来。后来，习武之人根据盘龙棍的样式，又发展、改造出了适于巷战近身短打的"三节棍"与"双节棍"。

为兄弟郑恩完婚

柴荣没做后周皇帝时，曾经与手下大将赵匡胤、郑恩三人结为异姓兄弟。民间传说，他后来当了后周天子，就加封二弟赵匡胤为南平王、三弟郑恩为北平王，另外还有些个文臣武将。此时，也没有什么天灾战乱，大家就欢欢喜喜地过起了朝廷日子。

天下太平了，南平王赵匡胤压在心底的一桩心事又涌了出来。这一天，他趁着上朝的机会，要求奏本。御弟有本，柴荣当然准奏。赵匡胤行过了君臣大礼，又谢过了御赐的座位，等待皇上的问话。这也是朝廷的规矩，君臣议事总得等皇上先说话。

"二弟上殿，有什么事么？"柴荣在兄弟面前倒是不摆皇上架子。

"臣启奏万岁，"赵匡胤又站了起来，"北平王郑恩当年曾经定过一门亲事，如今天下太平，臣意欲请万岁恩准，择一吉日，为其完婚。""哦，三弟曾经定过婚，这事我怎么不知道？"柴荣十分意外，他摆摆手，示意让赵匡胤坐下说话。

"此事说来话长，一来那时我二人还在江湖落魄，没有投奔您的麾下，此后又连年征战，无暇他顾。二来么，三弟也有些羞于提起，故而陛下不知。"

"男大当婚，这有什么不好意思的，三弟久经沙场，也算得是个盖世英雄，怎么到这事儿上又小家子气了？"

"说起来倒也怨不得三弟怕羞，只因这段姻缘是打出来的。"

"打出来的？嘿，有意思，你快说说，是怎么档子事儿？"

于是赵匡胤就把郑恩偷瓜、巧遇陶三春的事给柴荣说了一遍。"哈哈哈，有趣有趣，这才是不打不成交呐！三弟、三弟……北平王何在？"殿前当值官员禀报："启禀万岁，北平王还未到来。"

赵匡胤急得直拍大腿，赶紧起身下拜："郑恩出身寒微，不懂朝廷王法，万岁曾命臣对其调教。今无故不到，实在是臣调教不力之故，望陛下恕罪。""子明是个走街串巷的卖油郎出身，散漫惯了，哪有那么好改的，慢慢儿来嘛。有什么罪不罪的。没来派人叫一趟就是了，传旨……"柴荣的话还没说完，殿外甬道上脚步声"咚咚咚"的一路山响。柴荣乐了："甭传旨了，来啦。"

殿门口一暗，出现了半截铁塔似的一个人。宽大的袍服穿在他身上还是显得紧绷绷的，缀珠嵌玉的王爷冠帽下，是一张黑里透红、红中透亮的大脸盘。最引人注目的是那双大圆眼，又大又黑，配上那两道浓眉，显得十分剽悍。奇怪的是，他的眼睫毛却又密又长，微微上翘，使得他整个人在英武剽悍中还有些稚气。只见他立定身形，整了整冠，抻了抻衣服，低了头，碎步趋前，扑通，双膝跪倒。

"臣，郑恩见驾来迟，望乞恕罪，吾皇万岁。"柴荣见郑恩言语有礼，行动得当，大感意外，对赵匡胤说："二弟，你看三弟上得殿来，循规蹈矩，全不似往日的模样，真是'士别三日，当刮目相看'，这可要记你一功。"赵匡胤急忙起身："多谢万岁夸奖，臣等自当更加用心学习礼仪，不负万岁隆恩。"本来低眉顺眼的郑恩一听，不由得大声说："什么，还要加码儿学？我的妈呀，我说二哥，这些日子，你折腾得我还不够哇！怎么坐着、怎么站着、怎么见驾、怎么行礼，连吃饭、喝水、洗脸、睡觉都是规矩，就差……哼！我不说了，大哥……"

赵匡胤瞪了他一眼："唉，要叫万岁。"

"我还不知道他是万岁吗？可这大哥在先，是叫惯了的。"见赵匡胤又要说话，郑恩急忙举起了双手："得、得，我知道，当着满朝文武，我别失礼丢了皇上的脸蛋子。我改还不行么？"说着，站直了身子，冲着柴荣一揖到地："万岁大哥，宣咱老郑上殿，有何吩咐？"

赵匡胤简直哭笑不得，柴荣倒是一点也不在意："刚听你二哥提起你的那桩亲事，那姑娘和你还真般配，如今天下太平了，也该给你把婚事儿办了。"郑恩眼珠咕噜噜转了两转，脸一红："什么亲事？我不知道有什么亲事。"柴荣乐了："行了三弟，我都知道了，这不是什么丢人的事，山外有山嘛，碰上这么一个奇女子，也是三弟的福气，听说她长得还很漂亮？""那当然，要不我也不会惦记着这事儿……可……那丫头太厉害了，一想起要娶她，我就打心里发怵。"

"唉，这是什么话？堂堂当朝虎将，竟然会怕一个瓜园女子？"

"大哥，你可真是站着说话不腰疼，敢情你没挨过她打。你也去偷个瓜试试，要不打得你想起她就哆嗦才怪！"

赵匡胤急了："郑恩，你这是怎么说话呢？"

柴荣大笑："哈哈哈，好极了，可有个怕的了。二弟，此事就交给你办，按王妃的全副鸾驾礼仪准备，尽早将那陶三春迎娶过来，往后子明再要无法无天，就命三春姑娘教训他，我们岂不省了心？"

"别介呀，我的万岁大哥，你这不是成心毁我嘛！"

赵匡胤把眼一瞪："这是圣命，你敢抗旨不遵？"郑恩一下子傻了眼，看着兄弟为难的样子，赵匡胤终于忍不住也笑了。柴荣不等郑恩再说话，起身离开了宝座，内侍高声宣布退朝。等郑恩回过神来，大殿里就剩下他一个人了。郑恩垂头丧气地走出皇宫，心里又是高兴又是发愁。从心里说，他从挨三春打的时候就从心眼里喜欢这个武艺高强的美丽姑娘了，这些年他没有一天不想她。

可他又真是有些犯愁，因为不光是怕挨打，他更怕的是落个"怕媳妇"的名声，在众人眼里丢了他堂堂王爷的面子。这又喜又愁的样儿，可真够瞧的。郑恩正一肚子的心事，忽然觉得有人拍他的肩膀，扭头一看，原来是高怀德。万里侯高怀德和定远侯高怀亮，都是郑恩战场上的生死弟兄和最好的朋友，又不像二哥赵匡胤那样总管着他，所以，平时他更愿意和高氏兄弟往一块儿凑。高怀德刚才在朝班时听说了郑恩的婚事，退朝后专在宫外等着郑恩。高怀德笑嘻嘻地对郑恩说："郑王爷，给您道喜呀！""你得了吧，没看见我这儿正烦着呢？"

高怀德好奇地问："唉，说正经的，咱那嫂子真的那么厉害吗？"

郑恩瓮声瓮气地说："不信？等她来了，你招惹她一回就知道了。"

高怀德撇了撇嘴："我是小叔子，招惹了她又能怎么样？再说，一个女子能厉害到哪儿去？我看，你是看上她，成心让她打的吧？"

郑恩刚要反驳，突然心里一动，大眼珠子转了转，喃喃地说："对呀，小叔子招惹她没关系……哈哈，兄弟，我正有事想和你商量，走，咱到我二哥府上说去。"

六月里，正是西瓜开始做瓜的时候，放眼望去，满园都是绿油油的，煞是好看。自从爹爹去世以后，家里外面的事就剩下陶三春一个人管了。虽然弟弟陶虎也不小了，可当姐姐的总觉得弟弟还是个孩子。

每当她感到孤独时，三春就会摘下瓜棚挂着的那件宝贝油梆子，抱在怀中默默地思念它的原主，那个她曾经痛打过、后来又爱上了的郑恩。这个油梆子是郑恩亲手做的，那年赵匡胤与爹爹为她和郑恩定下亲事后，赵匡胤要郑恩留下一件东西做信物，黑小子哼哧了半天也想不出有什么值钱的东西，最后掏出了这个油梆子。

赵匡胤不满意，可三春一眼就喜欢上了。它比一般油梆子都大，是用一整块山枣木做成的，因为常年和油篓在一起，山枣木浸透了香油，红得发黑，黑中透亮；闻起来还有扑鼻的香，就像那粗中有细、黑里带俏的郑恩；敲起来声音格外响亮，活像是郑恩的大嗓门。所以，三春把它看得比什么都珍贵。

从军入伍

107

可这个愣头愣脑的黑小子在哪儿呢？一晃好几年了，他也不说捎个信来，让人想得好苦。哼，等他来了呀，看我怎么教训他。陶三春正在那儿胡思乱想呢，忽听瓜棚外一通乱。她赶紧放好油梆子，跑了出去。

陶虎正在挑水浇瓜，忽然看见一大群身穿官服的人进了瓜园，他一边放下水桶走过去，一边说："这瓜还没熟呐，过半个月再来买吧。"

"我们不是买瓜的，是来接王妃的。"陶虎转身往回走，"这是瓜园，哪来的王妃呀？你们找错地方了。"一个衙役打扮的人说："王妃就是陶三春……"话音未落，一个穿官服的人上来抡圆了给了那衙役一个嘴巴："混蛋，王妃的名讳岂是你随便叫得的！还不给我滚一边去！"说完又是一脚。那官员紧走几步，来到陶虎面前，深施一礼："下官蒲城县令，请问足下尊姓大名。"

"尊姓大名？哦，你是问我叫什么名字呀？我叫陶虎。"

"请问，北平王妃陶三春是尊驾何人？"

"陶三春是我姐姐，可她不是什么王妃呀。"那官儿听了这话，竟扑通一声跪在陶虎面前："唉呀呀，失敬失敬，原来是陶员外……舅老爷，舅老爷在上，请受下官大礼参拜。"说罢，把脑袋当成了捣蒜锤，磕起来没完。"陶员外，谁呀？还叫舅老爷，这都哪儿跟哪儿啊？"陶虎哪里见过这个，一个堂堂的县太爷给他一个半大小子磕头，这算演的哪出戏呀！慌得他手足无措，也跪在了县令面前。县令一边磕头一边说："舅老爷有所不知，令姐丈官封北平王，奉旨完婚，钦赐全副銮驾，命礼部差官恭迎王妃进京，下官特地前来报喜。"

县令磕完了头，匍匐在地，等着陶虎来搀。这是规矩，他不能自己起来。可他趴在地上老半天也不见动静，只好偷偷抬起脑袋，没想到陶虎正趴在对面，伸着脖子好奇地看着自己，一下子碰了个脸对脸，两个人都吓了一跳。陶三春跑出瓜棚，一眼看到弟弟和一个人对趴在那里，不知是怎么回事。生怕兄弟吃亏。她来不及多想，足尖一点地，就落到二人跟前，侧身弓步，前掌后拳："哒，你们是干什么的！"

一群人目瞪口呆：她是怎么到跟前的？三春用询问的目光看了看兄

弟，陶虎站起来挠挠头："姐，大概是我那黑姐夫当了什么王爷了，他们是替我姐夫来接你的。喂，是这么个事儿吧？"

"是……啊不，不是……"县令脑袋都磕晕了，也不知该怎么回答了。他定定神，刚要说明白，忽然发觉自己也爬起来了，吓得他的头嗡的一下，脑袋又大了，赶紧再跪下，接茬儿磕头，顺便把身后的那群人也都招呼趴下了。县令边磕头边把来意向王妃又说了一遍。陶三春明白了，敢情黑小子当了王爷，来接自己啦。可他人呢？三春眼睛一扫，一地的后背，再看自己，还拉着架子哪！她收了势，冲着地下说："快起来吧，县令大叔，您跟我说说，谁来接我来啦？那郑恩他来了吗？"

一句"县令大叔"使刚爬起来的县令又趴下了："不敢，不敢，回禀王妃，郑王爷并未驾临，乃是礼部差官奉万岁旨意，前来迎接王妃进京完婚。""哦，这么多年也没捎个信来，当了王爷就长了架子啦。还有，这是我们俩的事，干吗要皇上管？真是多事。"陶三春自顾自地说着，吓得县令一声也不敢言语。

三春又说："唉，许是朝廷里就这规矩，算了，不来不来吧，陶虎，咱们自己去得了。"听说要进京城，陶虎比姐姐还积极："就是，姐，咱们这就走吧。""慢着，"三春看看瓜园，"这会儿可走不了，这一园的瓜还没熟呢，咱走了，谁侍弄这些瓜呀？这么多年都等了，也不在乎这几天，干脆等摘了瓜再走。"

县令在旁边一听，等摘了瓜？心说，我的妈呀，您去晚了没事，我可得算"奉旨不力"。到时候您是洞房内百年好合，我是午门外身首分家，这买卖，不干！于是，他赶紧爬到三春面前："王妃娘娘，王妃娘娘，区区瓜园小事，何劳娘娘挂心，此事自有下官担待。"

"什么，你管园子？那太好了！姐姐，那咱们快走吧。"陶虎不等姐姐应声，拉起三春就走。县令又急了："慢着，慢着，王妃，舅爷，先别急着起驾……"陶虎这个不耐烦："又怎么啦？"

县令说道："回舅爷的话，万岁赐婚，乃是国家大事，那礼部差官、全副銮驾、随从人役、护驾兵丁，奉着万岁的圣旨即刻就到。王妃要准备迎接圣旨、演习大礼、款待差官，有许许多多官家的礼数要学，有几百人的酒宴要办，岂能草草成行啊！""啊？"陶三春脑袋都大了，"我和郑恩结婚，碍着国家什么事啦？要闹这么大的动静。再说，好几百人，都让我们管饭，这得花多少钱呐？"

"就是，"陶虎也担心起来，"把满园子的西瓜都卖了也不够哇，再说这瓜还没熟呢。"县令一听，高兴得腰都直起来了："酒宴的事情，王妃舅爷不必担心，包在下官身上，连一路上的花销，都由下官垫付。"

陶三春摇摇头："那也不行，婚还没结，不能先拉一屁股的账。再说，借这么多钱，得哪辈子才还清呀？这绝对不行。"

县令更高兴了："唉呀呀，这是下官孝敬王爷、王妃的，下官感谢还来不及，怎么能提还呐！""那就更不行，从小爹就告诉我们，不许占人家的便宜。"见县令还要张嘴，陶三春止住了他，"你再说也没用，进京完婚有什么了不起呀，甭弄那些个排场。陶虎，你把咱的那头小毛驴牵来，我骑驴，你赶脚，咱姐弟俩进京找你黑姐夫去。"陶虎答应着，高高兴兴地准备去了。县令一看着了急："使不得呀，王妃娘娘，此去京城路途遥远，若是遇见了山贼强盗，娘娘有个闪失，这几百人连下官在内都得掉脑袋。求娘娘开恩，还是让小的们护驾而行吧。"

陶三春笑了："真要是有山贼强盗就好了，我正愁走长道闷得慌呢，拾掇拾掇这些坏蛋，也能解解闷儿。"这时，陶虎一手提着根齐眉棍，一手牵着毛驴回来了，驴背上搭着一对六十斤重的镔铁烂银锤，这是姐姐的兵器。驴脖子上挂着那只粗大的油梆子。三春走过去，摘下油梆子，掏出手绢擦拭着不存在的尘土，轻轻放在驴褡裢里，然后向县令调皮地眨了眨眼："走喽！"迈步向瓜园外走去。

县令急得张手欲拦，被陶三春轻轻一拨，县令一个趔趄，差点跌倒在地，眼睁睁看着姐弟俩儿欢欢喜喜地走了。县令急得直转圈儿，只好命人去找迎亲的队伍，让他们赶快追赶王妃。于是一路上就出现了这样的奇景：农家打扮的姐弟俩儿在前面走，一大队官家打扮的人马带着全副的车仗銮驾在后面远远地跟着。陶虎调皮，鼓动姐姐开钦差的玩笑，姐弟俩儿快走，大队紧赶，姐弟俩儿慢走，大队缓行，姐弟俩儿停下休息，大队人马远远儿站着等。乐得陶虎前仰后合，可苦了平日里作威作福的钦差大人们。好容易走到了京城郊外，过了一片树林就能到京城了，钦差大人暗自感谢老天保佑，总算没出什么差错。正打算松口气呢，出事了！姐弟俩儿刚走到树林边上，忽听一声断喝，从林子里蹿出一个骑马的人。这人的打扮好生奇怪：里面穿着崭新的铠甲，外面却罩着件破布袍；配铠甲的头盔没有戴，却扎着幅旧头巾；脸上蒙着黑布，只露出两只眼睛，再看胯下的白马，马上的鞍鞯，脚上的战靴；手中的银枪，就连人的姿势做派，怎么看，怎么像一位大将军，可看眼前的架势，分明是一个响马。只见他勒住马，扯着嗓门喊道："此路是我开，此树是我栽，若要从此过，留下买路财！谁要胆敢说不字，一枪一个土里埋！"声音倒是很洪亮，就是有点不搭调。后面的队伍一看有人劫道，呼啦啦冲上前来护驾，把强人团团围住，就要动手。陶三春急得大叫"住手"，命令众人退回去，不然就先让他们吃不了兜着走。钦差急得直想哭，可是没办法，只好带着人后退。陶虎冲上去，一抢齐眉棍："哒！响马听着，你八成是劫错人啦，我们一不是财主，二不是贪官。你该找谁找谁去，不然的话，叫你尝尝小爷的厉害。"响马一听乐了："嘻嘻，哪儿学来的？像那么回事儿，还小爷呢，你是谁呀？那女的是你什么人？都给我报上名来。这是规矩，你懂不懂？"

"我叫陶虎，那是我姐姐陶三春，我姐全身都是武艺，我也不差，怎么样？哼，你趁早下马投降，我免你一死。""我劫的就是陶三春，把那些东西给我留下，让你姐姐过来，给我规规矩矩行个礼，我就放你们过去。"陶虎气得蹦起来："好小子，胡说八道，你着家伙吧！"抡起棍子就打。那响马挺枪接住，两个人动开了手，没几个回合，陶虎就让响马用枪攮一抽，倒在地上了。陶三春一看弟弟被打倒，叫声："响马住手！你姑娘在此。"身子一闪，来到响马面前。响马一愣，上下打量着陶三春，又笑了："久闻陶三春武艺过人，当代虎将非其对手，我当是长着三头六臂呢，敢情是个黄毛丫头。哈哈哈。"

陶三春应道："好吧，我让你笑个痛快，待会儿叫你哭都哭不出来。

我看你的胆子也真不小，就在这京城以外，敢单枪匹马劫我北平王妃这么大的队伍，我成全你，咱们单对单，我倒要看看你有多大能耐。"

"单对单好，我看你干脆就跟我回去，做一个压寨夫人得了。"

"你发昏当不了个死，接锤吧。"陶三春不想再听他耍贫嘴了，足尖一点地，飞身抢锤，一个泰山压顶，劈头盖脸砸将下去。那响马急忙横枪来挡，只听一声脆响，震得响马虎口发麻，笑脸立时就僵住了。俩人一个马上一个步下就打开了。打着打着，响马吃不住劲了，虚晃一枪，撒马便逃。他以为自己马快，姑娘追不上，谁知跑着跑着一回头，见姑娘不但没落下，反而越追越近。他心里说："我的妈呀，这回可找了大麻烦了……干脆，我玩儿暗的吧。"于是开弓搭箭，吆喝一声："看箭！"对着姑娘就射。陶三春不慌不忙，将身体一撤，右手一扬，银锤冲着响马飞了过去，接着又把射过来的箭稳稳地抓住了。

响马那边可就没有这么利索了，射完箭，姿势还没放下，锤就到跟前了。只听"唉呀"一声，响马翻身落马。没等他爬起来，陶虎也赶到了，一脚把响马又踹翻了。眼看大锤就要落在脑袋上，响马吓得抓下脸上的黑布大叫起来："三嫂子，三嫂子，别打了，我是你兄弟，我是你兄弟呀！"陶三春一愣："什么三嫂子，你是谁的兄弟？"

"郑恩是我三哥，您不是我三嫂子吗？"

"那你又是谁？"

"我是万里侯高怀德。"陶虎说，"姐，别，管他是什么猴儿，反正不是个好东西，一锤打死为民除害。""别介别介，我真不是坏人，嫂子您不信看看，我射的是支无头箭。我不过是想吓唬您一下，并无恶意。"陶三春看着手中的箭，还真没有箭头："你说你是个什么猴，什么德，谁能作证？"高怀德一指赶上来的差官："他们都认识我，您问问他们吧。"差官上来一看："没错，是万里侯高侯爷。咦，您怎么这副打扮？上这儿干什么来了？"

验明正身，没有了生命危险，高怀德气儿又上来了，冲着差官把眼一瞪；"我干什么来了，这是你该问的吗？给我后退，远远儿地站着去！"差官连连称是，心说："你让人家姑娘揍了，拿我撒什么火儿，喊！"一扭头，冲着手下的人把眼一瞪，"看什么看，给我后退，远远儿地站着去！"众人赶紧后退，大家心里说："你让人家侯爷骂了，拿我们撒什么火儿！"高怀德瞪完了眼转过身：哟，这儿还有双眼瞪着他呐。陶三春乜着眼看着高怀德："威风还不小嘛，说说吧，你这个侯爷装神弄鬼地使什么坏呐？"

"嘿，嘿嘿，不是，我那什么他吧啊哈哼咳咳……"这时，陶三春的银锤又扬起来了。"别，别，嫂子，我说，是二哥对大哥万岁给三哥提亲，大哥万岁让二哥为三哥娶亲，三哥拉我找二哥给三哥拿主意，二哥给三哥出主意，三哥让我来的，嫂子你明白了吧？"

这回，陶虎的齐眉棍也上来了。三春拦住兄弟，示意让他说完。高怀德定丁定神，叹了口气，从头说起来。原来，那天在宫门外，郑恩拉着高怀德去了南平王府，见到了赵匡胤。郑恩先跟二哥嘀咕，说怕陶三春来了后不服管，自己落个怕老婆的名声，不光自己没面子，连二哥和万岁大哥也不光彩，所以想让高怀德出头先吓唬住陶三春，得了手更好，万一他也输了，自己也能堵住别人的嘴。那赵匡胤也正为此事发愁，他怕的是陶三春从小无拘无束，进京后坏了朝廷的礼数。别看郑恩也不太懂规矩，可他是男的，在封建社会，男人失礼顶多有人笑话；女人要失了礼，那事儿可就大了，简直就是大逆不道的罪行。

三弟的主意让赵匡胤开了窍，他立刻同意了，打算让高怀德假扮响马拦截陶三春，先把她制服，然后再说破此事，一来杀杀她的威风，往后也好调教；二来是让她知道山外有山，不敢再目中无人。不料，高怀德不同意，认为自己堂堂须眉去和女子交手，岂不被天下英雄耻笑。无论赵匡胤怎么解释，说死了不干。郑恩在一边见此情景，就故意阻拦，让二哥千万不要难为高贤弟，因为陶三春太厉害了，高贤弟根本不是对手，去了要毁了他的一世英名。高怀德听到这话，勃然大怒，竟一改初衷，决定一定要会会这个奇女子，而且拒绝带一兵一卒，只身前往。

高怀德说完了事情的经过，把个陶三春气得柳眉倒竖、杏眼圆睁，她问高怀德黑小子郑恩在哪里。得知今天是朝会的日子，所有的人都在金銮殿。陶三春让高怀德立即带路进城，直奔皇宫。丢尽了脸的高怀德，因为上当而对赵、郑兄弟十分恼火，听了这话，一口答应了。他知道，金銮殿上要有一番大热闹了。

高怀德心想："哼，二位王爷，你们的好日子这就算过到头啦！"

当陶三春他们一干人到达宫门外时，果然还没散朝呢。可宫门外的侍卫说没有圣上的旨意，不放他们进宫。依着陶姑娘的意思，直接就往里闯，被高怀德劝住了。高怀德转转眼珠说："嫂嫂您看，那边有一个景阳钟和一只朝王鼓，都是有紧急国家大事才能用的，您真有胆闯宫，不如去击动朝王鼓，敲响景阳钟。不过，万岁如果因此降罪，可要有杀身之祸呀。""什么杀身之祸，姑奶奶不听这一套。陶虎，你去敲破他的鼓，我来砸碎这口钟。""好嘞！"这活儿陶虎可乐意干。

高怀德一看姐弟俩儿真干，赶紧说："小弟我衣冠不整，不能陪您上殿，我就在这儿候着您得了。"他怎么不离开呢？看热闹呗！

姐弟俩也不用那摆着的家什，干脆一人一只银锤，抡圆了就敲砸起来。您琢磨着吧，用那样的家伙击鼓敲钟，会是个什么响动！

金銮殿上才说要退朝，一时间钟鼓齐鸣响差了音儿，连皇上带满朝文武个个大惊失色，以为五胡十六国合在一块儿打进来了呢。

没等柴荣吩咐人去问，一个太监跌跌撞撞跑进来报告，说一个自称姑奶奶的女子，要上殿来找郑王爷。郑恩脑袋嗡的一下，两腿立时就软了。柴荣一听，明白是三弟妹来了，赶紧降旨，宣陶三春上殿。他怎么那么积极呢？因为他知道，带着这响动来的，皇上的二大爷也拦不住。还不如来个主动，免得引火烧身。陶三春拎着一只锤进殿来了，直眉瞪眼、东张西望，口口声声要卖油的黑小子郑恩赶快出来。

赵匡胤一看，这也太不像话了，壮着胆子上前喝道："哒，大胆陶三春，上得殿来，一不行礼，二不参拜，横冲直撞，成何体……"

赵匡胤话没说完，被陶三春当胸一把抓住："好你个赵老二，我正要找你呢，我寻思你是个忠厚的人，敢情你也一肚子坏水儿啊。"

"哎哎，弟妹小点声小点声，有话好说，有话好说嘛。""我问

宋太祖赵匡胤传

你，当初在瓜园可是你出主意做媒，在我爹面前请求给我与郑恩定亲的。""正是愚兄的一番好意。""那你为什么又叫高怀德假扮响马，在迎亲的半路上抢劫我？""啊，这个……这个……"

"甭这个那个的，你先把郑恩给我交出来，让我跟他算账，如若不然，哼哼，我就先收拾了你！"说完，扬手一扔，堂堂赵王爷就堆在远远儿的墙角"唉哟"去了。定远侯高怀亮从武士那里抽出刀来，一指陶三春："哒！大胆陶三春，小小女子，大闹金殿，殴打大臣，该当何罪？且慢猖狂，定远侯高怀亮在此。"

"你爱是什么猴是什么亮，我先打你个猴儿亮，吃我一锤……"又是个泰山压顶。整个后周朝廷，就数郑恩、高怀德武艺最好，连他们都挨了揍，您想高怀亮能有好儿吗？没几下，第二个高侯爷也躺在地下了，情急之中高怀亮大叫"万岁救命"。柴荣从打三春一进来也发怵了，好在三春没找他的茬儿，正打算蔫溜了呢，高怀亮这么一叫，走不了了。他赶紧下位："弟妹住手，消消气儿，消消气儿。"

陶三春也是一时气恼，加上这些人先不讲理，这才大闹金殿的。不管怎样，自己是来完婚的，皇上都出来陪小心了，而且还是个大哥，总得给点面子。听了柴荣的话，就住了手，说只要找郑恩算账。柴荣连忙答应，回头叫郑恩快来，可四下一望，哪里还有北平王的影子。问当值太监，才知道陶三春刚进殿，郑王爷就从后门溜了。柴荣这个气呀："好你个郑恩，临阵脱逃，御林军，马上到北平王府，把郑恩抓来见我。"说完，让陶三春到他的龙椅上坐，自己准备坐在下手椅子上。

人家陶三春虽然性情豪爽，却也幼读诗书．通情达理，只是讨厌那些繁文缛节而已。让她坐龙椅，她自然不肯，皇上一看，干脆，都坐下边得了。坐定之后，柴荣就以大哥的身份嘘寒问暖，询问事情的始末根由。陶姑娘这些日子以来，还是第一次有人关心她的事，所有的委屈一下子涌了出来。等她说完了事情的来龙去脉，早已满脸是泪了。

柴荣真是又好气，又好笑，他狠狠瞪了赵匡胤一眼，心说："老二呀老二，你个当大伯子的，怎么也出这馊主意？"他又把高怀德叫进来，臭骂了一顿。柴荣回头看看抹着眼泪的陶三春，心里一阵不落忍。可他知道眼前这个抽抽咽咽的小姑娘一旦发怒是什么样儿，得想个法子给她消气，还得让她顺顺当当地给三弟做媳妇哇！

可这气怎么消呢？正在这时，抓郑恩的人回来了，报告说，到处搜寻，不见王爷踪影。皇上一听，心里有了底，主意来了。只见他回到龙位，一拍龙案："大胆郑恩，身为王爷，竟然做出如此下作之事，有负朕望，传令下去，抓住郑恩，立即斩首，为御弟妹出气。"

陶三春一听就急了："你敢！我们郑恩犯了你什么法啦？你杀了他，我，我找谁去。没他，我打哪儿说是御弟妹？还为我出气，我看你是成心毁我，你算什么皇上，整个一昏君！"她骂着骂着，见柴荣嘿嘿直乐，才明白皇上是在说反话，想到自己着急上火的样子，羞得涨红了脸："原来你是绕我呀，哼，没一个好东西。"

柴荣大笑："哈哈哈，原来弟妹不想开罪三弟，愚兄错了。好好好，我收回成命。其实，三弟对你可是一往情深的，这些年来，他没有一日忘了你，怕是真怕你，想也是真想你。"高怀德一看这架势，赶紧趁机替万岁爷帮腔："对，郑二哥虽说骗我去打劫嫂嫂，可那也是假的，我临走的时候，郑二哥悄悄跟我说，让我别真动手，怕伤着你，没想到伤的是我。"柴荣见陶三春已经开始动摇，赶紧趁热打铁："弟妹在京城也没有个下脚处，住在北平王府也不方便，我这个人最烦那些俗礼，依我看，选日子不如撞日子，今日就把婚事办了，冠冕堂皇地做你的王妃，岂不是好？只要二人和好，天大的事，一笔勾销。子明有错，让他成婚后慢慢地认，弟妹，你看呢？此事由你定夺。"

一番话说得姑娘回嗔作喜，见柴荣问，她红着脸轻轻点了点头。

柴荣大喜，扭头冲着赵匡胤摆起了皇上架子："南平王，想此事皆因你而起，朕命你即刻将郑恩找回，今晚在北平王府为他二人交杯合卺，成就百年之好，不得再有一点差错。"说得赵匡胤连连称"是"。

柴荣又对陶三春小心翼翼地说："弟妹远道而来，想必十分辛苦，就请回府歇息歇息，下殿去吧！"陶三春站起来，退到殿中甬道上，规

宋太祖赵匡胤传

规矩矩地给皇上行了个礼，在太监侍卫的簇拥下，缓缓走出了金銮殿。

柴荣看着三春出了殿门，才发现自己竟然是站着还礼的姿势！不等太监喊退班，他就匆匆到后面换衣服去了，全让汗溻湿啦！

高怀德见万岁走了，赵匡胤还在那儿傻站着，就凑过来："二哥，您是为找不到三哥发愁吧，别急，我知道他在哪儿。""在哪儿？你快说。"高怀德一笑："您想想他的毛病，逢到发愁烦闷的时候，他都干嘛？"赵匡胤一拍脑门儿："对呀，我真是急昏了，他是卖油的出身，一发愁就得吃油，准是在御厨房油库！咱们快走。"

"别急，咱们要是照直去，他肯定不敢回去，得想个办法，咱们就这么说……"郑恩真的在油库里呢。往常，有了烦心的事，只要到了这儿，看看油篓，闻闻油香，尝尝油味，心里就痛快了。今天不行了，怎么也过不去这个劲儿。正闹心呢，赵、高二位找来了。

高怀德进了油库就嚷："我说三哥，怎么有喜事你也上这儿来啦？"

"喜什么喜，我这是犯愁呢！"郑恩瓮声瓮气地说。

"犯愁？你是怨我打了嫂嫂吧！别担心，就是摔了一下。"

"啊！你说什么，你把她打败了？我不信，你快说说。"

"唉，您也太小瞧兄弟了，不过，这也不怨您不信，嫂嫂确实武艺高强，我劫住她之后，原想吓唬吓唬她就得了，没想到动起手来，几十个回合没分胜负。是我佯输诈败，拨马便走，嫂嫂紧追不舍，我乘其不备，开弓就是一箭，嫂嫂大吃一惊，翻身落马……"

"你射中她啦！她……她……她伤着没有？"

"三哥放心，小弟射的乃是一支无头箭，嫂嫂只是一时慌乱，落下马来，摔了个屁股墩儿而已。"陶三春哪儿来的马呀，只有一头驴。高怀德信口胡说，反正郑恩也不知道。

"那刚才金殿上……"

"咳，我一看嫂嫂吓得不轻，赶紧下马，把事情说破了。您想啊，女孩儿家，吃了一吓，能不起火吗？不做做样子、闹上一闹，面子上也过不去呀。您，您是没等她上殿就跑了吧？哦，那就好办了。您不知道，万岁几句话就把她的火气压下去了。万岁对她说，高怀德的武艺远在郑恩之下，那郑恩当年偷瓜，是做贼心虚，又碍于她是个女儿家，故而挨打；如今封王拜将，乃是王爷气概、上将威风，岂是她一个民女惹得了的，劝她赶快洗心革面，做一个北平王爷的贤内助，如若不然，有吃不尽的苦，只说得那陶三春……哦，三嫂嫂满面愧色、低头不语。万岁这才降旨，命赵二哥寻找三哥您，今夜就为您完婚，让嫂嫂从今以后老老实实伺候您，您这就洞房花烛了，还犯的哪家子愁啊？"

高怀德一通云山雾罩，说得郑恩半信半疑："你这说的……都是真的？"高怀德假装不高兴："信不信由你，你问问赵二哥，是不是万岁让他来找你，是不是让他今夜为你完婚？"

郑恩看了看二哥，赵匡胤只好说："找你回府完婚的确是圣上的旨意。"却只字不提高怀德的胡说八道。郑王爷欣喜若狂地说："高贤弟，找这儿谢谢你了。二哥，咱们快走吧！"说完抬腿就往外走。高怀德拦住了他："慢着，三哥，虽然今儿我把嫂嫂唬住了，可她那脾气，难保将来你不再……"高怀德做了个挨打的姿势。

"哼，凭咱老郑这王爷的气概、大将的威风，还能治不了一个女子！看栽今晚洞房之内，先给她来个下马威。咱们走！"郑恩说完昂首挺胸地出了油房。赵匡胤担心地说："坏了，三弟要是这样进洞房，那不还得出乱子？"高怀德乐得直不起腰："该，谁让他坑我呀。二哥，您别担心，他俩谁把谁管住了，都是好事。"

赵匡胤想想，也笑了。夜晚，北平王府张灯结彩，热闹非凡。亲朋好友、王公大臣都来贺喜。拜过天地以后，照老规矩，新娘子陶三春就进洞房，不再见客了，新郎郑恩却要陪客人饮酒，继续接受来宾的祝福。郑恩也巴不得多喝点酒，壮壮胆。看看天色不早，客人纷纷告辞，郑恩一把揪住高怀德，不让他走，要他陪着进洞房。

高怀德说："哥呀，这可是你自个的事儿，兄弟可陪不了你。"

郑恩不由分说，把高怀德拽到洞房门口："贤弟，我求求你，站这儿别走，给哥哥壮壮胆，要不，我心里没底。"直到高怀德信誓旦旦地答应了，郑恩才运足了气，撞门进了洞房。

洞房里红烛高照，到处是香喷喷、暖烘烘的，弄得郑恩直犯迷糊。王妃的丫环上来给王爷道喜，他定了定神，看见陶三春顶着红盖头，规规矩矩、袅袅娜娜地坐在床边，一点也没有发脾气的迹象。

郑恩心想：果然是被压下了火气呀。这下行了，郑王爷来神儿了，他大模大样地坐在桌边，冲着陶三春一拍桌子，丫环吓了一跳："王爷，您这是怎么啦？""怎么了，本王爷进得洞房，新人一不贺喜，二不参拜，坐在那里，昂然不动，成何体统！"

丫环赶紧赔不是："启禀王爷，王妃头一天过门，脸上还磨不开呐，再说，王妃也不明白您这府里的规矩，您先将就着点儿吧。"

"哼，是得让她好好学学规矩，王府比不得瓜园，这儿是个有王法的所在。"丫环扑哧一声笑了，她已经知道"瓜园事件"了。

郑恩大嘴一撇："唔……酒后十分口渴，与我打一盏茶来！"

平时郑恩在王府一点架子也没有，下人们说话十分随便，丫环见王爷咬文嚼字地要"与"他"打一盏"茶来，就成心逗他："现在您要是能再偷个西瓜吃，那才解渴呐！"

郑恩不跟她逗，继续大叫："与我打茶来！"

丫环一看不对，赶紧把茶端来。不料，郑王爷一巴掌把茶杯打落在地："哪个要你打茶，老子要那陶三春与咱打茶！"

陶三春坐在那里就像没听见，一动也不动。丫环明白了：这两口子是较劲呢。她觉得这事太好玩儿了，就小声说："瞧，人家王妃不理您，您能怎么着？"郑王爷大怒，命令丫环："给老子脱了衣裳！"

丫环帮王爷脱了新郎官的锦袍，露出全身的铠甲："哟，您也不上阵打仗，穿铠甲干什么？"郑恩扬扬得意地说："这叫有备无患，以防万一。"丫环纳闷："您要防什么？"

郑恩脱口而出："我防备挨……你管我防什么呐？"他忽然想起了什么，蹿出门去，一看，高怀德还在门口站着呢。

郑恩放心了："没走，好，真是我的好兄弟。"一扭头，又回到洞房，这回气儿更粗了："给我取家法来。"丫环莫名其妙："家法？您打什么时候起又有了家法啦？您那家法又是个什么呀？"

"家法就是棍子。""棍子！您拿棍子要打谁呀？"郑恩一指陶三春："我就打她！"小丫环本来看着他俩较劲有意思，看见要动真格的，不乐意了："打王妃？人家没招您没惹您，老老实实坐在那儿，凭什么打人家？""少废话，叫你取你就取，快取家法来！"

"不取，我连你一块儿打。"王爷真火儿了，跳起来一扬手，就准备打。只听旁边有人搭腔了："慢着，你不是要家法吗？家法在此。"

郑恩一听声儿就是一哆嗦，慢慢儿扭头一看，果然是陶三春站在那里，那脸色郑恩是再熟悉不过了。更吓人的是她手里拿着又大又重的油梆子！陶三春对丫环说："麻烦你也帮我脱了衣裳。"

郑恩愣在那里纳闷："不是说已经把她制服了吗，怎么还是这个脸色？莫不是……天呐，我别是上了高怀德的当吧！"想到这儿，扭头就要往外跑。晚了，陶三春已经把门挡住了。摘去了凤冠、霞帔，脱去了蟒袍、玉带，依然是那个布衣女子，只是比先前更俊俏、更美。

郑恩一下子看呆了，几乎忘了眼前这个天仙般的女子还是他命中的煞神。姑娘也感觉到了黑小子的眼神，不由得心里一热，满面通红。

丫环一看俩人眼神改了内容了，就想打个圆场，走上来要拿走王妃手里的梆子："哎哟，王妃，您这是干什么？"

一句话提醒了陶三春，她拨开丫环，顺势给了郑恩一梆子："我要管教管教这个大浑球！"本来，姑娘让郑恩"那样儿"的眼神一看，已经开始消气了，所以下手也没用力。郑恩如果趁机赔个不是，肯定立马儿一天云雾就散了。可千不合，万不合，郑王爷一身铠甲，没觉出疼！更要命的是他以为对面这位是不敢下手，他仗着有甲胄护身，竟然还想给媳妇一个下马威！那后果，就甭细说了。丫环一看吓坏了，生怕两个人伤着，其实只怕王爷伤着，赶快跑出去叫人，洞房里没人管，可就苦了傻王爷了。郑恩倒在地上，先还嘴硬，几梆子以后，就光剩"唉哟"了。他忽然想起了门外的人，赶紧大叫："高贤弟！高贤弟！"

陶三春很奇怪："你这是叫谁呐？"

"哼，我门外有援兵！说出来吓死你，就是那万里侯高怀德！"

"我当是哪个天兵天将，原来是那个坏种，你把他给我叫进来！"陶三春放了手。郑恩爬起来就往外跑，出门一看，哪里还有高怀德的影子，这才明白自己上了大当。陶三春在屋里轻轻地说："怎么，援兵呢，跑了？那就请你给我滚进来吧。"看三春的架势，郑恩情知自己跑不了了，牙一咬，心一横，搬腿进屋。干吗搬腿呀？软了呗！

郑恩反身关门，然后……跪下了："哎，我的老婆……""啊？！""哦不，我的姐……姑……得，我的祖奶奶，您饶了我吧！"王爷也学县令，磕上了。"哼，饶了你，这回呀，我就是饶不了你啦……"也不知打了多长时间，反正打一阵，数一阵，从几年前的瓜园，到城外、金殿，再加上刚才的洞房耍横，您说这得值多少顿打吧。

打完了"金殿逃走"，正在详细痛打"洞房耍横"的时候，门外突然传来太监的声音："圣驾到，郑恩、陶三春接驾！"

"赵二哥。还有俩高贤弟，你们也给我站好了。"

"是，是，是。"稀哩哗啦，全站好了。

"郑恩，你冲着这油梆子跪下。"

"啊？！"郑恩刚一犹豫，三春一瞪眼，他连忙从命。姐弟俩站在众人对面，三春一指地上那位："今儿个当着你的哥们儿兄弟，我把打你的理由说说。郑恩，你有眼无珠，不自量力，不知好歹，无情无义，其罪一也。你胆敢大摆王爷架子，忘了当年卖油偷瓜的身份；一朝富贵，仗势欺人，其罪二也。奉旨迎亲，本是好事，你却派人劫驾；身为朝臣，金殿上却溜之大吉，胆小如鼠，枉为大将，其罪三也。"

陶三春越说越有气，一指众人："你们哥儿几个来得正好，今儿个我为郑氏门中立下家法，这梆子要世世代代供着它，儿孙中有胆敢无情无义、弄虚作假的，家法无情。你们既然来了，就给做个见证吧！"

还是柴荣脑子快："是，是，是。三弟，还不叩首……再叩首……三叩首。礼毕！"得，皇上成司仪了。全完事了，陶三春这才请众人落座，吩咐丫环"打茶来"，此时，大伙儿还真有点受宠若惊的感觉。

柴荣长出一口气，看着打成的鸳鸯："好，好，好。弟妹武艺高强、人品出众，孤王添了一条大大的臂膀，从此大周天下，江山有靠。如今二人和好，洞房花烛，可喜可贺。"

柴荣越说越高兴，大哥改万岁爷了："郑恩、陶三春听封。"

"万岁！"新郎官又跪下了，见新娘没动，赶紧扯扯媳妇的衣袖："跪下。"旁边赵匡胤也冲弟妹努嘴挤眼，示意下跪。陶三春反而挺起来了："我不跪！"皇上的病也落下了，沾着弟妹没脾气："不跪就不跪，倒也无所谓。北平王郑恩加封天下都招讨兵马大元帅。""谢万岁！"郑恩这个高兴。"北平王妃陶三春加封天下无敌一品勇猛夫人。"陶三春根本没往心里搁："这也没什么了不起。"

"是，是，是。"皇上这个字倒是念熟了。

看着皇上要说完的样子，陶虎一捅姐姐，姐姐明白了："慢着，还有我兄弟陶虎呢。"郑恩也想起了救命恩人："对，还有我小舅子。"

柴荣想了想："陶虎听封。"陶虎看看姐姐，姐姐摇头，陶虎也站着不跪。"北平王舅陶虎护送銮驾有功，加封为护驾侯，掌管家法，不可粗心误事。"他倒是张嘴就来，会编官儿派职。侯不侯的，陶虎没在意，倒是对掌管家法的活儿挺满意："行咧，这梆子交给我啦！"

郑恩两腿都跪僵了，他挣了两挣，没站起来，陶三春忙过去把他搀起，接着给他揉膝盖，把个黑小子感动得都快哭了。

皇上一看，都差不多了，一抬手，太监赶紧过来搀扶，万岁爷边起边说："明晨五鼓，满朝文武，大小三军，都要前来道贺。你夫妻二人还要参王拜驾，叩谢隆恩，又要到各路王侯府第家家处处前去道谢。你们安歇了吧……"三春又有点见晕："哦，这，都是你们做官的规矩呀？"皇上把眼一闭，点了点头："然也。"满腔的不屑。

赵匡胤躬身低头："天色不早，这洞房花烛，一刻千金，万岁请起驾。"万岁爷没睁眼，缓缓地说："摆驾回宫。"两个太监一左一右搀扶皇帝慢慢向外走，郑王爷在背后躬身下拜："臣，恭送万岁。"

宋太祖赵匡胤传

步步高升

  赵匡胤虽然还不认识赵普，但认为或许此人了解南唐军虚实，可以助自己一臂之力。于是，赵匡胤换上寻常衣服，亲自前往赵普家中拜访。赵普也听说过赵匡胤的大名，彼此一见如故。

  赵匡胤向赵普询问如何才能击溃皇甫晖军，赵普先不作答，向赵匡胤提了几个问题。

  赵普说："皇甫晖名震天下，不知道将军自比皇甫晖如何？"

  赵匡胤很老实，说："我并非他的对手。"

  赵普又说："现在皇甫晖有大军十万，就其战斗力来说，和将军您的军队谁强谁弱？"

  赵匡胤一笑，说："自然是皇甫晖的战斗力强。"

  赵普又说："那现在双方胜负的局面如何？"

  赵匡胤说："我军刚刚大败，士气低落，害怕和皇甫晖的军队作战。"

高平大战立奇功

后周显德元年春，正是花开季节，却莫名地刮起一阵北风。寒风之中，二十八岁的赵匡胤随周世宗亲征，大战高平，立下奇功。战后论功行赏，赵匡胤越级提拔为殿前散员都虞侯，领严州刺史。

掀起这股北风的是北汉主刘旻。刘旻，原名刘崇，沙陀人，是后汉高祖刘知远之弟。年轻时就嗜好赌博，品行无赖。弱冠时，到河东军从军，后升迁为貔州军校。后晋天福六年，刘知远担任河东节度使，任命刘旻为河东步军都指挥使。天福七年，刘旻改任麟州刺史。不久，刘旻再次担任河东马步军都指挥使兼三城巡检使，并遥领泗州防御使。

后汉天福十二年，刘知远在太原称帝，建立后汉，任命刘旻为特进、检校太尉、行太原尹。不久，刘知远率部南下，刘旻为太原留守。不久，刘知远又加刘旻为河东节度使、同平章事。

后汉乾祐元年，刘知远病逝，其子刘承祐继位，刘旻被任命为检校太师、兼侍中。乾祐二年，又兼任中书令。

当时刘承祐年少即位，朝政都掌握在顾命大臣手中。刘旻因与顾命大臣中的郭威有旧怨，心中非常不安。后来，刘旻在判官郑珙的建议下，以防备契丹为名，招募亡命之徒，修缮兵甲战具，充实府库，并断绝给朝廷的贡赋。同时，对朝廷的命令，大都拒不奉行。

乾祐三年，郭威在邺都起兵，不久攻入开封，刘承祐遇害。郭威因没得到后汉大臣的拥戴，不敢立即称帝，便派宰相冯道等前往徐州去迎刘赟到汴京继位。刘旻本打算起兵入京，得知后大喜道："我儿子当皇帝，我还担心什么。"于是没有起兵。

太原少尹李骧连夜求见刘旻："据我观察，郭侍中定要取代帝位。你应该把军队驻在太行山的东边，直接威胁开封，和刘赟互相呼应，等他继位以后再回晋阳；否则，很可能要受郭威的愚弄。"

刘旻也太迂腐了，不信李骧的话，骂道："你是挑拨我和朝廷的关系，不怕死吗？"吩咐左右把他拉出去斩首。李骧叫道："我胸怀治国安邦的才智，却替蠢人出谋划策，应该死！只是家有老妻，孤孤单单的，太可怜了！"刘旻竟冷冰冰地讽刺道："那就让你们夫妇一道去吧！"立即把李骧夫妇杀死，借以向郭威表明忠心。

可是，只过几天，开封的消息传来，刘赟被杀，郭威公然披着一张黄旗子，当上皇帝，把国号也改成"大周"了。

刘旻又悔又怒，头上好像浇了一桶冷水，当即在晋阳发丧，自立为天子，继续用汉隐帝乾佑四年的年号。后人为了把太原的汉国和广州的"南汉"相区别，称刘旻建立的王朝为"北汉"。刘旻特地为李骧建立祠宇，逢时过节亲自祭祀，又向臣民宣布："高祖的事业已经毁了，我万不得已撑起这个局面，算得什么天子！只有倚仗大家同心协力，或许能够保持家兄的基业和祖宗的香火吧。"因此，他不像别的皇帝那样洋洋自得，煞有介事地铺张浪费。他不建立宗庙，祭祀的礼节很简单；宰相月薪只给一百缗，节度使三十缗，比别国的县令还要少。

北汉王朝的领土很小，约占今天山西省的四分之一。刘旻凭借这么一小块地盘，想跟后周皇帝对抗，得找强有力的靠山，于是给契丹皇帝写信："汉朝已经沦亡了，我继续兄长的事业，愿意效法石敬瑭，向贵国请求帮助。"契丹主十分高兴，正苦于在南方找不到代理人，如今刘旻主动送上门来，自然正中下怀，立即答应出兵援助，进攻后周。

不过，契丹主脚踏两只船，跟郭威的关系也保持得挺好。他复信问刘旻说："郭威每年送我铜钱十万缗，你该怎么办呢？"

刘旻慌了，赶紧向契丹主送礼，并自称侄皇帝，称耶律阮为叔父，同时请求册封。耶律阮便册封刘旻为大汉神武皇帝。

不久，耶律阮被害，耶律璟继位。刘旻又派遣枢密直学士王得中出使契丹，向耶律璟借兵。耶律璟命萧禹厥率五万兵马帮助刘旻。

同年九月，刘旻与契丹军兵出阴地关，攻打晋州。在后周枢密使王峻的抵挡下，两军相持六十余日，刘旻被迫撤兵。正逢天降大雪，北汉军损失惨重，回到太原的只有六七成。北汉乾祐五年，刘旻攻府州，不仅被折德扆击退，还丢失了岢岚军。从此之后，刘旻再也不敢入侵后周。北汉既要供养军队，又要对契丹进贡，所以赋税很重，导致民不聊生，国内百姓很多都逃到后周境内。乾祐七年正月，郭威病逝，养子柴荣继位。刘旻遣使再次向契丹借兵，契丹大将杨衮率兵马十万前来援助。二月，杨衮率骑兵万余及步兵五万余人，到达晋阳，两军会师晋阳，一路攻向潞州。北汉主刘旻亲领中军，张元徽领左军，杨衮为右军，阵容严整。后周昭义节度使李筠派部将穆令均率领两千人马迎击北汉军队，自己率领主力在后面扎营。

北汉前锋都指挥使武宁节度使张元徽设下埋伏，自己佯败诱敌。结果穆令均中伏被杀，士卒折损了上千。李筠退回潞州，凭城固守。周世宗柴荣得到禀报，打算亲自出征。但是大臣们都认为皇帝刚刚即位，人心还未稳定，不宜亲征，应该派下面的将帅去抵御。然而周世宗有自己的看法，他认为："刘旻趁我国大丧来进攻，必轻视我年少没有经验，一定会亲自前来，想一举吞并我国，我不能不亲自出征。"宰相冯道与周世宗反复争执。

冯道被人称为"政坛不倒翁"。五代时期，战乱不断，朝代更迭就像走马灯一样频繁。令人眼花缭乱的一个又一个皇帝都是行伍出身的武夫，他们贪婪暴虐、胸无点墨，文人出身的朝臣与这些武夫皇帝相处，无不战战兢兢、如履薄冰，只要稍有不慎便会惹来杀身之祸。但是也有一个文人出身的官员，却以非凡的政治手腕成功地取得了数位武夫皇帝信任，在四个朝代八位皇帝手下高居宰相之位而岿然不动，成为我国历史上历经朝代最多的一位宰相。这个人就是冯道。一贯对皇帝百依百顺的冯道一反常态地表达了与柴荣不同的意见，反对伐汉。

世宗道："昔日唐太宗平定天下，都是亲自出征。"冯道道："陛下不能和唐太宗相比。"世宗又道："汉军乃是乌合之众，若遇我军，如泰山压卵。"冯道仍道："陛下不是泰山。"

世宗大怒。同年三月，周世宗亲征北汉，不让冯道随行，命他担任太祖皇帝山陵使，主持太祖丧事。在宦海沉浮几十年的冯道，终于在抑郁中结束了自己的政治生涯，不久病逝。周世宗下定决心亲征，于是从京城开封统率禁军出发。在途中，禁军控鹤都指挥使赵晁派人向周世宗进言，劝阻亲征。周世宗大怒，将赵晁囚禁在怀州。北汉主没想到周世宗敢亲自出征，他看潞州城坚固，一时难以攻取，就越过不攻，南下泽州，直取大梁。

北汉军的前锋与后周军在泽州的高平城以南相遇，被周军击退。周世宗怕北汉军撤退，加紧前进。北汉主在巴公原排开阵势准备迎击，自己亲自率领中军，张元徽率军在东，杨衮率契丹骑兵在西，军容极盛。后周军前锋前进过快，河阳节度使刘词率领的后军被落在后面。面对这种敌众我寡的局面，周军的将士难免怀有畏惧心理。而周世宗反而更加镇定，坚定必可克敌的决心。

他命令白重赞与侍卫马军都虞侯李重进统率左军在西，樊爱能、何徽统率右军在东，向训、史彦超率领精骑在中间列阵，赵匡胤与殿前都点检张永德各领牙兵一千给世宗柴荣保驾。周世宗自己也全身披挂，跨马到阵前督战，双方都严阵以待。

北汉主刘旻看到后周人马并不多，认为不用契丹的人马也可以击败周军，他对手下的将领夸口说："周军零零落落，凭我三万人马足够了，哪用得着契丹人？今天不但要一举击败周国，还要让契丹人看看我们汉军的厉害。"杨衮是契丹派来的主将，作风老练，他登上山头观察前方，回来劝告刘旻："周军好像是故意示弱，不可轻举妄动。"

刘旻捋捋灰白长须，大声讽刺道："你就别再说了，机不可失，看我的吧！"杨衮沉默了，心想，看看北汉怎么破敌。

司天监李义又来鼓动："今天正是踏平周军的好日子，赶快出兵吧。"枢密司学士王得中急忙谏阻："把李义拉出去斩了！南风吹得如此猛烈，我们的战士简直睁不开眼睛，这形势对谁有利？"

可是刘旻气势正旺、头脑发热，挥手嚷道："我的决心下定了，老书呆子不得胡说，看我不敢杀你的头？"话没说完，就飞马冲出阵前，命东军先进攻，张元徽亲自率领千余精骑冲击后周的右军。

后周的右军主将樊爱能、何徽本来就有怯战心理，交战不久，看到北汉军来势很猛，抵挡不住，就率领骑兵率先逃走。后周右军被击溃，有上千步兵解甲投降。周世宗看到战事紧急，后周军濒临溃败的边缘，亲自率领左右的亲兵冒着矢石出阵督战，力挽败局。

赵匡胤迅即跃马出现于阵前，向地位比他高的禁军将领张永德建议说："现在贼气方骄，将军的部下一向能射，可以从西面登高而上，我带骑兵从左翼策应，两面夹击，必定可以取得胜利！"

张永德答允。两人各率领两千人马随周世宗出击。赵匡胤身先士卒，迎敌血战，主将奋勇，士卒更是拼死力战，无不以一当百，北汉兵抵挡不住。张永德的部下擅长骑射，在张永德的带领下奋勇杀敌，给北汉和契丹联军以重创。内殿直马仁禹也激励同伴进击，他自己跃马猛射，连毙数十敌军，后周军的士气更加高涨。殿前右番行首马全义也率领部下几百骑兵向前猛攻。北汉主知道周世宗亲自出战，命人嘉奖张元徽，催促张元徽乘胜进攻。张元徽前进，战马被射倒，自己也摔落倒地被后周军斩杀。

北汉骁将张元徽被阵斩，汉军士气低落，后周军趁着越刮越大的南

宋太祖赵匡胤传

风猛烈进攻，北汉军大败。

虽然北汉主亲自挥舞旗帜，但是也制止不住北汉军的溃败。杨衮看到后周军如此骁勇，不敢救援，又恨北汉主不听他的劝告，先率领契丹骑兵撤退了。从战场上溃败的樊爱能、何徽率领溃军一路抢劫辎重，散布谣言，并且企图阻止后军刘词的前进。刘词不听，率军前进，在黄昏时与前军会合，当时北汉兵尚有兵万余人，隔山涧布阵，企图抵抗。

后周军得到增援，又发起猛攻，北汉军崩溃，王延嗣被杀，后周军一路追杀到泽州的高平城，北汉兵死尸布满山谷，丢弃的军资器械到处都是，另有数千北汉兵投降。刘旻脱掉龙袍，换上老百姓的衣服，头戴斗笠，跨着契丹人送的黄骠马，日夜北逃。他半夜迷失道路，抓住一个农夫，要其带路去晋阳城。不料搞错了方向，跑到西北方的晋州，天亮时才发觉。

刘旻大怒，把带路的人杀了，又转向东北，走上大路，两天两夜没吃没喝，精疲力倦，趴在马上，幸而这匹北方草原的骏马强壮耐劳，把昏昏沉沉的刘旻驮回了晋阳。高平大战，后周军取得全胜。军队驻扎在上党时，柴荣晚上卧于帐中，召来张永德对他说："高平之战中投降的军队主将不必诛杀，然而樊爱能以下的将校，我将以军法处置！"张永德答复说："陛下如果只愿固守边疆，如此处置则可，如果是想开疆扩土、威加四海，理应重重惩戒将领的过失以整肃军纪。"

周世宗闻听此言掷枕于地，大声称善。第二天，便下令诛杀樊爱能、何徽二将，军威大振。高平之战后，周世宗将樊爱能、何徽及其所部军使以上七十余名将校斩首，以整肃军纪。五代以来骄将惰卒桀骜不驯、挟制长上的局面一时改观。周世宗还重赏高平大战中的功臣。张永德向周世宗推荐赵匡胤，极力称赞他的智勇。周世宗将赵匡胤提升为殿前散员都虞侯，领严州刺史，成为禁军负责人之一。

刘旻败逃晋阳，稍事休整之后，收拾败残军士，修理武器，加固城池，派王得中送契丹将军杨衮回去，顺便求援。王得中返回来时，晋阳城已被后周军队包围，只好留在代州。不久，代州守将桑王圭叛离北汉，把王得中抓获送到后周的军营里。柴荣早就听说王枢密的大名，亲手解开绑缚，赐给玉带和骏马，设宴招待。酒席上，柴荣问起契丹人的情况："王先生估计，契丹的军队什么时候可以到达晋阳呢？"

王得中深知这事关系到北汉的生死存亡，是高度机密，作为国家的臣子，虽然受到柴荣的尊敬，也不能吐露真情，随口推辞说："我受国主的诏令，专门送杨衮回去，没有接受其他任务，无法估计未来的形势，实在抱歉。"有人提醒王得中："契丹人曾亲口答应你出兵的。现在，你却隐瞒不说，假如契丹军队打来了，周帝怪你欺骗他，你的性命还保得住吗？"

王得中十分难过，长叹道："我受刘家天子的俸禄，老母亲也被困在晋阳城里。要是向周军吐露真情，他们会派兵堵住契丹的救兵。这样一来，晋阳城就要攻破，国家和家庭将同时灭亡，我活着又有什么意思？不如杀身保全国家，得到的要多得多。"柴荣认为王得中顽固不化，随即把他杀了。

不久，契丹救兵到了，又赶上天降大雨，一下又是好多天，不便军队作战，柴荣就放弃晋阳，撤兵回去了。

宋太祖赵匡胤传

在军中培养亲信

柴荣率军回到汴京后，赵匡胤升为殿前都虞侯，张永德出任殿前都指挥使。他吸取高平之战周军将不用命、士不能战的教训，下令整顿军队，并将整顿禁军的大权交付赵匡胤。柴荣命赵匡胤负责，广募天下壮士，选取优者为殿前诸班。在赵匡胤的亲自主持下，后周禁军完成了汰除老弱、调选精壮和组建殿前司诸军三项工作。

柴荣十分重视禁军的整顿，经常亲自面试士卒，将武艺高强者补入禁军的殿前司。当然，这些工作更多地还是由赵匡胤具体操办。赵匡胤尽心尽力地任用人才，挑选士卒，汰弱留强。禁军士卒几乎都是身强体健者，战斗力大幅提升。通过这次大整顿，后周禁军除保留原来的侍卫司诸军外，又有了一支"甲兵之盛，近代无比"的殿前司诸军，后周军队的战斗力大大提高了。

赵匡胤还利用整顿之机，打造自己的班底。他将手下亲信郭延斌、潘美、米信、罗彦瓌、张琼、王彦升等人安插在殿前司各军中担任中下层将领。同时，赵匡胤又尽心结交禁军的高级将佐。他为人大方，出手阔绰，人缘极好。没办法，赵匡胤全身上下都散发着人格魅力。一有空闲，赵匡胤就找人喝酒、谈天论地、打牌赌博。只要有他在场，气氛就热烈活跃；只要他一招呼，大家就一定能找到乐子。

无论是比他年龄大的还是年龄小的，赵匡胤都能倾心以待。这是赵匡胤天生的一个优势，他具有非凡的交际能力，很容易赢得别人的信任。赵匡胤在军队中很快就结交了一帮哥们儿，大家磕头结拜。这就是传说中的"义社十兄弟"，即赵匡胤、杨光义、石守信、李继勋、王审琦、刘庆义、刘守忠、刘廷让、韩重赟、王政忠。

李继勋，大名元城人，长赵匡胤十一岁。他是十兄弟中最早出任殿前都虞侯、第一个升为节度使的。他不仅年龄最长，而且升迁速度快，俨然是"义社十兄弟"的带头大哥。后来，陈桥兵变时，李继勋正担任安国军节度使，第一时间对赵匡胤表示支持。

石守信，开封浚仪人，小赵匡胤一岁。虽然石守信年纪小，但早年间作战勇敢，作为先锋先后参与了高平之战、淮南之战等硬仗，因而得到了后周世宗的赏识。在北征契丹时，担任陆路副都部署，官职竟然超过了年长自己十二岁的大哥李继勋。后来，陈桥兵变时，担任殿前都指挥使、负责守卫开封的石守信发挥了重要作用，他打开开封府的城门，使得赵匡胤兵不血刃夺得皇位。

王审琦，河南洛阳人，长赵匡胤两岁。王审琦性格纯厚谨慎，属于比较踏实的类型；参军后，同样参加了多场战役，官位一直处于平稳提升的状态，无大起大落；后来陈桥兵变时，担任殿前都虞侯之职，与石守信一道在京城做内应。

韩重赟，磁州武安人；韩重赟的早年经历与王审琦类似，参与历次战役，一直担任禁军中级官员，后来也参与了陈桥兵变。

刘廷让，本名光义，宋太宗即位后赐名廷让；祖籍涿州范阳，曾祖刘仁恭，唐卢龙军节度使，唐末割据者；祖刘守文，为唐横海军节度使，为弟刘守光所杀，父刘延进携家避难南逃。后汉枢密使郭威镇守邺都时，刘廷让入麾下，后周太祖时，任至侍卫司龙捷右厢都指挥使。

赵匡胤"义社十兄弟"中的杨光义、刘庆义、刘守忠、王政忠四人，史书记载不详。结义兄弟，是当时的寻常之事，郭威就曾经搞了个"结拜十兄弟"，赵匡胤现在也搞了个"义社十兄弟"。

赵匡胤与其义社兄弟们的关系，随着个人职务的升迁，有着亲疏远近的分别。如石守信、王审琦、韩重赟三人与赵匡胤的关系最为密切，他们直接参与陈桥兵变。而杨光义、刘庆义、刘守忠、王政忠，升迁缓慢，在《宋史》中甚至都没有传记。赵匡胤任命石守信为铁骑控鹤四厢指挥使，王审琦为铁骑都指挥使，刘廷让为铁骑右厢指挥使，都是十分重要的位置。通过这些人事安排，赵匡胤在禁军中的圈子已经初步形成，使得他在禁军中有很大的活动范围，特别是在指挥禁军作战方面。

除了"义社十兄弟"外，与赵匡胤有"兄弟"关系的还有禁军高级将领慕容延钊、韩令坤、张令铎、高怀德、赵彦徽等人。

慕容延钊，一作慕容延昭，字化龙，太原人。慕容延钊出身将门，他的父亲慕容章，官至襄州马步军都校、兼开州刺史。慕容延钊在少年时代就以勇敢干练闻名。后汉高祖刘知远起兵时，郭威担任枢密使辅助刘知远，把慕容延钊收用在军中。郭威称帝后，慕容延钊被补官任西头供奉官，历任尚食副使、铁骑都虞候。柴荣继位后，慕容延钊被改任为殿前都指挥使都校、兼任溪州刺史。高平大战中，慕容延钊担任左先锋，他在这场敌强我弱的战役中，冲锋陷阵，奋力拼杀，为后周取得高平之战的胜利立下了汗马功劳，因功被授任为虎捷左厢都指挥使、兼任本州团练使，不久升任为殿前都虞候、兼任睦州防御史。

韩令坤，磁州武安人。少隶后周太祖郭威帐下，为铁骑散员都虞候。周世宗即位，授殿前都虞候。

张令铎，原名铎，后周赐名令铎，棣州厌次人。后唐时从军，后汉乾祐元年三月，河中节度使白守贞反，后汉派枢密使郭威率军讨伐，张令铎从征，以功升奉国军指挥使。后周广顺初年，改任控鹤指挥使，后升至控鹤左厢都指挥使。

高怀德，字藏用，常山真定人，后唐中军都指挥使高思继之孙，后周天平节度使、齐王高行周之子。高怀德为人忠厚倜傥，有勇武之名。其父高行周镇守延、潞二镇，留守洛阳，节制宋、亳二州，皆署任高怀德为牙将。

后晋开运初年，辽国军队侵犯边境，朝廷以高行周为北面前军都部署。当时高怀德刚二十岁，向父亲请求从军北征，得到父亲的应许。

晋军到达戚城时遭遇辽军，被重重包围，救援部队又迟迟不到，情势十分危急。高怀德左右开弓，纵横驰突，敌军纷纷后退，他护卫着父亲突围而出。

高怀德以战功升任罗州刺史，朝廷赏赐他珍裘、宝带、名马，以表示对他的特别恩宠。在高行周转而镇守郓州的时候，高怀德改任信州刺史。

后辽国再度南侵，后晋朝廷以高行周为邢赵路都部署，抵御敌军，留高怀德驻守睢阳。当时杜重威投降辽国，京东诸州叛军四起，高怀德坚壁清野，遏制辽军的进攻步伐。高行周率兵回师援救，辽军退去。

后汉时，高行周移镇魏博、天平，朝廷以高怀德为忠州刺史。后周时，后周太祖郭威征讨慕容彦超，会师路过汶上，赐给高行周财物甚厚，还赐给高怀德衣带、彩缯、鞍勒马。

高行周死后，高怀德担任东西班都指挥使，兼任吉州刺史，后改任铁骑都指挥使。北汉皇帝刘旻前来进犯，后周世宗柴荣率军征讨，以高怀德为先锋虞候。他顺利攻克高平，以战功升任铁骑右厢都指挥使，兼任果州团练使。

赵匡胤培植自己的势力，并不一定是为了造反。赵匡胤这时还年轻、势力还很有限，主要还是想通过培植自己的势力，好让自己的根基扎实一些罢了。但此举为他进一步掌握局势而创造了基础则是肯定的。

赵匡胤此次整顿禁军获得了柴荣的褒奖。柴荣邀赵匡胤入宫举杯同饮，并商讨"西征东讨北伐"的计划，准备实现统一全国的宏伟事业。

宋太祖赵匡胤传

成功晋升节度使

后周显德三年，周世宗下诏亲征南唐，而立之年的赵匡胤随征淮南，所向披靡，军功卓著。因征战淮南有功，赵匡胤被晋升为匡国军节度使兼殿前都指挥使。节度使，名位高，威望盛，自五代以来不少野心人物都通过这个阶梯"飞黄腾达"，成为天子。赵匡胤以赫赫战功，得到周世宗这般宠信，实在是他政治生命中的一个转折点。

赵匡胤的飞黄腾达，与周世宗的远大志向密不可分。柴荣自即位后，一刻也不肯停歇地忙碌着，四处出击，开疆拓土，后周以天生我才的使命感扭转了五代历史的方向。除了在军功上继承了郭威的英名以外，柴荣在各个方面都将周太祖的江山事业发扬光大。他胸怀大略，思路清楚，出手果决。高平之战，慑服了满朝文武后，立即展开内政方面的改革。柴荣从广开言路、不拘一格任用人才着手，整顿纲纪，惩治腐败，肃清吏治，减轻民困。柴荣曾一再下诏求贤，即使是平民百姓，只要有一言相谏、有一事可议，都会受到他的接待。

显德二年，柴荣召见了上书言事的平民赵守微，对他的言谈表示满意，就破格任命他做了右拾遗的朝官。另外，当时虽然战乱不断，但五代各朝宰相大多是科举出身。柴荣以古之宰相并非尽由科举出身，破格提拔极具才华的魏仁浦为相。王朴凭《平边策》受到柴荣知遇，受到重视，升为谏议大夫、开封府知事，得到越级重用。

柴荣下诏要求翰林学士和中书省推荐人才，但在任用他们做官时，一定要荐人签名，表示负责。如果发现贪污受贿、虐害百姓，推荐的人就要连坐受罚。柴荣还发布诏书，号召官吏说真话，敢提不同意见。诏书里说："朝廷的大臣很多，我既没能记住每个人的面孔，也不了解他们的德才，若不依据各人的言论行动来考察，是无法看出他们的才能和水平的；任用是否恰当，就更加没有把握了。臣僚们有意见和建议，我若不接受，责任在我；征求意见没人提，该找谁来负责呢？"这自然是批评不愿提意见的人。在发展经济方面，柴荣也频有大的动作，治理河患，兴修水利，发展农业生产。柴荣还大力修浚以开封为中心的水路交通，把东边的泗水、北边的五丈河，与济水连接，使山东地区与开封舟船相通。柴荣还将黄河与淮水沟通，恢复了唐朝的水道，江、淮漕船由此可以直达开封。这项工程是奠定汴京地位的关键，也是统一天下的基础，其功可以与秦修驰道、隋修运河相媲美。

柴荣亲自主持制订开封城的建设规划，下令扩展外城。先划定建筑区域，立好界标，农闲开工，农忙停止，逐年进行，不碍耕种收获。又规定死人要埋在界标七里路以外，界内由县令设计，划分街道区、仓库区和军营区，剩下来的空地让百姓建房修路。

柴荣下令拆毁阻塞道路的建筑，拓宽街道，笔直延伸，中心主干路宽三十步。又迁走近郊的坟墓，他说："扩展京城，对百姓有利，但也骚扰太多。活着的人，死了的鬼，一切埋怨咒骂，由我一身承当，只求给百姓带来方便和幸福！"这是何等的眼光气魄。

柴荣明确取缔僧尼们的邪僻行为，包括：僧人和俗人舍身自杀、斩断手脚、炼指、挂灯、带钳等等，莫不惊世骇俗。比如炼指，即把香烛

宋太祖赵匡胤传

捆在手指上点燃，慢慢烧，慢慢痛。挂灯是把许多小铁钩刺进肉里，挂得牢牢的，每个钩上挂一盏小油灯，叫做"燃肉身灯"。带钳就是披枷带锁走村串户化缘乞讨。这些都是从印度苦行僧转化而来的自我伤残行为，柴荣下令一律禁止。五代后期，政府好久没有开炉铸钱了。百姓把铜钱熔化，制造用器，铸造佛像，钱越来越少。柴荣专门设立机构，采铜铸钱；除了国家的文物和礼器，凡是钟鼎锣钹、民间的铜器和佛像，限定五十天内送官，按质量付钱；隐瞒不交的，五斤以上判死刑。

销毁佛像引起大臣的不安，柴荣告诉大臣："佛门教人行善。一个人有心做好事，就是诚心信佛。那些人造的铜像，算什么佛祖神仙？释迦牟尼把自己的肉体舍出去，一心利人，在所不惜。我的本心要救济百姓，自身利害是绝不顾惜的。"这种通达权变的思想态度，在中国历史上是极为罕见的。柴荣最大的缺点是讲私情，甚至纵容亲友干坏事。一些当权大臣的亲属尤其跋扈。节度使韩令坤的父亲韩伦，住在陈州，贪污不法，干预政事，是当地最大的贪官。光禄卿柴守礼，是柴皇后的兄长，他为非作歹，无故杀人，官府不敢过问，因为他是朝廷的"大舅父"。韩伦犯罪以后，流放沙门岛，特赦放回洛阳，和柴守礼及一帮将相们的老父亲勾结起来，横行霸道。他们虽已退出历史舞台，但有新贵们的支持，把洛阳闹得乌烟瘴气，士民百姓敢怒而不敢言，称他们为"十阿父"，意思是十个大官僚的老父亲。有人告状到皇帝那儿，柴荣不作处理，保护这批行将就木的老头子，让他们养尊处优、欺压良善、毫无顾忌地过着吸血般的生活。柴荣的缺点比起他的功绩来，是微不足道的。后周经郭威、柴荣两代皇帝励精图治，严惩贪官污吏，招抚流散农民，治理河患，兴修水利，发展农业生产，国力迅速强大起来。有了充实的国力，周世宗柴荣统一天下的心思也便日臻明确。

周世宗柴荣年轻力壮，正是干事的时候，他决心要统一中国，他整军经武、肃清内政、与民休息的措施无不是为此做准备。这从他本人来说，真正目的是扩大统治范围，但从历史发展的潮流看，顺应了时局，符合了人民想过安定日子的要求和统一全国的意愿。

唐末以来，天下分崩离析，民不聊生。但天下大势，分久必合，至后周建立，天下统一的迹象已经显露出来。原因是在经过几十年的诸侯混战之后，百姓渴望以统一来彻底摆脱连绵不绝的战祸的要求极其强烈。

等到国家内政、经济稍有好转，柴荣即着手实现其雄心壮志。为了把"得民心"的事情付诸实践，柴荣十分重视正确战略方针的选择，后周显德二年初春的一天，他为了征询朝臣们对统一天下的方略，召集文武众臣进朝计议。柴荣指示宰相："我经常思索治国安民的方略，总是不得要领，睡不着，吃不香。从唐、晋以来，幽、并、吴、蜀，中原的教令达不到，从来没有统一过。请大臣们考虑后，每人写《为君难为臣不易论》和《开边策》两篇，供我参考阅读。"

比部郎中王朴首献《平边策》，明确提出"攻取之道，必先其易者"的进军原则，主张把南唐作为第一个兼并对象。为了说明其方略的正确，王朴还在《平边策》上对后周之外的各国之政治、经济、国力、兵力进行了中肯、翔实的分析和比较，主张先取吴及南唐，后取幽州及北汉。柴荣听罢，频频点头，十分认可此策，但在全力用兵之前，必须首先拿回被后蜀乘乱夺取的秦、凤、阶、成四州，以稳固后方。秦、凤、阶、成四州，原系中原政府管辖，自契丹兵进攻河南之时才被后蜀吞并。后周显德二年四月，柴荣派向训、王景率军西征后蜀，欲收复秦、凤、成、阶四州。但是当地地形复杂，运粮困难，加上蜀军顽强拒守，后周军久攻不下。对此，许多本来不愿意用兵的后周文官，更振振有词，主张偃旗息鼓、收兵回朝。周世宗欲罢不忍，特命赵匡胤速到前方视察，弄清进军不快之根由。赵匡胤策马到了前方，细心勘察地形，了解军事形势，断定只要坚定信心，收复四州必稳操胜券。

柴荣听罢赵匡胤报告，于是按其建议调整部署。闰九月，秦、成、阶三州眼看后周大军兵临城下，先后投降，驻凤州的蜀军负隅顽抗，也只是多支持了两个月，赵匡胤运筹帷幄的才能得到展示。

之后，周世宗于当年底按计划发起征南战役，目标是割据江淮的南唐政权。南唐是五代十国时期李昪在江南建立的政权，定都江宁，是十

宋太祖赵匡胤传

国当中版图较大的政权。唐末天下大乱，藩镇割据混战。其中，杨行密掌握的淮南镇是江南最具实力的藩镇。但在其子杨渥嗣权位后，政治混乱，人心不稳。大将徐温通过权力斗争逐渐独掌大权达二十年之久，其间杨氏虽有立国称王，史称杨吴，但不过是徐氏控制下的傀儡。

徐温去世后，其养子徐知诰继其位，以大丞相和齐王身份掌握杨吴实权。同年，扶吴主杨溥称帝，但实权仍在徐手中。徐知诰一方面对杨氏旧臣竭力怀柔，"高位重爵，推与宿旧"；另一方面则积极扶持自己的势力，大力招徕、奖拔北来士人。日后南唐政权中著名的北方人士如韩熙载、常梦锡、马仁裕、王彦铸、高越、高远、江文蔚等，都在此时聚集于徐氏身边。另外，江南一带的著名人士如宋齐丘、陈觉、查文徽、冯延巳、冯延鲁、边镐、游简言、何敬涂等，也在此时由徐知诰提拔起来。经过十年苦心经营，徐知诰不仅完全获得了杨氏旧臣的支持，而且融合了北方人与江南人两大势力，所谓"羽翼大成，伸佐弥众"。最终，在吴天祚三年，徐知诰废吴帝杨溥，登上皇位，国号大齐，年号昇元。次年，徐知诰改姓名为李昇，改金陵府为江宁府，以府治为官，以城为都。以金陵为国都，以原来的杨吴都城扬州为东都，改国号为唐，史称南唐。从此，在乱世之中，以继承唐祚、谋求一统天下的南唐登上了中国历史的舞台。南唐立国后，烈祖李昇以保境安民为基本国策，休兵罢战、敦睦邻国，与毗邻诸国保持了较为平和的关系，同时结好契丹以牵制中原政权。江南地区于是保持了较长时期的和平，社会生产逐渐复苏并迅速发展。政府轻徭薄赋，劝课农桑，鼓励发展商业。商人以茶、丝与中原交换羊、马，又经海上与契丹贸易。

在手工业方面，南唐的纺织业、印染业、矿冶业、制茶、造纸、晒盐、造船、金银陶瓷、文具制造等均有突出成就。不仅产量高，而且工艺精细，涌现出许多名产上品。

烈祖的"息兵安民"国策，造就了江淮地区和平安定的社会环境，促进了南唐经济文化的繁荣发展。同时，南唐也是一个艺术的王朝，它在文学、美术、书法、音乐等诸方面都取得了卓越的成就。

李昇设太学，兴科举，广建书院、画院。安定、富强的南唐，成为饱经战乱沧桑的文人士大夫理想的栖身之所。江北士人多流落至此，儒衣书服盛于南唐。南唐的社会文化之盛，在五代十国甚至中国历史上所有的割据政权中都是绝无仅有的。军事方面，李昇坚持自守，为时机成熟时攻取中原不受邻国牵制，因而不轻易与邻为衅。

升元七年，烈祖李昇驾崩，儿子李景继位，改名李璟，即南唐元宗，年号保大。这一时期中，南唐与吴越间战祸频起，而吴越国的军事行动往往与中原政权互相呼应。为了对付吴越，保大三年，南唐乘闽国内乱之机出兵占据建、汀、漳三州，灭亡闽国，俘闽主王延政，形成了对吴越三面包围的形势。而吴越国也乘势出兵与南唐争夺闽国之地，并夺得福州。保大七年，淮北因处于晋、汉朝代交替的混乱之际，李璟见有机可乘，派皇甫晖出海、泗诸州招纳正相互混战的各路豪强武装和因战乱四散的流民。保大九年，马希萼与马希崇兵戎相见，南唐遂借机出师，一举灭马楚，马希崇降。后来，楚将刘言又起兵击败了唐军，后刘言被其部下杀死，周行逢及其子周保权又先后统治湖南，楚地得而复失。

显德二年，周世宗在攻打西蜀的同时，就在考虑进攻南唐的事情。但因为一时抽调不出人马，柴荣决定先派人进行试探性的进攻。

张永德因杀父仇人逃到了南唐而主动请缨。张永德的父亲张颖在做安州防御使时，因为其性格严厉，加上逼娶部下之女，因而被手下曹澄等人杀害，曹澄等人因为害怕处罚而逃到了南唐。

后周军队攻至寿州，南唐名将刘仁瞻坚守城池难以被攻克，张永德便派疲兵诱敌出城，然后假装战败，以精骑为伏兵，引诱唐军进入周军的伏击地，加以歼灭，刘仁瞻仅仅免于身亡。

南唐保大十三年，即后周显德三年，正月，后周决定全力进攻南唐。李璟时代，南唐积极拓展疆土，拥有数十万雄兵，国力鼎盛。李璟手上有五代十国时期的著名将领皇甫晖。此人从贝州起兵，辅佐李嗣源，击溃唐庄宗军队，后来皇甫晖归顺南唐，南征北战，前后数十年，大小上百战，从无败绩，堪称五代中后期的第一名将。要想打败南唐，首先就必须打败皇甫晖。南唐的两淮地区直接与后周国土接壤，人口众多，经济发达。而当时中原地区久经战乱，国敝民贫，拿下两淮不仅可以增强自己的实力，而且控制两淮后就可以控扼长江咽喉，随时威胁其国都金陵。所以，周世宗柴荣将夺取两淮作为统一南方的第一步。柴荣令张永德留守汴梁，自己亲率八万大军，与赵匡胤一起浩浩荡荡地离开河南，向东打入安徽地界。军队很快就渡过淮河，节节胜利。

柴荣命赵匡胤带兵攻打寿州，但寿州驻有重兵，又有智勇双全的大将刘仁瞻镇守。在攻打寿州前必须得攻下寿州以北的八公山，但由于赵匡胤等轻敌，爬上了八公山却中了刘仁瞻的空城计，后周军被烈火焚烧，损失惨重，以完全失败而告终。此次攻打寿州，赵匡胤差点中箭身亡，亲兵张琼奋不顾身用身体挡住了飞箭，那箭直接击中了张琼的胯骨。

由于箭射得太深，很难拔出，于是张琼就喝了一大碗酒，让人破骨将箭拔出并刮骨疗伤，虽然鲜血流淌，但张琼依旧神色自若。从中可看出张琼的气魄，铮铮铁骨。南唐守将刘仁瞻遵照唐主旨意，坚守城池，并不断以小部队出击，咬住后周军，以待驻淮河下游的涂山等地的南唐军万人来援，以便水陆两路夹击后周军。面对危局，柴荣派遣赵匡胤率领一支军马前去攻打涂山。赵匡胤没有莽撞行事，在攻打涂山之前，他周密部署，设下埋伏，然后亲率百余骑偷袭唐营。

赵匡胤接战后且战且退，南唐军不知是计，以为后周军人少力单，穷追不舍，误入后周军伏击圈内。后周军队伏兵四出，南唐军猝不及防，主将何延锡战死，赵匡胤几乎是兵不血刃地攻占了涂山，缴获了大量的武器和粮食，还缴获了南唐水军的五十余艘战船。攻下了涂山后，周世宗决定亲自出征，率领主力继续进攻寿州城；同时派赵匡胤带领一支兵马攻打滁州，以分散南唐的兵力，对寿州形成夹击之势。

赵匡胤绕过濠洲，直扑滁州。滁州，简称滁，古称涂中、清流、新昌。滁州吴风楚韵，气贯淮扬，接壤金陵西北，为六朝京畿之地，自古有"金陵锁钥、江淮保障"之称，"形兼吴楚、气越淮扬""儒风之盛、凤贯淮东"之誉；早在先秦时期为棠邑之地，三国设镇，南朝建州，隋朝始称滁州，因涂水贯通境内，又"涂"通"滁"，故名为"滁州"。滁州在五代十国时期隶属"十国"中的南唐，是南唐国都金陵的江北重镇。滁州是淮河一线的军事要冲，要攻打滁州必经清流关。

清流关在滁州西北二十余里，为江淮之间交通咽喉。清流关始建于南唐建国初期。徐知诰篡得杨行密建立的吴国政权，将国都由原来的扬州迁到金陵。南唐统治着江南大部分地区以及江北十四个州。这十四个州中的滁州、濠州、泗州、庐州、寿州、楚州以及光州等，需要一条由南京过江往北的便捷通道，以便军事情报和政治文件的传达。

为了解决这一问题，南唐开凿了清流关，并在清流关上设兵把守。战时封关防守，平时通商行贾收税增加财政收入。清流关的开凿，不仅打通了南京过江通往南唐这几个州的道路，而且由这条道路可以一路北上，直通北京。清流关地处要害，南望长江、北控江淮，是出入金陵的必经之地，被誉为"金陵锁钥"。这里地形险要，悬崖峭壁，山高谷深，在此设关真有"一夫当关，万夫莫开"之势。周世宗征淮南之始，南唐皇帝李璟就命大将皇甫晖和监军姚凤提兵十万进扼其地，并随时准备增援寿州。赵匡胤带领人马昼夜兼程赶到清流山下，与南唐军队发生遭遇战。由于后周军对地形不熟，加上长途远征，兵马困乏，初战失利。

本来，周世宗只是希望赵匡胤能够拖住皇甫晖，让后周军主力能够全力拿下寿州，赵匡胤就已经立下大功。可是，赵匡胤一心要在战争当中立下奇功，因此，大败之后并没有放弃攻打滁州。皇甫晖整顿军队退到滁州城下休憩，赵匡胤屯兵于清流关下，整顿兵马，准备第二天再战。

赵匡胤大败之后开始思考如何才能取胜。正在苦思之间，有人提议，滁州清流关附近有个叫做赵普的教书先生，在当地名气极大。老百姓有什么疑难诉讼，赵先生往往几句话就能让双方满意，分析问题一针见血。对于赵普，赵匡胤早有耳闻。赵普，字则平，祖籍幽州蓟县，曾祖父在唐末任三河县令，祖父赵全宝唐末任澶州司马，父赵迥，五代时任相州司马。后唐时期，幽州主将赵德钧连年征战，家国不宁，赵普之父赵迥不堪战乱而迁居常州，后晋天福七年，又迁至洛阳。赵普为人淳厚，沉默寡言，当地的豪门大户魏员外很欣赏他，将女儿许配给了赵普。

后周显德元年七月，赵普被永兴军节度使刘词辟为从事。刘词，字好谦，五代元城人，以勇悍闻名，曾适后梁后唐后晋后汉后周五朝的武职。后汉时曾随郭威平定李守贞叛乱，当时李守贞曾命数千敢死士兵偷袭汉军，众将都不知所措，唯有刘词镇定自若，亲自引兵击退。

周世宗率领赵匡胤等与北汉大战高平时，刘词的后军及时赶到才决定了最后的胜局。刘词虽是武将，但从不苛政扰民，还能够知人善任，赵普、楚昭辅、王仁瞻都是他的部下，这些人后来都成为赵匡胤的开国功臣。显德二年，刘词卒，年六十五，赠中书令，谥号忠惠。他死后，专门上遗表向朝廷推荐赵普等人。因此，听到赵普这个名字时，赵匡胤心中为之一动。赵匡胤虽然还不认识赵普，但认为或许此人了解南唐军虚实，可以助自己一臂之力。于是，赵匡胤换上寻常衣服，亲自前往赵普家中拜访。赵普也听说过赵匡胤的大名，彼此一见如故。

赵匡胤向赵普询问如何才能击溃皇甫晖军，赵普先不作答，向赵匡胤提了几个问题。赵普说："皇甫晖名震天下，不知道将军自比皇甫晖如何？"赵匡胤很老实，说："我并非他的对手。"

赵普又说："现在皇甫晖有大军十万，就其战斗力来说，和将军您的军队比，谁强谁弱？"赵匡胤一笑，说："自然是皇甫晖的战斗力强。"

赵普又说："那现在双方胜负的局面如何？"赵匡胤说："我军刚刚大败，士气低落，害怕和皇甫晖的军队作战。"

赵普三问看似毫不留情，不给赵匡胤留面子，其实问到了战争取胜的三个关键因素：其一，将领之才，皇甫晖乃是五代老将，深通兵法，赵匡胤初出茅庐，只是领导过一两次较大的战役，正常作战赵匡胤根本不是对手；其二，军队战力，除了将帅谋略，影响战局的关键因素还在双方的兵力。虽然说历代都不乏以少胜多的例子，可正常情况下，数千人根本就不可能打赢十万大军；其三，双方士气。士气旺盛时，确实有可能以一当十，但此时赵匡胤的军队刚刚经历大败，畏惧南唐军队。此时若交战，没有丝毫获胜的可能。赵匡胤当然了解这些，于是，赵匡胤没有一点生气，虚心请教："希望先生能够教我。"

看到赵匡胤的反应，赵普很满意。自古以来士大夫都希望自己能够得遇一位贤明的君王，使得自己成就一番功业。历代以来，刘备与诸葛亮之间的君臣之谊可以说是历代士大夫心中的一个美梦：不但遇上贤德之君，且这位君王对自己足够尊重、完全信任。赵普初见赵匡胤，首先要试探下赵匡胤的器量。连续三问，一般人也就恼羞成怒拂袖而去了，可赵匡胤却没有，不但没有生气，反而更加恭敬地恳求赵普帮助自己。可见赵匡胤确实有着非同寻常的气度，既然如此，此人就值得自己一帮。赵普说："虽然如此，我有奇策，可助将军获胜。"赵普讲道："既然正常情况下，两军交战没有任何获胜的可能，那就必须不走寻常路，出奇兵击溃敌军。此时后周大败，南唐大胜，皇甫晖军队必然志得意满，觉得后周军队不敢进攻，在防御上有所懈怠。现在皇甫晖把军队大部分驻扎在清流关中，后方滁州屯积了大量的粮草辎重，兵力空虚。只要我们能够越过清流关，夺下滁州城，皇甫晖军队必然大乱，此时再回军和皇甫晖军作战，当可改变战局。"

赵普又讲到自己在此处生活多年，知道清流关下有一条山民采药走的隐秘小道，赵匡胤可以挑选一支精兵，从这条小路越过清流关，袭击滁州城，出其不意，拿下滁州城。

赵匡胤听后心中大喜，要求赵普引路，赵普欣然允诺。晚饭后，赵匡胤命令全军衔枚熄火，由赵普担任向导，赵匡胤率领军队突然出现在滁州城。赵匡胤军在和南唐军作战时抢夺了许多南唐军队的服装，此时换上，假扮回防军队，滁州守军疏于盘问，放赵匡胤军进入滁州城。

进入滁州之后，赵匡胤立刻斩杀守门军士，攻向滁州官衙。滁州守军根本没有想到赵匡胤竟然出现在滁州城内，大乱之际也来不及整顿兵马，只能胡乱在街巷之间作战。南唐军队仓促作战，编制打乱，又难以辨别谁才是真正的敌军，许多兵士自相残杀。赵匡胤顺利拿下滁州城。

皇甫晖等人大吃一惊，想立即退兵撤回滁州城，断桥自守，但为时已晚。皇甫晖只好请求赵匡胤说："我们是各自为了国君才打仗的，完全没有私仇，请你给我留点余地，让我布好阵势，再决雌雄，如何？"赵匡胤笑着答应了。皇甫晖整理好队伍，刚要发令反击，不料赵匡胤却抢在他的前头，俯身扣紧马脖子，降低身体高度，突然冲进唐军阵内，厉声叫道："我要抓皇甫晖，别人不是对手，赶快闪开！"

话音刚落，赵匡胤一剑击中皇甫晖的脑袋，伸手抓住衣领，提过来按在马鞍上，把唐军都惊呆了。南唐大将姚凤跃马出战，又被赵匡胤生擒，清流关守军随即投降。当皇甫晖被押送到周世宗大营，周世宗敬重皇甫晖，亲自为皇甫晖松绑。当问到滁州之战情况时，皇甫晖感慨颇多。他认为，自己带兵打仗前后数十年从无败绩，现在竟然被赵匡胤打败擒拿，看来是老天都在帮助赵匡胤，并非人力能够抵抗。

周世宗本来想劝降皇甫晖，可皇甫晖一心忠于南唐，对自己战败充满悔恨而无意投降，再加上伤势过重，不久之后死去。经过这番大战，赵匡胤的军事才能更为世人所知，并逐步成为后周第一名将。他每次临阵作战，总要将战马装饰得华丽威武，铠甲武器也都闪闪发光。

有人劝他："如此炫目耀眼，敌人一眼就看清楚，不是成了弓箭手的目标吗？"赵匡胤笑着说："我就是要让敌人注意，才好认真较量！"这话的确非同凡响。清流关大捷对赵匡胤固然重要，而最使他庆幸的是得到一位日后辅佐他的忠实谋臣——赵普。清流关大捷后，赵匡胤封他为军事判官。

周世宗率军亲征，听说扬州城中没有防备，便命令韩令坤、赵弘殷等人率军攻打扬州。由于当时南唐军队屡战屡败，已经毫无斗志，于是韩令坤仅仅派了几百名骑兵偷袭扬州。

当时武守琦率领数百名骑兵赶到扬州城下的时候，南唐的地方官员已经烧毁了扬州城内的所有房屋，并把全部城中居民悉数迁到了江南地区进行安置。所以，当韩令坤的军队占领扬州的时候，整个扬州城只剩下了十几个老弱病残，城内建筑和房屋也大多被焚毁，整个扬州城沦为一片焦土。扬州被占领后，泰州守将也开城投降，于是韩令坤又一路占领了泰州，受到了周世宗的嘉奖。

　　攻下扬州后，赵匡胤的父亲、时任后周马军副都指挥使的赵弘殷赶到寿州与周世宗会合。一个深夜里，刚刚经历鏖战易主的滁州城外，突然来了一支军队向城上的士兵喊话，要赵将军马上开城，说他的父亲到了。

　　赵匡胤惊疑不定，立即登城，他和父亲虽然同在一军，但是所属不同，很少有见面的机会。父亲这时突然间深夜出现，到底是真是假？

　　是真的，城下真的是他的父亲赵弘殷。赵弘殷本来跟着韩令坤去攻打扬州，可是半路上突然发病，只得返回来调养。在路上，他听到了赵匡胤夺得滁州的消息，故特意绕道来看他。赵匡胤一阵激动，兵凶战危，生死难料，突然间竟能和父亲在战场上重逢，这是多大的惊喜！但是他马上就控制住了自己，他现在不仅仅是父亲的儿子，更是皇帝陛下选派的滁州守将。经过再三思考，赵匡胤对父亲说："虽然我们父子情深，但儿子为大周守城，城门的开闭是王事，更为重要。城门开不得，按规定得等天亮才能开门。"赵弘殷本已抱病在身，又听了儿子这番绝情话，更生了一肚子气，但碍于"忠孝难以两全"的臣子之道，未敢发作，只好在城外等待天亮。就这样，身染重病的赵弘殷被儿子挡在了关外整整一夜，第二天清晨之后，赵匡胤才亲自把父亲迎进城去。但是赵弘殷的病情更加沉重了，已经不能再如期起程返回开封静养，只能留在滁州。赵弘殷在滁州养病，赵普朝夕侍奉药饵，赵弘殷于是以宗族的情分来对待他。赵匡胤经常与赵普交谈，觉得他很不寻常。

　　当时捕获盗贼一百多人，按律应当斩首。但是赵普怀疑其中有无辜的人，请赵匡胤讯问他们，后来得以存活的很多。赵匡胤以迅雷不及掩耳之势占领了滁州，这把整个江北战争的格局全给打乱了，南唐的咽喉重镇寿州已经完全孤立。这时候不管寿州城里的刘仁瞻还有无坚守不破的决心，其他人已开始对他绝望了。想想吧，以后周倾国之兵，加上后周皇帝亲临之威，再加上四境完全扫平的态势，还有什么理由再保持信心呢？

　　绝望的人中就包括了南唐的皇帝李璟。这时，李璟有些后悔了："真的是有些小看了柴荣啊，如果自己在战争的初期也御驾亲征呢，是

宋太祖赵匡胤传

不是就不会有现在的局面呢？"当然，这也仅仅是一种事后的叹息罢了。历史证明，南唐开疆拓土时期，李璟从来没有亲临过前线，与动不动就披坚执锐、亲自冲锋的柴荣比起来，他的品位很高，更像是一位运筹帷幄的高人，从来都不崇尚一刀一枪的匹夫蛮勇。

于是，在这个紧急的关头，他做了一件非常及时，而且绝对理智的事，其火候拿捏得恰到好处，不早不晚，让人没法儿不佩服。

李璟决定谈判，现在已经是谈判的最佳时间了。之前不行，因为形势还没有真正的恶劣，如果抢先和谈，马上就会涨敌人的威风，灭自己的士气，战局很可能会迅速恶化。但现在再等也绝对不行了，寿州还在手里，这就是谈判的筹码，如果寿州一旦丢了，柴荣就算是他的亲弟弟，都不会再搭理他。李璟先后派出两批使者带上重礼，拜见柴荣，要求讲和。第一批使者是南唐翰林学士钟谟、李德明，他们来到了寿州城下，代表南唐皇帝给柴荣带来了几句话：现在貌似你赢了啊，恭喜。但是战场上的变数实在是大，因此，我建议，基于打仗无非是为了找钱，我直接给你些钱，你拿钱走人，我们就当这些事都没有发生。怎么样？一般来说，按照五代十国这些年的惯例来看，柴荣就应该很高兴地答应了。真的，还能怎么样呢？难道你还真想就此一统天下不成？！小心做得过分，不如现在见好就收。

但是，后周世宗可绝不是为了一点钱。第一批使者不会说话，被扣留住；第二批使者由右仆射孙晟带领。当时，柴荣正在寿州城下，把唐军守将刘仁瞻围困得水泄不通，立即叫孙晟到城边喊话招降。

刘仁瞻看到朝廷的宰相来了，便全副武装，站在城门敬礼。孙晟仰面大呼："刘将军，我们都是唐朝的大臣，受到国君的厚恩，我来向周帝谈判讲和，跟你的责任不同。你是决不可以开门投降的！"

柴荣没料到孙晟竟然如此说话，十分愤怒。孙晟很冷静地说："我是唐室的宰相，岂能叫节度使投敌叛变？"柴荣觉得他的话很对，就作罢了。经过谈判，柴荣答应，只要李璟割让长江以北的土地，就许他在江南继续称帝，并且复信说："但存帝号，何爽岁寒！倘坚事大之心，终不迫人于险。"柴荣又说："俟诸郡之悉来，即大军之立罢。言尽于此，更不烦云；苟曰未未然，请从丝绝。"这话是说，许你保存帝号，我决不失信；只要你诚心归服而不三心二意，我是不会逼你的。等你把江北的地图交来，我即刻撤军。话已说清，你不同意，咱们就一刀两断，等着看我的家伙吧！南唐使臣回报李璟，建议答应后周条件求和。但是李璟深知一旦失去江北诸州，江南就会危险，所以犹豫不决。而大臣中的主战派则反对割地求和，劝说李璟杀死李德明，部署反攻。

李璟终于决定抵抗，任命皇弟齐王李景达为诸道兵马元帅，陈觉为监军，派出三路军队渡江北上，收复失地。不过，皇帝对自己的亲兄弟也不放心，所以李景达仅是南唐军名义上的主帅，实际主事的是陈觉。陈觉成事不足，败事有余，怎么可能挽救如此凶险的危局呢？

李景达知兵好武，可没有李璟那样的好风度，他才过长江，就派出了南唐右卫将军陆孟俊，第一战一举收复泰州，然后马上进逼扬州，一场血战，韩令坤竟然被迫后退，把扬州给丢了。这还了得？柴荣没有二话，他给了赵匡胤两千人马，这两千人有权可以斩杀任何后退逃跑的逃兵！赵匡胤进退两难了，君命难违，可是父亲又病成这个样子，他怎么能一走了之？何况父亲之所以病重，他也有脱不掉的干系。

这时候，赵普站了出来，他还是很平静地说："将军，请把令尊交给我，你放心地走吧。"赵匡胤只好如此，他深深地拜谢了赵普，火速启程赶赴扬州。这之后，赵普尽心服侍赵弘殷，直到战局变化，后周主动放弃了滁州，赵普又亲自护送赵弘殷回开封。但是一生劳碌征战的赵弘殷还是没能活着回到家乡。显德三年七月二十六日，赵弘殷去世。周世宗得知此事，感到赵匡胤如此忠于王室，非常感动。按古代丧礼，父母故，得免官守丧三年后才能复用，但周世宗为了重用赵匡胤，打破常规，在他守丧几天后，即由殿前都虞候擢升为匡国军节度使兼殿前都指挥使。另外，周世宗还追赠赵弘殷为武清军节度使、太尉。后来赵匡胤称帝后，追谥父亲赵弘殷为武昭皇帝，庙号宣祖，其墓称为安陵。赵弘殷死了，从此，赵家待赵普如宗亲，再也不把他当外人。

因军功不断高升

后周显德四年，赵匡胤随周世宗亲征淮南，拜为义成军节度使、检校太保，仍担任殿前都虞侯。因平定淮南有功，第二年又改领忠武节度使，一时可谓权倾天下。赵匡胤步步高升，与当时后周多次南征有关。

赵匡胤跟随周世宗南征途中，父亲患病，自己却因为要上前线，不能照顾父亲。自古忠孝不能两全，赵匡胤最终不得不离开父亲，抖擞精神，再上沙场，他赶到了韩令坤后撤的必经之路六合，然后宣布："扬州兵有敢过六合一步者，断其足！"

但是决然无情之外，他暗中派出了信使去警告韩令坤："你唯一的出路只有立即反攻，重夺扬州，不然就算我放过了你，皇帝那里你也过不去。至于南唐人，我就在六合，必要时，我可以帮你。"

驻兵六合，虎视天下，赵匡胤以为自己会是韩令坤的坚强后盾，却没有料到他已经首当其冲，变成了后周军队整个江北战局的一面盾牌，只有区区两千人马，却几乎要承受全部南唐援军的反攻！

李景达，南唐开国皇帝烈祖李昪第三子，先后封宣城王、鄂王、齐王，经常领元帅衔出兵征伐，为南唐皇室中第一军事强人。这次他领兵出征，已经是李璟败中求胜的最后一招。

李景达果然不负盛名，他渡过长江以后，一边命令陆孟俊强攻扬州，击败韩令坤，以震动后周；一边却悄悄地脱离了主战场，绕过了后周所有的人马直扑寿州。如果能突然出现在寿州城下，直接打击后周的神经中枢——柴荣，那是多么理想！但是他怎么也没想到，就像天意一样，他选择了六合这个地点作为他的迂回道路，而赵匡胤也偏偏选择了这里来完成柴荣交给他的使命。

就这样，极端幸运的赵匡胤比李景达先期到达了六合，但是他也极其不幸地发现，李景达带来的竟然有两万人，而且都是南唐军中千里挑一的精锐。怎么办？如果要退，相信没有人会就此责怪他，包括柴荣。因为人马对比悬殊，已经是十比一，并且最重要的是赵匡胤毫无准备，他只是带人迅速赶来执行战场纪律的，军需战备都没有带足，这与之前他主动进攻时完全两样。但是后退的话，李景达这支突然而至的大军就会改变整个江北的战局。要知道，现在还没有人知道有李景达这支军队的存在！怎么办？面对生死考验，赵匡胤下达了一连串让人瞠目结舌的命令。赵匡胤首先结寨，集结所有兵力，不分偏寨，不要呼应，不让敌人知道我们的兵力虚实；然后在营寨前竖立我赵匡胤的大旗，让南唐人知道挡住他们的是谁；而后赵匡胤开始了真正的冒险，他重新披坚执锐跃马出寨，在南唐军队前耀武扬威，旁若无人。

但是老天在上，这一次他没有主动冲到李景达面前大呼小叫，问一下南唐人到底谁有种没种。他所做的一切，都是为了制造假象，把李景达能拖多久就拖多久。而李景达真上当了，他此行的目的就在于偷袭，心态首先就没有摆正，而后他突然发现前方居然有后周军队在严阵以待，这就更让他吃惊。之后李景达就连连吃惊了，赵匡胤干的所有的事都让他摸不清虚实，但是赵匡胤是谁，都干了些什么，所有南唐人都知道了。

于是，李景达变得小心翼翼。他一直观察着、思考着，派人四面打探小心防备着，就这样，时间在分分秒秒地过去，他的耐心真是无可挑剔，他居然观察了四天！四天之后，李景达终于决定不再等了，他终于想清楚了一个问题。那就是他是来杀人打仗的，不管对方是柴荣，还是赵匡胤，都是他的敌人，都在他的打击之列！

李景达决定进攻，可是……再等等，我们还是要小心点，先试探着，千万不要太鲁莽冲动了，那样可不好……

于是进攻开始，由南唐元帅亲自率领的千里挑一的精兵们向赵匡胤的营寨发起了冲锋。客观地讲，那天他们真没有犯什么错误，他们列好队伍，举着刀枪，听命令，听指挥，稳扎稳打，一切都进行得非常正规和顺利。只是没有想到，突然间后周人像是集体被马蜂蜇了一样，从营寨里跳了出来，向他们疯狂冲击。李景达慌了，他没有想到试探的结果是试探出了一群疯子，他搞不懂，怎么会有人从战斗开始就不留余地全力冲击，这样很快就会后力不济、很容易就会全线崩溃，这是兵家大忌呀！但更让李景达搞不懂的是，他那些了不起的、本来准备去杀后周皇帝柴荣的勇士们，居然被这些犯了大忌、不懂战术的疯子打得落花流水！李景达当然不知道，这是赵匡胤倾全力的一击，如果不胜，后果就不堪设想！因为没有援军，没有后备，只有这些人马，必须一鼓而胜，绝没有第二次机会。

在这次的战斗中，赵匡胤用剑劈向了自己的士兵，他没有杀他们，只是把稍有后退的士兵的披甲劈出剑痕，事后有剑痕的立斩不饶。战场之上与战场之下的赵匡胤判若两人。李景达兵败如山倒，被卷在乱兵中仓皇撤退，好不容易逃到了江边，他的精兵们又不争气地开始自相残杀，只为能抢先登上逃命的渡船。两万精兵，有五千人被当场阵斩，剩下能逃过长江的，不过三千余众。

事后李景达和赵匡胤隔着长江，几乎都在后怕。赵匡胤知道自己又赢了，他又赌赢了一场生死之战。他不需要有人说他用兵如神。他不知道这样做的后果是怎样，但是他必须要这样做，尽力而为。赵匡胤不久在六合东面打败南唐齐王李景达，斩杀一万多人。

韩令坤打败南唐军队后，被周世宗任命为权知扬州军府事，当时的扬州城被南唐军队所毁，于是周世宗下令征发壮丁重新修筑新城，命令韩令坤为修城都部署，负责修建城池。

当时考虑到扬州城太大，城内建筑物都被烧毁，极为空虚，因此决定在故城东南隅修筑一小城。由于新修筑的城池与庞大的唐代扬州城相比，规模较小，因而被称为"周小城"。柴荣因为周军久攻寿州不下，就命人在涡口建造浮桥，准备渡河，与唐军主力决战。但毕竟出征数月，没有进行很好的休整宰相范质苦劝回京。这时，梅雨季节到了，江河和城壕的水都暴涨起来，柴荣只得退兵，回到开封。

周世宗第一次出征南唐，有得有失，不能说是成功。但此役充分显示了赵匡胤独立作战的统率指挥才能，柴荣越来越离不开他的这员猛将了。即使用兵中途父亲逝世，赵匡胤也没有得到一个守丧期，仅仅守丧三个月就被迫出征。从征淮南结束，不到三十岁的赵匡胤因功晋升为匡国节度使，兼殿前都指挥使。赵匡胤不仅身处权力中枢，还执掌军事要职，事业又走上了一个新的转折点。北宋仁宗时朝廷在滁州建造了一座端命殿，认为"应天顺人，启运立极"的太祖赵匡胤是"历仕于周，功业自此而成，王业自此而始"。可见，宋人充分认识到此战的意义。

周世宗带兵回京，把南唐的求和大使孙晟和钟谟也带走了。周世宗对待孙晟非常客气，每次集会，孙晟和钟谟总要坐在宰相的旁边。皇帝经常召见孙晟，一杯一杯地劝酒，问起南唐的国事。

孙晟避而不谈，总是用一句话搪塞："我们的国君敬畏陛下英明神武，侍奉大国是忠心实意的。"这种顽固态度引起皇帝的不满，命令都承旨曹翰把孙晟送入监狱。曹翰摆设酒宴，和孙晟共饮，然后质问他是不是有意掩护南唐主，存心为敌。孙晟始终不发一言，曹翰这才宣布："皇帝特地赐你一死！"孙晟早有思想准备，从容镇静地要求取回南唐带来的官服，穿戴整齐，向南方下拜："我没能完成任务，只有用生命来报答主公，非常遗憾，请皇帝见谅。"

孙晟走向曹翰："承旨公，请吧。"头也不回，直赴刑场，从行的百余人也同时被杀。钟谟即被贬为耀州司马。

过了些天，柴荣感到后悔，孙晟忠于故国本无罪，不该杀他，但已经迟了。柴荣又把钟谟召回，把他拜为卫尉少卿。

后周第一次征南，因为缺乏水军，故一直没有拿下寿州，令柴荣耿耿于怀。回京之后，着手修造战船，创办水军，又用南唐降卒教练周军水战战术，后周水军很快就可以媲美唐军了。柴荣迅即决定发动二征淮南的战役。周军后撤后，原先夺得的州县都被唐军收复。周军收缩兵力，集中攻打寿州。唐军接连取胜，甚至想北上与周军决战。

但南唐太师宋齐丘不主张攻打周军、招惹柴荣，希望周军知恩图报，主动解除对寿州的包围。李璟因此下令各地唐军据守不战。寿州守将刘仁瞻苦苦等候，也不见援军的影子。

寿州是江南门户，拿下它，淮南必不可守。南唐主帅齐王李景达虽率领五万大军增援，但他自六合之败后对后周军十分忌惮，再加上李璟有旨不战，所以更是乐得观战，进至距寿州两百里的濠州就止步不前。周世宗派勇将李重进包围寿州，刘仁瞻的情况变得危急起来。显德三年底，寿州被围已逾一年，早成孤城，城中粮竭兵疲，继续维持十分困难。唐军政令实出自监军使陈觉之手，陈觉拥兵自重，无意出战，将士唯唯，无人敢提驰援寿州之事，所以南唐军一直逗留不前。

后来唐主李璟知道等待周军后撤是一厢情愿，就一再催促援军前去解寿州之围。李景达于是派出许文稹等将领溯淮而上，增援寿州。另一个唐将朱元在收复外围的舒州、和州、蕲州后，也带兵抵近寿州。

第二年正月，唐军抵近寿州外围的紫金山，安营扎寨，已能与城内守军声气相通，却无法会师。为了给围城内的唐军输送给养，唐军修筑了十几里长的甬道，想突进城中，但又遭到后周寿州前线主将李重进袭击，功亏一篑。双方你来我往，陷入胶着状态。

寿州主将刘仁瞻率部死战，寿州城岿然不动。后周前抵诸将开始有了放弃的想法，朝中大臣持此议者也不在少数。柴荣虽有不甘，也犹豫未决。经过考虑，周世宗派宰相范质去询问前淮南道行营都统李毂。李毂洞悉底细，认为寿州已危在旦夕，只需御驾亲征，将士奋勇，敌兵破胆，寿州即可指日可破。柴荣决意再度亲征淮南。显德四年春天，赵匡胤再次跟随柴荣亲征淮南，并攻克连珠寨，周军士气大振。

　　南唐将李景达从濠州派救兵进至寿州城外紫金山上，结营寨十多座，并筑成通往寿州的甬道，接济城中粮食。为断绝寿州唐军外援，周世宗派殿前都点检张永德为前锋，攻占紫金山下南唐的先锋寨和山北寨，为皇帝本人驾临前线扫清道路。受命后的张永德与赵匡胤率领前锋至紫金山。在观察地形时，张永德发现唐军寨外有道高岗，可以俯瞰敌营，于是选择善射之人隐藏于高坡旁，准备伏击，同时派赵匡胤率军前往唐营叫阵。赵匡胤发兵佯攻敌军首个营寨，又假装战败溃逃，南唐军果然轻信，全军倾巢出击，张永德立刻登上高地，从隐藏之地飞驰突入敌人营寨，敌军失去营寨只得散去。第二天，张永德与赵匡胤又向第二座营寨进攻，周军鼓噪而进。不待攻击，丧失斗志的唐军即拼命逃跑。

　　后周军队向北门进攻，唐军便从南门逃窜。在击破敌人营寨的同时，赵匡胤决定采取中间突破的战法，切断甬道。南唐军自以为城内城外互相照应，可进可退，不料，后周军在赵匡胤的率领下突然涌入甬道突袭，斩南唐军首级三千，使其首尾不能相救。周军乘机攻破唐军费尽心力筑就的十几里甬道，彻底击碎了唐军解围寿州的希望。战败的南唐军沿河向东溃逃，柴荣率军乘胜追击二百余里。赵匡胤在寿州之战中又立下大功。此后，已经丧胆的唐军内讧不断，曾立下大功的朱元因受陈觉陷害，一怒之下投降后周，更进一步削弱了唐军的军力。

　　柴荣在第二天指挥水陆两军齐进，南唐军一败涂地，主帅李景达与监军使陈觉匆匆逃回金陵。这时，寿州已经被后周的军队围攻一年多，城里的粮食已尽。刘仁瞻请求调边镐来守城，自己带领军队跟敌人决战。齐王李景达不答应，刘仁瞻气得生病。刘仁瞻的儿子刘崇谏想投奔周军，深夜里偷驾一条小船，准备渡过淮河，不料被巡逻队抓住了。

　　刘仁瞻又怒又气，下令把儿子腰斩，部将都不敢出声。监军使周廷构地位最高，守在中军帐外，哭泣着求情，刘仁瞻不理睬。

刘仁瞻不答应。周廷构又派人去向刘夫人求救，刘夫人说："我对崇谏不是不疼爱啊，但是军法是不能徇私的，名节是不能亏损的。如果饶恕了他，那么刘家就会成为不忠的家庭，我和他父亲还有什么脸面去见将士们呢！"刘夫人感激周监军的关怀，又催促行刑的人执行腰斩命令。寿州城里的广大将士都感动得痛哭不止。后来，刘仁瞻身染重病，监军使周廷构代替主将起草降表，求见柴荣；并用囚车将曹澄等三个杀害了张永德之父的人送到了周世宗的行营里，意在求和，柴荣便下诏将这三人赐给了张永德，使其服法。

周世宗派人入城受降，刘仁瞻的长子刘崇让人把病危的父亲抬出城外谢罪。柴荣亲自到担架边执手慰问，表示由衷的敬佩，接着任命他为天平节度使兼中书令。诏令上写道："尽忠所事，抗节无亏；前代名臣，几人堪比！朕之伐叛，得尔为多。"这是对忠于故国的将军的最高评价：你为国家守城，大义凛然，品格完美。古代多少名臣大将，未必比得上你！我出兵讨伐南唐，得到你一人，就是最大的胜利。可惜诏书送到刘仁瞻床前时，他已人事不醒，当天便死了。

失去寿州和滁州后，南唐的淮河流域全部归属后周，南唐失去了争夺江北的跳板，从此国力渐弱。寿州之战后，柴荣命大军撤回汴京休整。显德四年五月，周世宗嘉奖有功将领，赵匡胤官拜义成军节度使、检校太保，继续担任殿前都指挥使。寿州之战后，南唐主李璟打足精神，重新部署了沿淮诸镇的防御，令陆上守将缮甲练兵、整修城池。唐军水师仍有较强的实力，一律屯泊要地，严密设防。两次南征，已证明唐军难与后周军抗衡。柴荣君臣未尝一日放下统一南唐的梦想，才过数月，中书舍人窦俨认为唐军势弱、唐政混乱，皇帝应发大军继续征唐。

柴荣深感有理，决定三度亲征。显德四年十月，柴荣发兵离汴，此次将首战目标定在濠州。南唐军在濠州城东十八里滩上设立营栅，旌旗招展，威风凛凛，满以为后周军没有水军、战舰，其阵三面临水，万无一失。十一月，周世宗分派诸将会攻濠州，赵匡胤任前锋。柴荣刚刚商议用骆驼摆渡军队时，而先锋赵匡胤已率先单骑横渡而过，他的骑兵也紧随他渡过了河。赵匡胤领骑兵截流而渡，焚南唐战舰七十多艘，攻破水寨，围困濠州。濠州刺史郭廷谓禀告周世宗说："臣不能守一州以抵抗王师，但是希望请命于南唐而后投降。"周世宗因此缓攻，郭廷谓派人向李璟请命，李璟同意他们投降，于是郭廷谓投降。

接着，赵匡胤又用缴获的南唐战舰乘胜进攻泗州。周军步骑数万，水陆并进，军士唱《檀来》歌，声音传到数十里远。在泗州，柴荣命赵匡胤攻城，赵匡胤身先士卒，率周军很快攻下泗州的附城月城，为最终拿下泗州城立下首功。南唐在清口驻屯军队，攻克泗州后，赵匡胤跟柴荣分兵两翼沿淮河东下，连夜追到山阳，发动对楚州的进攻。

交泰元年正月，周军攻楚州，守将张彦卿、郑昭业所守之城很坚固，攻城四十天没攻破。周世宗亲自督军挖地道进城焚烧、破坏城墙，张彦卿、郑昭业战死。南唐保义军节度使陈承昭率残兵东窜，柴荣带兵急追，命赵匡胤出战，他一下子就将陈承昭生擒过来，献给了柴荣，因而攻下楚州，周军很气愤，城内百姓几乎被杀尽。

周军又攻取海、泰、扬三州。赵匡胤乘胜进军，在迎銮江口打败南唐军，直抵南岸，烧毁南唐军营寨，又在瓜步攻破南唐军，平定淮南。

此役，赵匡胤率步骑兵与乘大舰走水路的柴荣配合，几乎全歼南唐淮上水军。南唐主李璟畏惧赵匡胤的威名，在柴荣那里使用离间计，派遣使臣送给赵匡胤一封信，馈赠三千两白银，以破坏周世宗对他的信任，诋毁赵匡胤在后周的声威。赵匡胤当众揭穿来者意图，收下银子存入内府，大得柴荣赞赏，柴荣从此更加信任赵匡胤。周世宗到迎銮镇以临长江，李璟知道不能支撑，但耻于自己屈身去掉名号，于是派陈觉奉表后周，请求传位给他的长子李弘冀而听命于后周。

沿淮用兵结束后，柴荣引军南下，在江口大破唐军长江水师，赵匡胤更率所部驾船攻过长江，烧毁驻军营栅后主动撤军。周军开始南征时，没有水战器具，不久屡败李璟的军队，获得水战士卒，于是造战舰数百艘，让投降士卒教周军水战，命王环率领下淮河。李璟的水军战败多次，淮河的战船都为周军所得。周军又造齐云船数百艘，周世宗到楚州北神堰，齐云船大，不能通过，于是开凿老鹳河连通，因此到达大江。

李璟起初自恃水战，以为周军不是对手，而且不能到长江。到陈觉奉命出使时，看到北周水师布列长江很雄壮，以为是自天而降，于是请求说："臣愿意回国取李璟的降表，将江北各州全部奉献，遵守条约。"

周世宗同意，这才赐书给李璟说："皇帝恭问江南国主。"慰劳李璟良苦而已。这时，扬、泰、滁、和、寿、濠、泗、楚、光、海等州已经为周所得，李璟于是献出庐、舒、蕲、黄四州，划长江为界。

五月，李璟下令去掉帝号，改称国主，史称南唐中主，使用后周年号，时为后周显德五年。南唐和后周划江而治，获得偏安江南的半独立地位。周撤兵后，李璟追赠刘仁瞻为太师，追封孙晟为鲁国公。周世宗遣送钟谟、冯延鲁回国。李璟又派钟谟等朝见京师，亲手写降表，称天地父母之恩不可报；又请下诏书如同藩镇，派钟谟当面陈述愿意传位给长子。周世宗派钟谟等回国，以优厚的诏书安慰李璟。李璟以钟谟为礼部侍郎、冯延鲁为户部侍郎。周世宗柴荣两年多时间里三次亲征，不仅迫使南唐称臣纳贡，还取得了南唐农业发达、物产富庶的江北十四州六十县地盘，增加户口二十二万六千余户，后周国力大增，为其施行北伐奠定了基础。当周世宗柴荣出兵江北攻打南唐李璟时，吴越王钱弘俶、荆南王高保融，为了向柴荣表示归服友好，都曾主动地派出军队，装作助阵的样子驻兵南唐边境，摆出进攻的架势。李璟投降之后，两位藩王也退兵回国，丝毫没有受到损失。不过，柴荣很通情理，嘉奖他们助战有功，派人带上礼物分头赏赐。吴越国是绢帛三万匹，荆南国是一万匹，真是皆大欢喜。事后，柴荣感到钱弘俶配合征讨的功劳很大，还要重赏，于是派曹彬当大使出使吴越。

曹彬，字国华，真定灵寿人，是郭威妃子郭氏的外甥。曹彬的父亲曹芸，任成德军节度都知兵马使。曹彬年满周岁时，他的父母把各种玩具摆放在桌子上，看他抓周取什么。曹彬左手拿干戈，右手抓俎豆，过一会儿又拿一方印，其他的不屑一顾，人们都感到惊异。年长后，禀性淳厚。后汉乾祐年间，曹彬出任成德军牙将。节度使武行德见他端重谨慎，指着他对身边的人说："这是有远大志向与才能的人，不是平常之流。"

后周太祖郭威的贵妃张氏，是曹彬的姨母。后周太祖受禅即皇帝位，召曹彬回京城。隶属后周世宗柴荣军中，跟从镇守澶渊，补任供奉官，升为河中都监。蒲州节度使王仁镐因为曹彬是皇帝的亲戚，对他特别礼遇。曹彬执礼越发恭敬，公府举行宴会时，整天态度端重，从不旁视。王仁镐对属吏们说："我自认为夙夜匪懈，看到监军矜严端重，才感觉自己的散慢啊。"曹彬凭借自己超强的自律，得到后周皇帝的赏识。显德三年，改任潼关监军，升为西上门合门使。

显德五年，曹彬奉命出使吴越，带上钢甲二百副，步兵铠甲五千套，各种武器一大批，用船运到杭州。这是很有分量的礼物。曹彬向吴越王交割完毕，立即乘船返回，一切私人的赠送都不接受。钱弘俶心想：天朝的使者送来重礼，我们竟然毫无表示，情理说不过去，将来的关系又怎么处理呢？于是派人驾着快船，装载大批珍宝，日夜兼程追赶，直到长江口才把曹彬追上，请他收下这点"礼物"。

曹彬好生为难：收吧，我从来就不跟外人拉拉扯扯，收受财礼；不收呢，人家又以为我在故意装出清廉正直的样子，沽名钓誉，弄不好还以为我是嫌礼物太轻呢。于是，他把每样东西都清点、登记，一律收下，运回开封，全部交给了皇帝。

周世宗当然也不会要，他说："过去的使臣到了人家那儿，找种种借口伸手要钱要物，甚至死乞白赖，得不到满足就挑毛病、找茬儿，很不要脸。各地的藩镇和官员，不仅咒骂使臣，连朝廷也看不起，难道一个国家尽养些贪污受贿的大臣吗？现在，你用实际行动做出榜样，改变腐败的风气，实在难得！不过，礼物是送给你的，当然都归你，我怎么能要呢？"

曹彬听了，十分感动，这才接受下来。但他并没拿回家里，当时就散发给亲朋故旧了。

宋太祖赵匡胤传

建立大宋

　　将士的兵变情绪很快就被煽动起来，这时赵匡胤的弟弟赵匡义和亲信赵普见时机成熟，便授意将士将一件事先准备好的黄袍披在赵匡胤身上，并跪倒在外面，高呼"万岁"！

　　赵匡胤夜里多喝了几杯，装作酒醉不醒，任由底下人做手脚。他一觉醒来，就听见驿馆外面人声鼎沸，呼喊着"请赵点检登基做皇帝"。他心里暗暗高兴，表面上却不露声色。

　　正在这时，房门"呼"的一下开了，从外面涌进许多人来，跪在地上高呼"万岁"。他装作不懂的样子看着大家，大家手指他身上的黄袍说："上苍所赐黄袍在你身上，你就是当今圣主，万不能推辞。"

　　赵匡胤却不着急，而且显出被迫的样子说："你们自贪富贵，立我为天子，能从我命则可，不然，我不能为若主矣。"

　　拥立者们一齐表示："唯命是听。"

　　赵匡胤就当众宣布：回开封后，对后周的太后和小皇帝不得惊犯，对后周的公卿不得侵凌，对朝市府库不得侵掠，服从命令者有赏，违反命令者族诛。

周世宗英年早逝

南征全面胜利后，周军班师回朝。赵匡胤在这次征战中，虽然功绩突出，但并不因功骄纵、盛气凌人、傲气十足。相反，他处事待人更加谦虚谨慎。后周军班师回京，周世宗赏淮南作战有功者，赵匡胤再度擢升更重要的官职，改领忠武军节度使，并同时兼任殿前都指挥使。

赵匡胤三次从征，战功赫赫，开始在后周军中赢得声望，也为其未来的称帝事业铺平了道路。三征淮南期间，赵匡胤不仅江湖义气豪迈依旧，还结交了一批文人雅士，并把一些这样的人收为心腹，如赵普、王仁赡等。后来，此二人分别成了大宋帝国的宰相、副宰相。

有了这些文士的辅佐，赵匡胤开始变得更有政治眼光。他本人也开始折节向学。赵匡胤破寿州城后，有人在周世宗柴荣跟前诽谤说："赵某在攻克寿州城后，掠取宝货甚多，装了好几车。"说得真真切切，不由柴荣不信，便立即派人去查看，翻箱倒箧，除搜出数千卷书外，并无金银宝货。周世宗惊讶、疑惑，召赵匡胤进宫问："卿正为朕任职将帅，扩张疆土，理当以治戎装磨刀剑为急务，怎么居然读起书来？"

赵匡胤叩头回答说："我没有奇谋可以帮助皇上，既受重任，常感到力不能胜。因此广购书籍，以广博见识，增加智谋。"柴荣解除误会，倍觉赵匡胤才是他的臂膀，从此更加器重。而赵匡胤更是利用战争的间隙，手不释卷，认真读书。读书增加了他的知识，开阔了他的视野，也对他后来的施政风格大有影响。后周显德五年夏暮秋初的一天下午，赵匡胤在家中与母亲杜氏一起逗自己的儿子德昭玩儿。这时，他的妻子贺氏已经在不久前去世，时年不到三十岁。

贺氏共为赵匡胤生了三子二女。长子赵德秀，次子赵德昭，三子赵德林。长女昭庆公主，次女延庆公主。赵德秀、赵德林早夭，只留下儿子德昭，但也是体弱多病。赵德昭是年八岁，正是招人喜爱的年龄。看见自己的儿子，赵匡胤就不禁想起自己的妻子贺氏，但与自己的儿子在一起玩耍，赵匡胤的心中依然是充满欢乐的。

忽然，一个太监匆匆忙忙地走进了赵匡胤的家，要赵匡胤立刻进宫见驾。赵匡胤答应一声，便跟着那太监走了。那太监将赵匡胤带进了宫，又将赵匡胤带进了柴荣的寝殿。看样子，柴荣召见赵匡胤，不仅有重要的事情，而且这事情还很机密。不然，缘何要赵匡胤到寝殿里见驾。然而，赵匡胤似乎想错了。见了赵匡胤，柴荣淡淡一笑道："赵匡胤，朕忽然想你了，所以就叫你来此让朕看上一眼。"

随着柴荣的话音，一个太监捧着酒、另一个太监端着菜走了进来。显然，这些酒菜都是事先准备好的。酒菜放在了柴荣和赵匡胤的面前。太监们退了出去。这君臣二人就边喝边聊了起来。虽然也聊到了北伐之事，但柴荣并无马上就去北伐之意；又聊到了后周各地方上的大事小情，可就是没有什么紧急的事。

于是，赵匡胤就暗自想："看来，皇上真的是想我了！"

然而，赵匡胤似乎又想错了。因为，柴荣聊着聊着忽然换了个话题："赵匡胤，你还记得朕在泗州时跟你说过的话吗？"

赵匡胤一怔："皇上在泗州时跟微臣说过很多话，微臣实在不知皇上指的是哪些话……"柴荣哈哈一笑道："朕在泗州城里曾对你说过，待降服了李唐，朕一定亲自为你续弦。现在，李璟已经臣服，朕总不能做一个言而无信之人吧？"赵匡胤不由得一阵激动。攻濠州、克泗州、向东征战的时候，赵匡胤是不会想起什么女人的，即便偶尔想起，也不会引发太大的难过，但回到家里就不一样了。

赵匡胤只顾在那儿想了，忘了跟柴荣说话了。柴荣问道："赵匡胤，你想起朕跟你说的这番话了吗？""想起来了！"赵匡胤慌忙说道，"皇上如此关怀微臣，微臣岂敢忘怀？"

"那就好。"柴荣点点头，"朕虽不敢自诩有多么的英明，但朕终归是一个守信之人。所以，朕对你说过的话，就一定要兑现！"

赵匡胤正要对柴荣表示感谢，柴荣紧接着又道："赵匡胤，朕虽然决定亲自为你续弦，但有一句话朕必须先跟你讲清楚。如果朕为你挑选了一个女人，你千万不要嫌朕挑选得不够美貌！"

赵匡胤慌忙道："皇上这是从何说起？只要是皇上挑选的女人，纵然丑如无盐，微臣也会欣然接受。更何况，皇上这么好的眼力，自然会为臣挑选一位美貌的女人为妻！""那好，"柴荣摆了摆手说，"朕今日召你的事情已经办完，你可以回家了，朕还有别的事情要办！"

赵匡胤冲着柴荣躬了躬身，慢慢地朝殿外退去。柴荣忽然道："赵匡胤，朕还有一句话要吩咐你！"

赵匡胤急忙停住了脚步。柴荣言道："你出宫之后，不许到别处去喝酒，当立即返回自己的家！记住，这是朕的口谕！"

既是口谕，赵匡胤就只得应了一声道："微臣遵旨！"如果不是柴荣的这句口谕，赵匡胤出宫以后说不定就会去找赵普等人喝酒去了，因为在柴荣的面前，虽然喝酒的时间较长，但没有喝过瘾。同样，如果没有柴荣的这句口谕，赵匡胤恐怕就忘了柴荣为何要急急召他入宫的事了，因为柴荣并未言明什么时候为他选妻，他赵匡胤就是再心急，也没有用。但是，柴荣说出那句口谕之后，赵匡胤就自然而然地又想起柴荣急急召他入宫的事来。

出宫以后，天早已黑透。赵匡胤一边往家走一边在苦苦地琢磨。等他走到家门之外时，他才终于明白柴荣为何要叫他立刻进宫、立即回家了。赵匡胤刚一走到家门外，那赵匡义就飞一样地迎了出来，压低嗓门儿叫道："大哥，新大嫂已在你房中候你多时了！"

原来，柴荣早已为赵匡胤相中了一个女人，这女人便是后周彰德军节度使王饶的三女儿王氏。只是因为赵匡胤原配贺氏才死去几个月，柴荣不便大明大亮地就把王氏赐予赵匡胤为妻，却又不想让赵匡胤独自而眠，故而，柴荣就想了这么一个方法：一面把那赵匡胤召入宫中叙谈，一面把那王氏送入赵匡胤家中。赵匡胤顿时就醒悟过来。这时，杜氏也迎出门外道："胤儿，为娘有话对你说。皇上传谕，此事不宜声张。待完婚之后，你备份厚礼到你岳父家表示谢意。"赵匡胤点头："孩儿谨遵母命！"又忍不住笑道："皇上这是想给我一个莫大的惊喜啊！"

看看，赵匡胤刚得新人便把旧人忘得一干二净了。还不仅如此呢，刚迈进家门，赵匡胤就凑在杜氏的耳边问道："娘，以你看来，孩儿的这位新夫人相貌如何？"杜氏回道："在为娘看来，你的这位新媳妇，虽不敢说有倾国之貌，却也当说有倾城之姿。只不过，为娘有为娘的看法，并不能代表胤儿你的看法。"

赵匡义一旁催道："大哥，快回房去吧，新大嫂都等急了！"

赵匡胤的两道目光马上就像两支利箭一般射在了赵匡义的脸上："匡义，今日是大哥我新婚，你在这里着什么急？你现在去通知你石大哥他们到家来，就说我请他们喝酒！"

当晚，赵匡胤与赵普、石守信等几位结交的好友坐在一起，开怀畅饮。酒至半酣，赵普清了一下嗓子，大声说："各位兄弟，今日是大将军新婚之夜，我等何忍与大将军比酒？我提议，请匡义兄弟送大将军入洞房，我等在此继续饮酒为大将军祝福，各位兄弟以为如何啊？"

石守信等一起叫"好"。赵匡胤站起了身，扫了一眼石守信、王审琦等说："你们听好了，我马上就入洞房了，但是，你们今晚如果不把军师的酒陪好，那么，下次打仗，我就不派你们上前线！"

赵匡胤带着浓浓的酒意，别了赵普等人，在母亲杜氏的注视下，一步一步地朝着卧房走去。虽然赵宅内外看不出什么喜庆的迹象，但赵匡胤的卧室内却充满着新婚的氛围。卧室里的一切，几乎全都是红色的，连蜡烛的光，也发着淡淡的红晕。

红色是很能让人想入非非的。然而，赵匡胤踏入卧室后，心中"咯噔"一下。那王氏已经躺在床上了，身子还盖得严严实实。

赵匡胤就不禁想："这女人太不识趣，新婚之夜，洞房花烛之时，新郎官未至，新娘子如何能先自睡去？"赵匡胤似乎生气了。不过，当他急步走到床边，他心中即使真的有气，那气至少也消去大半。原因是那王氏的面孔的确长得很美。赵匡胤自言自语："皇上果真好眼力。"赵匡胤端详了一会儿王氏的面孔后，就伸出大手，"呼"的一声，就将遮住王氏的那床被子掀得无影无踪。

倏然撞入赵匡胤眼帘的，是一个十七岁花季的少女的身体。在摇曳的烛光下，只见那王氏仅着一袭轻纱裤，胸前一抹水红肚兜，玲珑有致的曲线，白如凝脂的肌肤，还有那微微起伏的乳胸……赵匡胤有些把持不住了，他不由得坐在床边，有些痴迷地上下打量着王氏。

王氏躺在床上一直在假寐，她知道床边的人一定是自己的夫君。在赵匡胤掀开她的被子时，她不由得有些紧张，也更有些羞怯，情急之下，便只好继续假寐。谁知过了好一会儿，赵匡胤仍无动静，王氏有些纳闷：是夫君不喜欢自己，还是他已悄然走了？她睁开眼睛，四下一看，见一位英武健壮的男人正在凝视着自己的脸，她不由得"啊"了一声，用双手捂住了绯红的两颊。赵匡胤面对着如此鲜活俊俏的新娘子，正在沉醉于她的秀美之中，当王氏那双清澈的明眸如星光一般闪烁时，赵匡胤感到浑身有一股热流在奔涌。他抬手抚了抚王氏的脸蛋，问道："你怎么不与我说话呀？"王氏依旧闭着眼睛，低声道："老爷好！"因王氏是填房，地位比贺氏要低，所以她就称呼赵匡胤为"老爷"。"睁开眼睛。"赵匡胤命令道。

王氏听话地睁开了双眼，但目光仍不敢对视赵匡胤，只是怯怯地看着粉红的床幔。赵匡胤有些把持不住了，他一边脱着衣服，一边又问："你怎么不敢看着我，怕我吗？"王氏摇摇头，旋即又点点头。

"怕我什么？是不是怕我欺负你？"赵匡胤侧身躺在了王氏旁边。

王氏感到身边的人那么热，好像火一般烤炙着自己，仿佛她的身体也被烤热了一般。她不敢挪动身子，只是又闭上了眼睛。王氏只觉着脸上红一阵，心里跳一阵，不知自己该怎么办才好。就在她慌乱之中，感觉到赵匡胤一只大手穿过自己的后颈……

新婚之夜，当然是说不尽的缠绵。赵匡胤久旱逢甘霖，再加上年轻力壮，还有酒精的刺激，因此整整折腾了半宿，才抱着王氏昏昏入睡。

然而，第二天天刚亮，赵匡胤就醒了。长期的军旅生活，已经让他很难改变早起的习惯。他睁眼一看，王氏两颊绯红，偎在他的怀里睡得正香。赵匡胤又是一阵激情，与王氏又云雨一番，然后穿衣起床。

赵匡胤下了床之后，把手探到被子里，在她的身体上温存地摸了又摸，一边摸一边言道："夫人，我今日要去看望岳父大人了！"

王氏娇声言道："老爷早去早回。"赵匡胤一边朝房外走一边想，这女人倒也体贴温存。就这样，赵匡胤开始了一段新的婚姻生活。虽然他的名位渐高，但因做官廉洁，不时需要好友、殿前都点检张永德接济。这次续弦，张永德又赠送他几千匹帛。

然而，赵匡胤平静的生活没有过多久，战争就又开始了。显德六年，周世宗柴荣打算利用日渐雄厚的物力财力，转兵北伐契丹。

契丹是我国北方少数民族之一。中国北方早就是一些游牧民族的生存之地。汉有匈奴，魏晋以来鲜卑族崛起于北方。其中一支叫宇文部，原居住在今辽河上游，与另外两支鲜卑部落慕容部及段部鼎足而立。

至南北朝时期，宇文部为强大的慕容部击败，残余势力分成契丹和奚两部。这两个部族在北方少数民族迭次崛起的过程中，屡受大族欺负，也不被北朝政权重视。所以从北魏初期就逐渐内附，并与中原政权发生了更多交流，文明有所开化。

自唐朝建立后，契丹开始壮大。唐太宗贞观二年，它脱离突厥，归附唐朝，受到中央政府的关照。唐太宗在契丹人住地设置松漠都督府，酋长任都督并赐李姓。契丹族中的有勇力者在朝廷任官及为将者不乏其人。从唐中叶起，契丹族开始从纯粹的逐水草而居的游牧生活逐步向游牧与定居结合的生活方式转变，国家的意识也有所觉醒。唐末五代时期，耶律阿保机出现在契丹的政治舞台上，这是促成契丹崛起的大事件。阿保机利用唐末中央政府失势的时机，使契丹族势力迅速壮大。

阿保机是一个眼光超出传统契丹政治领袖的有雄才大略的人物。据说，他能说汉话，识汉文，并且懂书法。他的境内甚至开始吸引一些汉人生活。后梁贞明二年，阿保机诱杀另外七个契丹部落的酋长，建立了契丹国。从此，阿保机内事统一，外事开拓。先后征服突厥、吐谷浑、党项、沙陀等部族，统一了西北；又向东消灭了唐末以来称雄东北的渤海国，成为中国北方最大的帝国，势力向南已至中原北缘。

后唐建立后，阿保机连年攻掠李存勖控制的河东、河北的北部和辽西一带。不过，虽然辽军每次进入中原都有掳获，但军事上还没有占据上风。其御兵严明，令李存勖都赞叹不及。阿保机去世后，其子耶律德光继位，即辽太宗。这是辽帝国发展的又一个重要时期，尤其是利用五代各政权内乱之机，不断将触角深入中原。

在取得燕云十六州后，契丹人在地缘上完全取得了居高临下的优势，因此在与中原王朝对抗过程中立于不败之地，并成为当时亚洲范围内最强大的帝国。燕云十六州包括了今天北京、天津、河北西北部和山西大同周围的大部分土地，所辖的土地东西约六百公里，南北约二百公里，分布在长城南侧，全部面积差不多为十二万平方公里。其中的幽州，即今日之北京，后成为辽帝国的南京，地位极其重要。燕云十六州境内拥有当时中国东北部与北部地区最重要的险关要塞与天然屏障，这是华北平原面对北方军事压力唯一可以作为战略屏障的山地地区。十六州一割，契丹不仅很大程度上解决了财政收入的问题，更为重要的是，契丹的南线防御从原来的今唐山、丰宁、张家口、集宁、呼和浩特一线

宋太祖赵匡胤传

向前推进了一百多公里，辽国的边疆楔入了中原本土。

中原王朝不仅丧失大片的肥田沃土及城市人口，还使本地区的长城及其要塞完全失去作用，中国北方屏障尽失。重新划定的边防第一线，到当时的中国首都汴梁，即今天的河南开封，八百公里间，一马平川，整个中原门户洞开，使华北大平原全部暴露在北方游牧民族的铁蹄之下，辽军铁骑不须出境即可迫近中原。这一地区的丧失，使此后四百年间，中原王朝完全失去了军事上的战略主动地位。

石敬瑭割弃燕云，是真正的自毁长城之举。会同七年，辽太宗出兵，辽兵所过之处，方圆千里之内都被掳掠殆尽。至会同十年正月，迫使后晋出帝投降。辽太宗将所掳获后晋官员、仪仗、宫女、图书等尽数携带北归，队伍浩浩荡荡。后周建立以来，也屡遭契丹的威胁。契丹还成了北汉及南唐政权对抗后周的外援。南唐在失去江北十四州之后，江南之地也受后周威胁，他们暗地里派使臣北上联合契丹，欲行南北夹击，趁机收复自己的江北失地，并迫使后周放弃统一计划。

在这种情况下，柴荣被迫暂时放下江南，转而解除北方的心腹大患。否则，他不仅不能倾力南征，统一大业也会成为泡影。而一旦收复燕云十六州，南方的几个小国肯定可以不战而下，从而完成天下的统一。周世宗这样做还因为当时契丹国内政争不断，国力削弱。辽太宗死后，他的侄子即位，即辽世宗。但辽世宗继位不久，即在天禄五年被叛乱贵族所杀。帝位重回辽太宗之子、寿安王述律即辽穆宗耶律璟手中。

辽穆宗即位后，大力排挤前朝的老臣，有敢公开反对者或图谋叛逆的人，都遭到毫不客气的镇压。大臣们被禁止随便议论朝政，违反者要么贬官，要么罢官。之后，辽穆宗觉得天下安定、帝位无忧，就大肆纵酒游乐，一般都是通宵达旦；白天则昏睡不起，号称"睡王"；每次游猎，一定要尽兴而归，时间长达七昼夜。

辽穆宗如此作为，大臣人心浮动，甚至连国舅肖眉古得也决定出走后周，另一个汉族大臣宣政殿学士李澣则直接给在后周为官的哥哥李涛写信，建议后周对契丹用兵。这些情况令柴荣感觉收复北方失地的机会来了。后周显德六年，南征之后只进行了一年的休整，周世宗柴荣即决定亲自率军北征。三月，北方大地刚刚解冻，周世宗便率领亲兵踏上北伐的征途。此次北伐，柴荣先命义武节度使孙行友率军加强对定州一带的戒备，防止北汉出兵与辽联手；又命侍卫亲军都虞侯韩通为水陆军先锋，打通水陆道路。柴荣亲自率各路兵马于沧州誓师出征。后周大军在柴荣指挥下势如破竹。四月，契丹宁州刺史王洪开门出降。随后，周世宗调整部署，仍令韩通担任陆路都部署，赵匡胤则担任水路都部署，水路并进。后周军战舰如云，旌旗蔽空，舳舻相接。大军两天之内就抵达益津关。益津关位于今河北省霸州市，与瓦桥关、淤口关合称三关，乃唐朝所建，以防契丹。由于"三关"一带地势低洼，到处是河湖盐碱地，居民稀少，易为敌人所乘，在此设险，利于防守。

唐代末年，东北部的契丹已日渐强大起来。契丹屡屡南犯，所以"三关"一带时有战争。到了五代，契丹激烈向外扩张，三关更是战火不断。后唐同光二年，契丹悍然南侵，犯瓦桥关，竟屯兵不归。后来，石敬瑭乞兵于契丹，灭了后唐，建立后晋，把燕云十六州割让给契丹，瓦桥等三关便为契丹所有，成为契丹的国防前哨与要隘，地位极其重要。但因历来都是契丹贵族南下牧马，中原军队从无北伐之举，所以守将佟延辉毫无准备，只好举城投降。后周北伐的下一个目标直指瓦桥关。因水路不通，柴荣率军舍舟登陆，又令赵匡胤率前军直抵关前。

瓦桥关位于河北平原中部，因地属古瓦桥，以地为名。瓦桥关地处冀中大湖白洋淀之北，拒马河之南，居古代九河下游，河湖相连，水路交通便利。由瓦桥关向西，可至河北重镇保定，东可循拒马河下游大清河入海，北连冀北军事重镇幽州，南通冀中诸重镇，地位重要。赵匡胤用兵自有其独特之处，他任主将，一贯盔明甲亮，惹人眼目。部下嫌他显眼，他说自己就是要让敌军见识自己的威风。事实果然如此。

赵匡胤随柴荣北伐进军行至瓦桥关时，守将姚内斌闻知是赵将军来战，魂飞魄散，一矢未发，率领五百人开城门投降后周。

周世宗御驾移至瓦桥关，辽莫州刺史刘楚信及淤口关守将等都纷纷投降。正在此时，侍卫亲军都指挥使李重进与其他将领也都赶到阵前，后周大军越聚越多，将瀛州围成一座孤城，瀛州刺史高彦晖也弃城而降。周军所至如同秋风扫落叶，进军四十二天，兵不血刃，就一举收复三关失地及三州十七县，一万八千多户口。当地汉族百姓本来就不愿受异族统治，所以都箪食壶浆，以迎王师，场面十分感人。

谁知，周世宗在几天以后的进军途中却捡得一块木牌，长约二三尺，上题"点检做天子"五个大字。柴荣感到这件事十分奇怪。古人迷信，周世宗以为这是上天的旨意，于是马上想到自己的姐夫，时任禁军统帅的殿前都点检张永德。显然，这是有人在陷害张永德。张永德本人不可能有这样的举动，这时候周世宗年轻有为，深得人心，任谁也不可能打皇位的主意。张永德不可能找死！

不是张永德，这个是谁呢？"三尺木"的出现，极有可能是张永德的宿敌李重进所为。李重进，沧州人，五代时后周禁军统帅之一，太祖郭威第四姊福庆长公主之子。后周广顺元年，太祖郭威即位，以外甥李重进为内殿直都知，女婿张永德为内殿直小底四班都知；又升李重进为小底都指挥使，而以张永德接任内殿直都知。

第二年，郭威以李重进为大内都点检兼马步都军头，张永德为小底第一军都指挥使；后又以李重进为殿前都指挥使，张永德为殿前都虞候，掌管殿前亲军。五代时，都是以侍卫亲军司掌管中央禁军，所以侍卫司势力极大。后周太祖郭威就是从侍卫亲军司任上篡位的。为绝他人效仿之途，郭威在即位后，便创置殿前司，并任命外甥李重进为殿前都指挥使，来分散侍卫亲军司的权力。周太祖去世前，为防止身任侍卫亲军都指挥使的开国功臣王殷兵变，便设计处死了王殷；另行任命李重进为侍卫亲军都虞候，将女婿张永德升为殿前都指挥使，辅佐即将嗣位的柴荣。郭威临终前特命李重进向柴荣行君臣之礼，以免其觊觎皇位。

显德元年，世宗柴荣即位，以姑表兄李重进为侍卫亲军马步军都虞候，妹夫张永德接任殿前都指挥使，分掌侍卫亲军和殿前亲军。李重进、张永德本以姻亲之故，在数年间数次擢升，但后来都在战争中展现出过人的军事才能。在决定后周生死存亡的高平之战后，李重进以战功加使相衔，升侍卫亲军都指挥使，母福庆长公主追封燕国大长公主；而张永德以战功加检校太傅，授义成军节度使，妻寿安公主进封晋国长公主。此后，因在征讨北汉的高平之战中，侍卫亲军不战而溃，柴荣在战后大力整肃禁军，杀临阵脱逃的将军七十余人，又对兵员实行精简裁并，侍卫司总兵力降到六万人左右。与此同时，柴荣指令让赵匡胤选拔武艺高强及身手不凡者补充殿前司，殿前诸班一下子扩至三万人，但与侍卫司实力上的差距还很大。身居殿前都指挥使的张永德对手握重兵、身居侍卫亲军都指挥使的李重进也一直不服，不断有中伤李重进的言行，每逢宴请诸将，一定大曝李的短处，甚至曾借酒醉说李重进有谋反之意，还派使者进京告发李重进有反心。

虽然柴荣当时未见有什么表示，但他还是在不久后作出了一些体制上的重大调整。显德三年十二月征南过程中，柴荣设置了殿前都点检一职，位居殿前都指挥使之上，新职自然由原指挥使张永德担任，他的空缺又由赵匡胤来填补。至此，殿前都点检所统的殿前司在当时已成为职级、势力完全能与侍卫亲军司抗衡的禁军部门。职掌两个部门的李重进与张永德也成为在权位、声望方面均可互相抗衡的禁军最高指挥官。

在这种情况下，李重进心理失衡，以致挟嫌报复张永德的可能性更大。"三尺木"的出现，对张永德的杀伤力是很大的，张永德平时又用心结交下属，颇得人心。以他周太祖郭威的女婿身份，这就更不免令人生疑。柴荣看罢题字，不由得心里犯嘀咕，前代后晋的石敬瑭就是后唐的驸马，后来篡唐立晋，自称天子。张永德现在的地位和石敬瑭多么相似啊！罢除张永德的想法，总像鬼怪幽灵一样时时缠绕着他的心。对张永德欲罢不忍，欲留又怕，以致寝食难安。

而且，这时在君臣探讨下一步用兵计划时，发生了分歧。众将领对契丹铁骑素来忌惮，都大肆吹捧世宗取得的胜绩，希望见好就收。但周世宗意在长驱直入，直捣黄龙。柴荣说："二十年前晋高祖卖我膏腴险障之地，北虏乘势每每南侵，杀我百姓，抢我牛羊，谁能忍之？契丹虽强，但朕不怕。今日一定要挫一挫契丹人的威风！"于是调兵遣将继续向北，前锋甚至攻下了距离幽州仅一百二十里的固安。柴荣曾立下"十年开拓天下，十年养百姓，十年致太平"的宏愿，但他惯于事必躬亲，又即位四年五次征战，日夜操劳与鞍马劳顿损害了这位壮年天子的身体。

此次北征之前，他的身体已经不堪重负，呈现疲态，朝臣曾力劝他待身体恢复后再用兵，心高气傲的柴荣毫不犹豫地拒绝了。但四月七日，周世宗突然病情加重，倒了下来。柴荣的病情关乎"社稷安危、万民祸福"，因此也就有各种民间传说流传。据说，当时每天督战的柴荣偶尔登上了瓦桥关外的一座小山，开始还兴致勃勃，后来闻说此地历代相传叫病龙台，即默然不乐，匆匆上马离开，当晚就突感不适。

开始柴荣不以为意，只是卧床休息，还想病情一旦好转即刻攻占幽州。但幽州人从一开始即对周世宗驾临幽州不抱希望。他们说"因为天子姓柴，而古幽州称燕地，实"烟火"之谓。柴遇到火，显然是一个不利的征兆，怎么能成功呢？"至此，果然应验。

随征的大臣们苦苦劝说，柴荣也叹息说："朕本想为子孙荡定北患，没想到会病倒在此。只能回京静养，等待身体痊愈，再来北伐了。"他安排了得力人才镇守霸州、雄州，才启驾回京养病。

周世宗回京后，立即下诏免去姐夫张永德的点检一职，改任平时看上去老实厚道又曾立战功的赵匡胤为殿前都点检。周世宗这么做的原因是担心自己的姐夫张永德在禁军内外党羽众多，可能在将来危及儿子的帝位，而赵匡胤寒门行伍出身，应该没有篡位的可能。因为赵匡胤接替了张永德的位置，自然有人猜测是赵匡胤做了手脚，写了"三尺木"。更有人认为这是赵匡胤为自己将来称帝做准备。

以赵匡胤当时的身份地位，耍点手段，做点这样的手脚还是完全可能的。可是赵匡胤一直隶属殿前司，与张永德关系密切。而且，点检一职并不是非此即彼，张永德不干，也不一定就轮得着赵匡胤。再说此时的柴荣皇位稳固，年轻力壮，赵匡胤为自己夺权造势未免也太早了点。

柴荣刚刚去掉一块心病，他最倚重的后周重臣枢密使王朴却猝然去世。王朴在后周的地位，就像刘备的诸葛亮、苻坚的王猛。他长于雄辩，又有谋略，忠心不二。他的《平边策》可与诸葛亮的《隆中对》齐名。他与柴荣情气相投，谊同兄弟，君臣关系极佳。柴荣对王朴信任有加，每次出征，都让王朴坐镇后方。

据说，赵匡胤平素最畏服的一个人就是王朴。后来他当了皇帝，有次在功臣阁中看到王朴的画像，急忙整好衣冠，向画像行礼。侍从劝止说王朴是前朝臣下，不应行此大礼。但赵匡胤用手指着自己的龙袍说："王朴如不早死，朕肯定穿不上这件龙袍。"事实可能确实如此，王朴若是在世，赵匡胤就无法轻易夺得帝位。

柴荣听说王朴去世，赶到王宅，痛哭不已，导致病情更加严重。六月二日，柴荣的爱女又不幸夭折，柴荣伤心过度，病情更是急转直下，不得不开始考虑继嗣问题。

柴荣自知情况危险，召请大臣范质等人入宫接受顾命："王著是我多年的旧人，我若从此不起，就请他当宰相吧。"

柴荣共有七子，但三个年长的儿子在后汉隐帝末年内乱时被发狂的后汉隐帝所杀。此时，最大的柴宗训才七岁，世宗遂册立四子柴宗训为皇位继承人，封梁王，领左卫上将军，五子柴宗让为燕王，领左骁卫上将军。当然，罢免张永德也是此计划的一部分。

另外，又新册立了皇后。自原皇后、符彦卿之女符氏于显德三年去世后，后位一直空置。现在柴荣复立符皇后之妹为皇后，意图很明确，就是一方面可以由符皇后垂帘听政，另一方面也可利用外戚符彦卿的力量，巩固皇位。更为关键的托孤安排是对文武大臣的选择。柴荣托孤于宰相范质、王溥、魏仁浦三人，并命范、王参知枢密院事，魏仁浦兼枢密使，三相并掌军政大权，辅佐幼主。而且，以宰相兼枢密之职，实际上是制衡武人的一个措施。

而对手握重兵的武将，柴荣心存忌惮，并不信任。他除了将殿前都点检张永德免职之外，还将他外放澶州。李重进仍任侍卫亲军都指挥使，但令其领兵出京，赴河东一带备御北汉。

　　京城禁军由赵匡胤和侍卫马军副都指挥使、同平章事韩通统领，但继张永德之后担任都点检一职的赵匡胤只统率禁军，军令事务则交由韩通裁决。对赵匡胤的任命也反映出柴荣的这种心态，毕竟"点检做天子"的谶语言犹在耳，柴荣不能无动于衷。右拾遗杨徽之也上书柴荣，反映赵匡胤在士卒中很有威望，不宜典掌禁军。但柴荣环视周围，并无他人可用，赵匡胤虽素受他信任，他也不得不作防备，将处理军务之权交给韩通。周世宗柴荣对自己的身后事作了周密安排后，于十九日晚，因病去世，时年三十九岁。

　　柴荣抱负远大，壮志未酬、英年早逝是中国历史上的一大憾事。后周在短短的几年里，依赖太祖郭威与世宗柴荣两代贤明君主的励精图治，积累了强大的政治、经济和军事实力。两代雄主的治世抱负、思维与行事，极大地影响了赵匡胤。虽然周变为宋，但柴荣的事业却实实在在地为北宋时代的天下一统开启了征程。

赵匡胤建立大宋

显德六年六月癸巳日，周世宗去世，年仅七岁的柴宗训于六月甲午日，在周世宗灵柩前即皇帝位，即周恭帝。由于年纪太小，由宰相范质、王溥辅政。政局不稳，人心浮动，谣言四起。一些忠于后周的官吏，马上就敏锐地意识到动乱的根源十有八九要出在赵匡胤那里，指出赵匡胤不应再掌禁军，甚至有的人主张先发制人，及早将赵匡胤干掉。可周恭帝只是改任赵匡胤为归德军节度使、检校太尉。

此时，赵匡胤及其幕下心腹文武也在加紧活动。一个很明显的事实是，在周世宗去世后的半年里，禁军高级将领的安排，发生了对赵匡胤绝对有利的变动。先看殿前司系统，原来一直空缺的殿前副都点检一职，由慕容延钊出任，慕容延钊是赵匡胤的少年好友，关系非同一般。原来空缺的殿前都虞侯一职，则由王审琦担任，此人也是赵匡胤的布衣故交，与当时已经担任殿前都指挥使的石守信一样，都是赵匡胤势力圈子中的最核心人物。这样，整个殿前司系统的所有高级将领的职务，均由赵匡胤的人担任。

再看侍卫司系统。韩令坤升任一直空缺的侍卫都虞侯一职，其空出的侍卫与军都指挥使由高怀德出任；张令铎取代赵匡胤政敌袁彦提任的侍卫步军都指挥使一职。这样，在禁军的主级职务中，赵匡胤的亲朋好友就占了大多数。而余下的两位中，一个是侍卫司的马步军都指挥使李重进，但当时他正领兵驻守扬州。京城中实际只剩下副都指挥使韩通，但他势单力薄，自然无法与赵匡胤抗衡。这时，赵匡胤手下的大将趁机劝说他夺位登基，赵匡胤听了只是摇头，但也并未对这些劝进的人指责。

其实，赵匡胤认为时机尚不成熟，硬把皇位抢到手，难以控制局面，他在等待时机。后周显德七年正月初一，镇、定二州刺史在赵匡胤的授意下，向朝廷送来紧急战报，战报上说北汉与辽国结成联盟，合兵一处，向北周边境进犯，情况十分危急，请求朝廷出兵御敌。这时，后周朝廷正在举行每年一次的大礼，幼小的周恭帝哪懂得什么出兵打仗，当时主政的符太后也毫无主见，听说此事，茫然不知所措，只得召集大臣商讨对敌之策。这些大臣们不辨真假，他们只知道北汉和辽国势力强大，不好对付，必须派最得力的人率兵迎敌。

宰相范质也没有仔细考虑，只是建议说朝中大将唯赵匡胤才能解救危难。不料赵匡胤却托言兵少将寡，不能出战。范质只得给予赵匡胤最高军权，可以调动全国兵马。这样，由宰相范质提议，任命赵匡胤做了统领全军的大元帅，开赴前线抵抗。赵匡胤有了这一任命，就等于掌握了后周全国的兵权。他接受任命后，开始调兵遣将。

赵匡胤首先命自己的副手慕容延钊领前军为先锋，先行北上。调侍卫马军副指挥使高怀德、侍卫步军都指挥使张令铎及侍卫步军虎捷左厢、右厢都指挥使张光翰、赵彦徽随队出征。留下本部的殿前都指挥使石守信、殿前都虞侯王审琦协助老将韩通守护京城。这样的安排表面上看滴水不漏、无懈可击，实际上却大有深意。殿前司与侍卫司各自抽调了部分军马出征及留守，劳逸均衡，无人可以嚼舌头根子。

诸军部署完毕，回去各做出征准备，第二天出发。可是这一天对赵匡胤来说，实在有点漫长。汴京城里突然流言四起，那句"点检做天子"的谶语再度出现。敏感的人们担心改朝换代不免发生，人心惶惶，有些官宦及大户人家已做逃跑的打算。因为十年前郭威的叛军杀回开封，放纵军士烧杀掳掠，无数百姓家破人亡。这种种反常肯定都会反馈到当朝宰相及军权在握的韩通手中，令赵匡胤如坐针毡，在外不好发作，回到家里难免坐立不安，对家人也就恶言恶语。

传说赵匡胤的姐姐正在厨房，听了他的恶言恶语，面如铁色，举起擀面杖追着赵匡胤打："大丈夫遇事不能自己做主，跑回家吓唬女人算什么本事？"赵匡胤沉默不语。很难说，姐姐的言行是否让赵匡胤最终下了决心，但事实却是赵匡胤一步步走得越来越远了。或许，赵匡胤也并没有太多的选择，要么造反，要么被杀，确实只在一念之间。

赵匡胤素有大志，但即使这样，要争夺自己曾经的兄弟、朋友、恩人的儿子的江山，也是有道德压力的。他姐姐的举动，不过是变相督促他下定终极决心，否则，当断不断，不仅害己，也会贻害全家。最终，赵匡胤在度过短暂的道德困惑期后，下定了决心。赵匡胤当天上门拜访了韩通，以消除对方可能有的疑惑。赵匡胤基本达到了自己的目的。韩通的儿子曾经劝说他除掉赵匡胤，可是韩通没有采纳儿子的建议。韩通作为军事方面的最高领导人，不得不考虑大局。若是此举稍一不慎，枉杀主将，局势可能就会变得不可收拾。

当年，后汉隐帝因为无罪处死大臣，最终逼反了郭威。如今，只是因为潜在的威胁或是蛛丝马迹就处死重臣，恐怕会有重蹈覆辙的危险。另外，其他执政的几位宰相范质、王溥、魏仁浦在赵匡胤掌握兵权方面也是意见不统一。而且顾命大臣、宰相王溥实际上已经倒向赵匡胤了，一切局势都在赵匡胤一方的掌握之中。只待熬过这一天，军马一出京城，历史就完全改写了。这时，赵匡胤早已与弟弟赵匡义、谋臣赵普商量好了，借这次出兵的机会篡位夺权。正月初三日，赵匡胤统率大军，浩浩荡荡出了东京城，行军至陈桥驿。当时，大军刚离开不久，东京城内起了一阵谣传说："出军之日，当立点检为天子。"这个谣言不知是何人所传，但多数人不信，朝中文武百官也略知一二，已慌作一团。赵匡胤此时虽不在朝中，但东京城内所发生的一切他都了如指掌。周世宗在位时，他正是用此计使驸马张永德被免去了殿前都点检的职务而由自己接任。赵匡胤知道皇帝的心理，就怕自己的江山被人夺走，所以他们的疑心很重。这次故伎重施，是为了造成朝廷的慌乱，并使他的军队除了绝对听命于他以外别无他路。北周大军出了汴京，刚到离汴京二十里的陈桥驿，赵匡胤就下令就地安营扎寨休息。兵士们倒头就呼呼睡着了，一些将领却聚集在一起，悄悄商量兵变的事情。

这天晚上，兵变开始了。赵匡义、赵普两人暗中鼓动石守信、王审琦等人劝说赵匡胤自立。担心赵匡胤执意不从，他们就商量好一个计划。赵匡胤的弟弟赵光义和赵普到处散布"天上有两个太阳，正在搏斗"的谣言。还四处放风说："如今天子弱小，强敌入侵，国将难保，如果另立英主，国家和百姓就会转危为安了。"

"一日克一日"的说法就像长了翅膀，一会儿就传遍了整个军营。有人又说："皇上年纪那么小，我们拼死拼活去打仗，将来有谁知道我们的功劳，倒不如拥护赵点检做皇帝吧！"大伙听了，都赞成这个意见，就推选一名官员把这个意见先告诉赵匡义和赵普。那个官员到赵匡义那里，还没有把话说完，将领们已经闯了进来，亮出明晃晃的刀，嚷着说："我们已经商量定了，非请点检即位不可。"

赵匡义和赵普听了，暗暗高兴，一面叮嘱大家一定要安定军心，不要造成混乱，一面赶快派赵匡胤的亲信郭延斌秘密返回京城，通知留守在京城的大将石守信和王审琦守好京城内外大门。没多久，这消息就传遍了军营。将士们全起来了，大家闹哄哄地涌到赵匡胤住的驿馆，一直等到天色发白。将士的兵变情绪很快就被煽动起来，这时赵匡胤的弟弟赵匡义和亲信赵普见时机成熟，便授意将士将一件事先准备好的黄袍披在赵匡胤身上，并跪在地上，高呼"万岁"！

赵匡胤夜里多喝了几杯，装作酒醉不醒，任由底下人做手脚。他一觉醒来，就听见驿馆外面人声鼎沸，呼喊着"请赵点检登基做皇帝"。

他心里暗暗高兴，表面上却不露声色。

正在这时，房门"呼"的一下开了，从外面涌进许多人来，跪在地上高呼"万岁"。他装作不懂的样子看着大家，大家手指他身上的黄袍说："上苍所赐黄袍在你身上，你就是当今圣主，万不能推辞。"

赵匡胤却不着急，而是显出被迫的样子说："你们自贪富贵，立我为天子，能从我命则可，不然，我不能为若主矣。"

拥立者们一齐表示："唯命是听。"赵匡胤就当众宣布，回开封后，对后周的太后和小皇帝不得惊犯、对后周的公卿不得侵凌、对朝市府库不得侵掠，服从命令者有赏，违反命令者族诛。

众将齐声允诺，赵匡胤算是接受拥戴。赵匡胤一再与手下将士约法三章，不仅保证了政权过渡的平稳完成，而且也使他的起兵与五代旧军阀的兵变区别开来，为他道德有亏的攘夺天下增加了某些合法性。

得到三军将士全力拥戴的赵匡胤也不再客气，开始着手如何接手后周的江山。当务之急是稳定京城形势。他派出了两个手下回京。一个是亲将潘美，前去会见宰相及以下文武大臣，通报兵变事宜。另一个是门下幕僚楚昭辅，前往赵府报告赵母及家人，报告册立消息。赵匡胤自己则整顿三军兵马，回攻京城。潘美，字仲询，汉族，大名人，一说封丘人。父亲潘瞒，在常山当过军校。潘美年轻时风流倜傥，附属于府中典谒。潘美曾经对家乡人王密说："汉代将要结束了，奸臣恣肆行虐，天下有改朝换代的征兆。大丈夫不在这个时候建立功名、谋取富贵，碌碌无为与万物一并灭亡，真是羞耻啊。"正好周世宗柴荣任开封府尹，潘美任柴荣的侍从。柴荣即帝位后，补任潘美为供奉官。高平之战，潘美因为战功迁为西上阁门副使；后出任陕州监军，改任引进使。当柴荣准备用兵于陇、蜀二地时，命潘美统率永兴的屯兵管理西部战事。赵匡胤对潘美待遇很优厚，陈桥兵变以后，命令潘美先去见执政大臣，宣谕圣旨于中外。潘美受命之后，一路疾行，很快跑完了陈桥驿到开封的四十里地。

潘美进入开封的时候，后周君臣尚未退朝。潘美昂然上殿，从容地向后周君臣宣布，赵匡胤已经兵变称帝，正在回京途中。

宋太祖赵匡胤传

这时后周宰相范质、王溥、魏仁浦人才知道不辨军情真假就仓促遣将是上了大当。一时君臣愕然，不知所措。年轻新寡的符太后，除了抱怨三个顾命宰相、哭天抹泪一番以外，只好退朝回宫。范质只好嗫嚅着出去劝谕，也无什么良策。范质走下殿廷，握住王溥的手说："仓促遣将，是我们的罪啊！"指甲掐得王溥的手几乎要出血了。宰相王溥咬牙噤声，不能应对。宰相魏仁浦不甘心后周就这样被颠覆，他组织一部分朝臣要反抗，终因势单力薄，被镇压了下去。

手握兵权的侍卫新军都指挥使韩通，眼见几位宰相无所作为，即策马回营，分兵抵御。为了平叛，韩通立刻率兵前往殿前司，希望在那里能捉拿住赵匡胤的家人，以此来做平叛的筹码。听说赵匡胤的家人去了城内的定力寺上香，他又派出了另一队人马。

赵匡胤的大军也很快来到开封城外，但正对着陈桥驿方向的陈桥门守将，却是无论如何不肯开门。赵匡胤的大军只好绕行到封丘门进城。守备都城的主要禁军将领石守信、王审琦等人都是赵匡胤的结社兄弟，得悉兵变成功后便打开城门接应。大军进城，一路军纪严明，秋毫无犯。唯一的流血事件，发生在韩通身上。韩通率军进攻殿前司，受到早有准备的石守信的弓箭伺候，只好退走。韩通回军途中，碰到赵匡胤部下的殿前司军校王彦升。王彦升说新天子到了，命令韩通去接驾。

韩通不听，反骂王彦升等人贪图富贵，擅谋叛逆，气得王彦升带兵一顿冲击，杀散了韩通的手下，又冲到韩通家里，大杀一气，只把韩通的幼子韩琼及四个女儿留了下来。韩通的反抗，算是开封城内稍有力度的反抗行为。对于韩通，虽然赵匡胤在登基后予以厚赠厚葬，但却一直耿耿于怀。据说多年以后，赵匡胤偶到开宝寺，见寺中墙上画有韩通与其子韩微的画像，还急命手下将其涂去，可见其心里对此人一直心存芥蒂。五代时，改朝换代是家常便饭，所以会有长乐老冯道那样的人物。我们不能以平常的尽忠成仁的要求来看待他们。韩通也曾是后汉的高官，他虽有忠于周的晚节，但也曾背叛于汉。忠于此，叛于彼，实在是一笔糊涂账。赵匡胤回到京城时，有人跑来报告他的母亲杜氏说："点检已经做了皇帝。"杜氏说："我儿一向胸怀大志，现在果然如此。"

北宋建隆元年二月初五日，宋太祖尊母亲杜氏为皇太后。宋太祖在朝堂上礼拜太后杜氏，大臣们都向杜氏表示恭贺。杜氏郁郁不乐，有个文臣劝她说："臣听说过'母以子贵'，现在您的儿子做了皇帝，您为什么不高兴呢？"杜氏说："我听说'为君难'，皇帝位在亿万兆民之上，如果治国有方，则皇位可尊；一旦国家失去驾驭，即使想当匹夫也不可能，这是我所忧虑的啊！"宋太祖再次向杜氏拜道："我一定听从您的教导。"赵匡胤约法三章，开封城很快被拿下。士兵控制了各处官衙要害，市内各处安定如旧。赵匡胤效法当年郭威入京"先归私第"的旧例，将没有任务的士卒遣归营寨，自己也没有直接进入皇宫，而是首先回到了自己从前的殿前司官署，被石守信等人迎候进去。不久，军校罗彦瓌等人将一班朝臣范质、王溥、魏仁浦等裹胁而来。赵匡胤见了他们，不禁大倒苦水，呜咽哭泣，陈述拥戴被逼之状。他还说："我世受世宗厚恩，但受六军胁迫，走到此地步，确实是惭负天地，不知怎么办。"

范质当面质问赵匡胤说："先帝待您就像兄弟一样，现在他尸骨未寒，您怎么能这样做？"在一旁的赵匡胤之弟赵匡义泪流满面。赵匡胤一时不知所措，事先受赵匡胤指使充当打手的罗彦瓌立即挺剑上前，对范质比划着说："我们没有主上，今天必须得到一个天子。"赵匡胤叱骂罗彦瓌。显而易见，范质如不承认赵匡胤为帝，命运将如同韩通一样被杀死。宰相王溥第一个倒身下拜，承认了君臣名分。范质不得已也下拜称臣。赵匡胤则摆出礼敬的样子，下阶挽住两人，并承诺礼待旧天子，不负周室。由于罗彦瓌只是对范质等进行恐吓，迫使范质等承认赵匡胤为帝，没有做出过分的越轨行为，深得宋太祖的赏识。宋朝建立后，罗彦瓌立即连升数级，一跃而成为殿前司马军主力部队的指挥官控鹤左厢都指挥使。

范质见大势已去，反而主动督促赵匡胤行受禅之礼，他说："事已至此，就不要太仓促了，自古帝王有禅让之礼，现在可以举行了。"因而详细陈述。范质还说："太尉既然通过礼仪接受禅让，就应该侍奉太后如母，赡养少主如子，千万不要辜负先帝旧恩。"赵匡胤挥涕许诺，也因此对范质甚为敬重，继续以他为宰相。正月初四，赵匡胤在范质、王溥等百官的拥戴下登基，翰林学士陶谷拿出一篇事先准备好的禅代诏书，宣布柴宗训禅位。由于赵匡胤在后周任归德军节度使的藩镇所在地是宋州，于是以宋为国号，定都开封，建立了赵宋王朝，他就成了宋太祖。赵匡胤受禅后，降柴宗训为郑王、符太后为周太后，后符太后母子被迁往房州。北宋开宝六年，柴宗训逝世，终年二十岁，被谥为恭帝。

在北宋取代后周的过程中，因赵匡胤注意严肃军纪，一回开封就下令军队各归兵营，开封城中没有发生以往五代改朝换代时出现的那种烧杀抢掠的混乱局面，因而得到原后周大小官吏的支持。

北宋建立伊始，后周一些带重兵在外执行巡边使命的将领，如慕容延钊、韩令坤，都表示拥护宋太祖登皇帝位，只有盘踞潞州的昭义军节度使李筠及在扬州的淮南节度使李重进虽然不服，但也暂时表示服从。

陕州主将袁彦凶悍，信任奸佞小人，喜欢杀人贪财，赵匡胤怕他叛乱，专门派潘美监视他的军队，准备处置他。潘美一人骑马前去宣谕，认为天命既定，应当克守臣职，袁彦于是入朝。赵匡胤高兴地说："潘美不杀袁彦，能让他来觐见，实现了我的愿望啊。"

这场兵变，没有喋血宫门、伏尸遍野，更没有烽烟四起、兵连祸结，几乎是兵不血刃、市不易肆地就取得了改朝换代的成功，创造了不流血而建立一个大王朝的奇迹。人们一般以为这不过是兵权与实力威慑的结果，事实上，兵权、实力等这些绝对的优势，只能保证兵变的最终成功。至于以什么方式成功，则很大程度上有赖于决策者的谋划水平和政治见识，能够将大事化于无形，翻手为云、覆手为雨，这本身就充分地体现了赵匡胤的政治手段。

其中较为明显且直观的是兵变之际，赵匡胤曾数次严敕军士，不得剽劫，从而保证了兵变入城时的纪律严明、秋毫无犯，由此赢得了民心，"都城人心不摇，四方自然宁谧"。这与五代某些"纵兵大掠"的兵变相比，赵匡胤的"严敕军士"无疑表现出一种政治见识。

宋太祖平定叛乱

宋太祖赵匡胤传

　　北宋建隆元年，宋太祖当上皇帝没多久，就有昭义节度使李筠、平卢节度使李重进起兵造反。

　　李筠，初名荣，避周世宗柴荣名讳，改名筠，并州太原人。李筠自幼善骑射，能拉开百斤的硬弓，连发连中。后唐时应募入军伍，隶属后唐秦王李从荣麾下，后唐末帝清泰初年迁为控鹤指挥使。

　　李筠性格虽然暴躁，但是对他的母亲十分孝顺。每当发怒要杀人的时候，李筠的母亲一定在屏风后面呼唤李筠，李筠马上就到，他的母亲说："听说你要杀人了，可以宽恕吗？宽恕可以为我们李家积点德。"李筠马上就赦免将要被杀的人。

　　后晋出帝开运末年，契丹皇帝耶律德光率兵攻入汴京灭后晋。李筠被燕王赵延寿召为部将，不久即出谋联合晋军诸将击败契丹留守将领耶律解里的部队，收复镇州。此时，后汉高祖刘知远于晋阳称帝，李筠率部投奔晋阳，被任命为博州刺史。

后汉枢密使郭威出镇大名府，保举李筠为先锋指挥使，又为北面缘边巡检。后汉高祖乾祐三年，郭威叛汉攻入汴京，李筠与郭崇威随从作战，于留子陂击败后汉大将慕容彦超，建立功勋。

广顺元年，郭威革汉祚称帝，是为后周太祖。郭威论开国功绩，迁李筠为昭义军节度使、检校太傅、同平章事。

此后数年之间，后周世宗屡次与北汉构兵。李筠驻潞州，以奇兵屡破支援晋阳的辽军，因功加封兼侍中。从显德二年到六年，李筠连年与北汉作战，先后攻克辽州与长清寨等，俘获刺史、大将数百名。周世宗即位后，李筠因功荣进太尉。

后周恭帝二年，赵匡胤篡周称帝，建立宋朝，并安抚后周宿将，封李筠为中书令，要求李筠入朝。

李筠当时想拒绝受命，但被左右苦苦劝阻，李筠才迎接使节，安排酒席。但是，不一会儿，他就取出后周太祖皇帝郭威的画像挂在大厅墙壁上，对着画像哭泣不已。

新王朝建立，如果再继续思念旧王朝的一切，就表示是对新王朝的反对，李筠这样做，实际上是暗示来的使节，他反对赵匡胤。

李筠的部下看到这个场面，非常恐惧。于是告诉使节说："令公这是喝醉了才这样。希望你不要介意。"

李筠表面归附宋朝，实际上一心准备伐宋以报答后周。北汉皇帝刘钧听说这件事后，秘密派人用蜡丸封藏的书信约定李筠，准备同时出动军队攻击北宋。李筠的大儿子李守节哭着劝说李筠不要这样做，李筠不听。

宋使返汴后，诉报李筠行状。赵匡胤亲自写信安慰李筠，并提拔李守节为皇城使。李筠借这个机会，派李守节到朝廷察看政府的动向，李守节到达汴京后，赵匡胤在接见他的时候说："太子，你怎么会来这里？"

李守节十分惊讶，用头撞击地面，说道："陛下怎么会说我是太子？这肯定是有坏人陷害我和我父亲！"

赵匡胤说："我听说你几次劝你的父亲顺从朝廷，可是，你的父亲不听，所以派你来朝廷，是想让我杀掉你。你回去告诉你的父亲，我没有做皇帝的时候，他愿意做什么就做什么；现在我已经做了皇帝，他怎么就不能稍微让我一点呢？"

李守节飞马回到潞州，把这些话告诉李筠，李筠于是让部下撰写布告指控赵匡胤谋夺帝位的罪状。

建隆元年四月，李筠逮捕军队监军周光逊等，派遣牙将刘继冲等把周光逊送到北汉，并请求援助，又派遣军队袭击泽州，杀掉刺史张福，占领泽州。

李筠的从事闾丘仲卿建议："你以一支军队起兵反抗大宋王朝，形势非常危险，虽然北汉答应支援，但是也得不到太多的帮助。大梁军队强大，和他们交战，恐怕会失败。不如西下太行山，直接抵达怀州、孟州，堵塞虎牢关，占领洛邑，然后再向东方夺取天下，这才是最好的办法。"

李筠说："我是后周王朝的老一辈将领，和后周世宗皇帝柴荣如同兄弟，皇宫禁卫军的官兵，都是我很熟悉的人，一旦他们听说我的军队到了，肯定会响应我的行动，不要担心不会成功。"他没有采纳闾丘仲卿的建议。

李筠称臣北汉，讨伐赵宋，实在是政治上的下策。后周、北汉为五代时的世仇，在周汉之争时，李筠从来都是首当其冲，血战多年。北汉虽然在名义上支援李筠，接纳其为臣，实际上只是希望他与赵宋火并，坐收渔人之利，所以派遣的援军均为寡弱之伍。

赵宋取代后周，是天下大势。李筠背宋投汉，虽然是为报效后周，但后周已灭，周汉世仇并未化解。李筠之行，却给了赵宋讨伐叛将的把柄。

如果听从丘仲卿的话，李筠与赵宋之争乃反对赵家篡周，号召天下，名正言顺，这样也容易团结后周反宋势力，陷赵宋于孤立。政治路线上的失误，必然导致军事上的被动。

刘均不听忠言，派遣内园使李弼携带诏书、金银绸缎、良马赏赐给李筠，李筠随即派遣刘继冲到晋阳，请求刘均出动军队南下，自己为前锋。

刘均又同样通知辽朝，可是辽朝的军队还没有集结，无法出兵。刘继冲告诉刘均，李筠希望不要辽朝的帮助。

刘均立即举行阅兵式，发动全国的军队。准备从团柏谷南下攻击北宋王朝。北汉的官员在汾水河边设宴饯行，左仆射赵华劝告刘均说："李筠这个人，做事情非常轻率，对宋朝的军事行动，我估计一定不能成功，可是陛下您却发动全国的力量支持，我看不到胜利的希望。"刘均没有接受。

刘均率领北汉军到达太平驿，李筠亲自迎接，刘均对李筠赞拜不名，坐的座位在宰相卫融的上面，封他为西平王。

可是，李筠看到刘均的仪仗队和卫队人数少，而且懦弱，心里面很后悔和这样的国家结盟，又告诉别人说自己深受后周王朝的恩惠，不忍心辜负后周王朝。但是，北汉和后周有世仇，刘均听到李筠的这些话，也不高兴。

李筠即将回到潞州，刘均派遣宣徽使卢赞作为李筠的监军官，李筠更加不高兴。卢赞有次面见李筠，和他商量事情，李筠对他不理不睬，卢赞很生气，一甩衣袖就离开了。刘均听说卢赞和李筠之间有矛盾，于是派遣卫融到军营中调解。李筠留下李守节守卫上党，自己率兵南征。

赵匡胤见李筠投汉，兵起仓促，于是高举讨伐叛逆之旗。能否平定反叛，直接关系着大宋王朝政权的巩固。一旦失手，后患无穷。因此，赵匡胤非常重视，他先遣爱将石守信、高怀德举兵西上，并亲自传授谋略："勿纵筠下太行，急进师，扼其隘，破之必矣！"

赵匡胤又委任慕容延钊北击长平，以奇兵偷袭，形成钳形夹击之势；而后亲率大军，御驾亲征。就军事力量而言，以李筠一州之兵，与赵宋举国全力，形同以卵击石。

从政治上讲，赵宋代周伐叛，名正言顺；而李筠投靠北汉，实为叛军，战事未开，败势已成。实实在在的反对赵氏篡周之役，却变成了投汉叛逆被伐之战，李筠在政治上、军事上均处劣势，危在旦夕。

赵匡胤自命石守信、高怀德进讨李筠，又遣慕容延钊、王全斌出兵东路，两面夹击以后，亲自统率御林军向前进发。

途中接到前军捷报，高怀德与石守信兵抵长平，大胜李筠，斩首三千余级，贼兵望风而遁；现在石守信与高怀德已率兵追赶，直攻大会寨了。

宋太祖闻报大喜说："有此一捷，贼人锐气已挫，见了官军，心惊胆战。大会寨虽然陡峻，但已有慕容延钊、王全斌前往夹击，想也不难破了。"说罢，催军前进，以便接应前锋军队。

果然不出太祖所料，又接到石守信、高怀德夺取大会寨的报告。太祖更加喜悦，便传来人入帐，亲自垂问攻战情形，来人细述一遍。太祖方知石守信自长平获胜之后，便与高怀德商议道："慕容延钊与王全斌已绕道直捣泽州，我等宜速速前往接应。"

高怀德点头说："元帅之言不差，我们从速进兵，不可迟缓。"当即传令拔营前进，直薄大会寨。那大会寨，倚山为固，势极险要，大有"一夫当关，万夫莫开"的态势。

李筠自长平战败，知道锐气已坠，便收集了败残人马，紧紧守住大会寨，不敢和宋兵交战。石守信见李筠坚守不出，便鼓励士卒，悉锐往攻，接连猛扑数次，都被寨中发出的矢石打了回来，非但不能攻入寨内，反倒伤损了好些士卒。

高怀德不胜愤怒，打算亲冒矢石引兵攻打。石守信却拦住他说："将军休要发怒。王全斌的兵马若至泽州，寨内得了消息，必然惊慌。待他军心一乱，便容易攻打了。"高怀德听了此言，只得忿忿地收兵回营。

到了第二天，再去攻打，寨内依然飞箭如蝗，滚木炮石相继落下，军士不能上前，哪里攻得破？只得又收兵回营。

接连数日，总是攻它不下。高怀德便与石守信说道："寨中坚守如故，并无惊慌之意，难道王全斌的人马，还没有到泽州么？"

石守信说："这也难以预料，我们不管王全斌到与不到，且设计攻破此寨，再说旁的事情。"

高怀德说："他坚守不出，如何攻得破呢？"

石守信说："李筠为人，刚愎自用，使性负气，不能忍耐。明日将军同王景，率兵直抵关前搦战，揭其弱点，辱骂一场，必将李筠激怒，开寨出战。我与罗彦瓌，左右埋伏；将军诈败，诱他追赶。伏兵齐起，两下夹攻，此寨不难破矣。"

高怀德闻言大喜，第二天便与王景带领人马，直抵寨前，排开阵势，大声辱骂道："李筠逆贼，被本爷杀得不敢出头，如鼠子一般躲在寨中，若敢出来与本爷战三百回合，方是英雄。"

高怀德与军士齐声辱骂。李筠听了哪里忍受得住，便披挂上马，率领精卒，冲出寨来与高怀德交战。

高怀德也不答话，抢刀便砍。李筠用枪架住，两人大战二十余回合，不分胜败。

宋阵上王景一马飞出，大呼："高将军且自歇息，待我来杀这逆贼。"说着，举刀跃马，来战李筠。怀德回马，立于旗门之下，瞧他两人厮杀。

李筠见王景前来，更加愤怒，奋枪直刺；王景用刀架开，回手砍来。李筠也隔开了，一枪向王景肋下就刺。王景将马一带，闪过了枪，一刀往李筠当头直劈。两人搭上手，也战了二十余回合。

王景假作力乏，虚砍一刀，回马败走。高怀德又勒马出阵，让过王景，故意缠住李筠，奋力迎战。

李筠杀得性起，大叫："你们两人一齐上来，我也不惧。"说着，那条枪舞得如梨花一般，十分勇猛。

高怀德渐渐抵挡不住，王景拍马上前助战。那卢赞、伟融，在寨上见宋朝将军双战李筠，唯恐有失，便带了寨兵飞马而出，帮助李筠力战宋将。

高怀德、王景双战李筠，尚难取胜，又添了卢赞、伟融，如何抵挡得住？两人只得勒马而走。宋军见主将退走，也就一齐向后奔逃。

李筠见已得胜，哪里肯放宋军逃生，挥兵紧紧追赶；怀德、王景带了败兵，只管奔走。李筠同卢赞、伟融，奋力追杀，直杀得宋军弃甲抛戈、奔避不及。

追了有六七里路，忽听一声炮响，石守信、罗彦瓌两支伏兵，分左右杀出，将敌兵冲成两截。李筠方知中计，正要回身迎敌，那高怀德、王景又回兵杀来，两下夹击。

李筠吓得几乎落马，同卢赞、伟融拼命杀出重围，带了手下的败兵向寨中奔去。哪知刚到寨前，已见寨上竖了大宋的赤帜，早有一员金盔大将领着宋兵从寨中杀出，拦住去路。

此时把个李筠弄得不知所措，只得大吼一声，向西北角上遁去。那将也不追赶，便迎接石守信等进寨。

你道这员大将是谁？原来他就是王全斌。他同慕容延钊本要潜赴泽州，却因沿路多是高山、羊肠小径，崎岖异常，深恐孤军深入，误了大事，所以和慕容延钊商议，半途回兵，绕向大会寨，来会石守信。

恰巧石守信用诱敌计把李筠引诱出寨，卢赞、伟融又集起寨内精卒帮着李筠追杀宋军，只留些老弱残兵守寨。

王全斌便趁势袭了大会寨，闻得李筠败回，便留慕容延钊守寨，独自率领人马出寨阻挡李筠。这时与石守信等会合入寨，说明袭寨情由，彼此大喜。

石守信便遣人至御营报告，太祖问了备细，龙颜大悦，传旨即日拔寨，向前进发，不日将抵大会寨。

石守信闻知宋太祖御驾将至，便率领众将，出寨十里迎接。太祖慰劳一番，即由众将拥护入寨，驻跸一宵。

第二天，宋太祖下旨，进取泽州。途中山岭复杂，乱石嵯峨，甚是难行。太祖亲自下骑，先负数石而行。众将见太祖亲自负石，哪敢怠慢！便各个争先去负大石，士卒随之，顷刻之间，将一条崎岖山路平为大道，军队欢呼行进，十分迅速。

　　将近泽州，见有数座敌寨控制要隘，阻住宋兵，不得前进。原来李筠自大会寨失守，领了数十骑逃奔泽州，半路上遇到卢赞、伟融，会合一处，他问道："大会寨已失，宋兵必然直逼泽州，倘若泽州也失，如何是好？"

　　卢赞、伟融面面相觑，不知所措。最后李筠建议说："现在别无他策，只有择险扼守，使宋兵不能逼近泽州，待他军心稍懈，然后设计破之。"两人听了，齐声称是。

　　李筠立刻调取精兵，严防据守各处要隘，扎下数座大营，互相联络，声势倒也不弱。

　　宋兵到来，被李筠的大营阻住，不能前进。太祖便命择地安营，亲自策骑，观看李筠的营寨，却向众将笑道："李筠竖子，深恐我军进逼泽州，不能保守，所以扼住要隘，阻我前进。现在只要攻破他的营寨，泽州守兵，便可望风瓦解，不难唾手而得矣。"当下便传令进攻。

　　李筠与卢赞并马出营，迎战宋军。宋军这里慕容延钊、高怀德两骑马飞出阵来，向前厮杀。

　　李筠拦住延钊，卢赞拦住怀德，四骑马，八条臂膊，杀在一处，拼命相争，搅作一团，盘旋不已。两边阵上的将官见这四个人杀得难解难分，都看得呆了。

　　却见高怀德杀得性起，大喝一声，手起刀落，将卢赞斩于马下。他正要割取首级回营报功，忽闻敌阵有人大喊："高怀德不得猖獗，我来取你的狗命！"

　　高怀德抬头看时，乃是河阳节度范守图，他同李筠通同一气，一同谋反，见怀德斩了卢赞，心下气愤不过，飞马出阵与怀德交战。

　　高怀德大骂："范守图背君鼠子，谋反逆贼。圣上不曾亏待于你，胆敢跟随李筠一同造反，今已死到临头，还敢口出大言，不要走，吃我一刀！"举刀直向顶门砍去。

范守图被高怀德骂得暴跳如雷，也举刀相迎。宋阵上王全斌已看了多时，便拍马舞枪，前来帮助高怀德，双战守图。守图手忙脚乱，一个破绽，被高怀德拖住甲绦，活擒下马，掷向阵前。小兵一拥而上，捆捉而去。

李筠见连失两将，不敢恋战，便抛了延钊，与伟融一同逃进泽州。宋军追至城下，四面围攻，早有都校马全义，率领敢死士数十人爬上城墙，城内立即大乱起来。李筠闻得儋珪逃走，宋兵已经上城，直急得手足无措、面容失色。

李筠的爱姜刘氏，随侍军中，对李筠说："事急矣，令公速速备马，逃出城去，返守潞州，还可背城一战，不致束手就擒。"

李筠听了，尚在犹豫未决。左右道："令公一至城门，部下或劫公出降，以图富贵，那时悔之晚矣。"

李筠叹道："我本自誓，以死报周。今已势穷力尽，舍一死外，尚有何法？"即命左右，取薪自焚。刘氏也要一起死，李筠忙阻止道："你已怀孕，倘得生男，或可为我复仇，快快逃生去吧。"

刘氏号泣而去。李筠便命纵火，顷刻之间，火随风势，烈焰飞腾，红光耀眼。李筠已化成飞灰了。

李筠既死，守兵尽皆逃散。马全义斫开城门，放进宋兵。王全斌首先冲入，恰遇伟融，匹马逃奔，当即喝道："休走！"将伟融擒下了马，命小卒捆绑起来，其余兵将，被杀的被杀，投降的投降。

宋太祖御驾入城，首命救灭余火，出榜安抚百姓。这夜太祖便在泽州安息，到了第二天，传旨各营拔寨起程，进取潞州。那潞州的李守节得了情报，不觉大惊，想要求救于汉主刘钧，一时间来不及，无奈之下，只好投降。

太祖在潞州休息了数日，方才回京，朝见群臣。那班臣子，又免不得粉饰太平，讴歌颂扬起来。太祖也以为平定泽潞，其他藩镇有所儆戒，必不敢胡作非为了。哪知过了数日，有南唐使臣入朝，赍表贺平泽潞，并附淮南节度使一封密书，进呈御览。

太祖展开观看，见书上写道："周淮南节度使李重进，奉书南唐主麾下，重进周室之懿亲，藩镇之旧臣，世受先帝深恩，不忍背负，今将举兵入汴，乞大王援助一旅之师，联镳齐进，声罪致讨。若幸得成功，重进当拱手听命，还爵朝廷，少效臣节于万一，宁敢穷兵黩武哉。惟大王垂谅焉！"

太祖看罢这书，勃然变色道："重进胆敢谋反么？朕即位之后，因其是藩镇重臣，特命陈思诲前去抚慰他，并赐以铁券，可谓恩至义尽了。如今思诲还没回来复旨，他却潜结南唐，居然要举兵入汴，这等逆贼，安得不加天讨？"

一面又慰谕唐使道："汝主竭诚事朕，朕心甚慰。汝可回去传语汝主，守住要隘，勿令逆兵侵入，朕即日便要发兵平淮了。"唐使领命去了。

对于李重进的谋反，其实赵匡胤早已知晓。宋太祖即位后，曾命令韩令坤代替李重进，将李重进移镇至青州，李重进非常害怕，不想调动。

这时，李筠举兵讨宋的消息传到扬州，重进大喜道："趁此时机，正可与潞州联络进行。"特遣亲吏翟守珣往潞州联盟。

哪知翟守珣早已看出宋朝乃天之所命，李筠与李重进不知天命，定要败亡。而且翟守珣与赵匡胤早就认识，于是他未往潞州，却偷偷进入京师，求见太祖。

宋太祖传见，问明情由，便对翟守珣说："重进之心，无非怕朕加罪，朕今赐以铁券，誓不相负，他能见信么？"

翟守珣说："臣料重进，终有异志，愿陛下预为防备。"

宋太祖点头说："朕与卿相识有年，今卿特将此消息报告朕躬，可谓不负故交了。但朕欲亲征潞州，恐重进乘虚掩袭，很是掣肘，烦卿归劝重进，令其缓发，休使二凶并作，分我兵势。待朕讨平潞州，再征重进，那就易于对付了。"

翟守珣唯唯遵命。太祖厚赐守珣，令归扬州。翟守珣回到扬州，面见重进，捏造一派谎话，诋毁李筠不足与谋事，李重进果然中计，错失良机。

宋太祖北征的时候，恐怕李重进掩袭后路，欲安其心，特遣六宅使陈思诲赍了诏命，赐重进铁券。铁券是我国古代皇帝赐给功臣、重臣的一种带有奖赏和盟约性质的凭证，也是允其世代享有优厚待遇及免死罪的一种特别信用，也叫免死券。

李重进留住陈思诲，只说待太祖回汴，一同入朝，其实是观察局势。后来听说宋太祖果真平了李筠，班师返汴，无奈之下，只好整理行装，准备随着陈思诲一同入朝。

这时，李重进的部将向美、湛敬等人却说："令公乃周室懿亲，总不免见忌宋主，此番入朝，适中调虎离山之计了。令公此去，如鸟入樊笼，只恐性命难保。"

李重进说："我不入朝，倘若宋主见怪，又当如何？"

向美、湛敬等人提议联合南唐，共同反宋，没想到南唐后主却将消息透露给了宋太祖。

赵匡胤平定了李筠后，本来想观察李重进一段时间，看他的态度是不是有所变化。得到南唐情报后，他立即命令石守信、王审琦、李处耘、宋偓四员大将分领人马，先行进讨；自己御驾率领禁兵随后出发，仍命光义代理政事，部署六官。

李重进不是宋太祖的对手。十月，太祖亲征，十一月，大军就到达扬州城下，即日入城，李重进举家自焚。

宋太祖在不到半年的时间里先后击败李筠和李重进，使得一些势力较小、又对赵匡胤代周不满的地方藩镇更感到无力与中央抗衡，也只得表示屈服。这样，北宋在原后周统治区已基本上稳定了局势。

太祖设宴夺兵权

宋太祖亲自出征，平定了叛乱。回京后，他心里总是不大踏实，感到皇帝不好当，暗想自己之所以能登上皇帝宝座，是由于以前握有兵权，现在的几个节度使和大将都有兵权在手，说不定哪一天他们也会仿效自己当年那样来个兵变，把自己从皇帝宝座上拉下来，即使现在他们不能这样，谁能担保以后他们不那样干呢？

宋太祖左思右想，越想越乱，不知如何是好，于是把心腹谋臣赵普叫进宫来，对他讲了自己的心事。宋太祖问道："为什么从唐末以来，数十年间帝王换了八姓十二君，争战无休无止？我要从此平息战争，建立一个长久的国家，爱卿有什么好办法吗？"

赵普精通治道，对这些问题也早有所考虑，听了宋太祖的发问，他便说："这个问题的症结，就在于藩镇太重、君弱臣强而已，治理的办法也没有奇法可施，只要削夺其权、制其钱谷、收其精兵，天下自然就安定了。"

赵普的话还没说完，宋太祖就连声说："你不用再说了，我全明白了。"于是一个重建中央集权专制制度的计划就这样酝酿出来，并逐步付诸实施了。北宋在中央集权方面，最重要的是兵权，也是首先要解决的问题。建隆二年，宋太祖鉴于当时已控制局势，就着手陆续采取了一些措施，把殿前都点检镇宁军节度使慕容延钊罢为山南东道节度使，侍卫亲军都指挥使韩令坤罢为成德节度使。因为殿前都点检是宋太祖黄袍加身前担任过的职务，从此不再设置此官职。由石守信接替韩令坤任侍卫马步军都指挥使。起初，宋太祖认为石守信等人都是自己的故友，并不介意。于是，赵普向他数次进言说："臣也不担心他们会背叛陛下，但是如果他们的部下贪图富贵，万一有作孽之人拥戴他们，他们能够自主吗？"

这些话实际上是提醒宋太祖，要他记住陈桥兵变，避免类似的事件重演。果然，宋太祖采取措施要解除禁军高级将领的兵权。

宋太祖赵匡胤传

建隆二年七月初九日晚朝时，宋太祖发下请帖，说要宴请过去的患难弟兄。石守信、王审琦等几位开国元勋接到请帖后，并不怀疑，到那天都穿戴整齐去皇宫赴宴。酒过三巡，宋太祖命令在一旁服侍的太监退了出去。他拿起一杯酒，先请大家干了，然后假惺惺地说："我之所以能有今天，多亏在座的诸位兄弟帮助。我自从坐上皇帝宝座，感到还不如从前做个节度使活得逍遥自在。今天我要对大家说句心里话，这一年来，我从来没有一天睡过安稳觉。"石守信等人听了感到十分奇怪，一个个站起来问是何缘故。宋太祖叹了一口气，说："这有什么不明白的？皇帝这个位子，哪个不眼红呀？"

石守信等人一听就明白了，知道宋太祖担心他们起事，一下子都惊慌起来，齐刷刷地跪在地上说："陛下何出此言？现在叛逆已除，天下太平，谁还敢对陛下三心二意？"宋太祖摇摇头说："我知道几位兄弟对我忠心耿耿，绝不会干出谋反的事来。叫我不放心的是如果你们的部下有几个人贪图富贵，像当年在陈桥那样把黄袍披在你们谁的身上，到那时，你们就会身不由己了。"

石守信等人听了，一个个吓得连连磕头，流着眼泪说："我们这些大老粗，没有想到这一层。经陛下一说，深感不安，望求陛下可怜我们这些与你同生死共患难的弟兄，指引一条生路。"宋太祖看时机已到，这才不紧不慢地说："我也是替你们着想，你们不如把兵权交出来，到地方上任个闲职，买点田产，给子孙留点家业，享享清福。我和你们结为秦晋之好，彼此互不猜疑，岂不更好吗？"

石守信、王审琦等人心里明白宋太祖主意已定，只好随声附和道："多谢陛下替我们想得周到，这是我们求之不得的大好事。"

酒席一散，石守信等人各自回了家。第二天一上朝，这些人都递上一份奏章，称自己年老多病，请求恩准辞官。

宋太祖自然是照准不误，收回了他们的大印，分别赏赐了一大笔财物，打发他们享清福去了。这就是历史上的"杯酒释兵权"。

之后，宋太祖又设置殿前都指挥使、骑军都指挥使、步兵都指挥使等三使，即三帅，来分别带领禁军，用以削弱禁军将领的权力；同时又设枢密使，专门掌管调动军队的大权，只有皇帝才能直接指挥军队，禁军将领和枢密使，都无法利用禁军发动叛乱，使军权达到了高度集中。就这样，宋太祖未动一兵一卒，就把兵权收回到自己的手里。

宋太祖取得全部兵权后，又重新建立了兵制，全国军队分为四种，即禁军、厢军、乡兵和番兵。其中，厢军不训练，主要供地方行政上役使； 乡兵主要是按户籍抽调的壮丁；番兵是边地少数民族组成的军队，势力分散，数量较少，在军事上只起配合禁军作战的作用；禁军是北宋中央掌握的正规军，驻守京师及军事要地，这是北宋政权赖以维持的主要支柱。为了进一步防止地方割据势力的形成，北宋军队实行了兵将分离的"更戍法"。所谓更戍法，就是在"习勤苦、均劳逸"的美名下，使全国各地禁军不断换防，带兵的将官经常更换，从而达到"兵不知将、将不知兵""兵无常帅、帅无常师"的目的，这就从根本上去除了唐末五代以来分裂、割据的主要隐患，但也带来了北宋军队战斗力削弱的严重后果。此外，北宋还建立了募兵制度，每逢荒年便召募饥民为兵，既可以扩充军队，又可以部分地解决饥民的生活问题。北宋统治者认为，荒年人民造反，军队不会叛变。丰年军队叛变，人民却不会造反。这种荒年募民为兵的办法可谓既聪明，又毒辣！

赵普献策之功自然是不能抹杀的。建隆三年，赵普被晋升为枢密使、检校太保。杯酒释兵权是宋太祖赵匡胤的杰作，办了这件事，宋朝方能立得住，否则，充其量会在五代之后再加一个短命王朝而已。其实，做这件事的魄力，五代多数开国之君都有，但却没有一个人有这样的心机。五代之任何一代，开国之君都是当时最大的军阀，有本事改朝换代，没有别的，只能说明他的军事实力最强，而他自己也是众军头中最能打的一个。如果有心削掉他人的兵权，以实力为靠山，再加上一点权谋，大体没有干不成的。只是，这些武夫以武力夺天下，路径依赖，根本想不到"释兵权"这回事。赵匡胤是周世宗柴荣的爱将，关系相当好，柴荣对他也十二分地信任，以这样的君臣际遇，赵匡胤大概没有这么快就打算在柴荣尸骨未寒之际篡权夺位。可是，自家兄弟及众军士一起哄，黄袍加身，自己也就半推半就地做了皇帝。

只是，赵匡胤比别的军头，多了一点心思，这样的事，自己麾下的军士能干，别人是不是也能干？这层窗户纸，经赵普点破，于是就有了杯酒释兵权。但是，这个过程也相当不容易，绝对不是一顿酒就能解决的事儿。说实话，释兵权的酒，一共喝了两顿。先拿下大军头，再办小一点的。有的时候，赵匡胤也会反复，削掉一些人的兵权，却又信任另外一些人。武人之间，存在着战场上血肉拼杀出来的交情，不大容易因为释兵权的总策略就轻易改变。

在释兵权之后，赵匡胤还要用天雄节度使符彦卿典掌禁军。赵普不同意，赵匡胤说："我待彦卿甚厚，交情不一般，他岂能负我？"赵普说："那陛下何以能负周世宗呢？"赵匡胤这才没话说了。

"杯酒释兵权"只是解决兵权的第一步。中唐以来藩镇弄权的隐患和新执掌禁军将领的弄权问题，仍是赵匡胤面临的当务之急：关键是如何把赵普的十二字方针策略的精神渗透到朝廷与地方的职官建置中去，改变权力结构中的独立性，使之必须依附君权而运转。

在赵普的参赞下，这套相互制约的职权体制终于制定出来了，即在中央设副相、枢密使与计相，以分宰相之权，收相互牵掣之效。枢密使直属皇帝掌指挥权，而禁军之侍卫马、步军都指挥和殿前都指挥负责训练与护卫。乾德元年，宋太祖采用赵普计谋，罢王彦超等地方节度使和渐削数十异姓王之权，安排他职，另以文臣取代武职，于是武臣方镇失去弄权的基础；另一方面，收骁勇之厢兵和荒年募精壮之丁为禁军，于是天下精兵皆归枢密院指挥。地方虽无精兵，但若地方厢兵合力，则仍可制约禁军。这就形成了强干弱枝而内外、上下相互制约之制。

地方则以文人任知州及副职通判为行政官员，重要文件需合签有效，通判为皇帝督察知州之耳目。宋初，州设团练副使原为闲职，熙宁变法中有的成为负责义勇之主管。制其钱粮，是指限制节度使的财政粮饷权限的一种办法。规定地方钱粮大部输送中央，设转运使副主其事。熙宁变法中财税增多，地方之府库也很充盈。此时，节度使问题业已解决。乾德二年，宋太祖部署中枢与地方政权既定，时机成熟，就尽罢留用的后周范质、王溥、魏仁浦三相，任命赵普为门下侍郎、平章事、集贤殿大学士。中书省没有宰相签署敕令，赵普以此为由上奏宋太祖，宋太祖说："卿只管呈进敕令，朕为卿签署可以吗？"

赵普说："这是有关部门官吏的职责而已，不是帝王做的事。"宋太祖命令翰林学士讲求旧制，窦仪说："现在皇弟任开封尹、同平章事，正是宰相的职责。"宋太祖下令将签署权赐给赵普。赵普任宰相后，皇上把他看作左右手，事情无论大小，都向他咨询以后决断。

当时，赵普监修国史。太祖命令薛居正、吕余庆为参知政事以辅助赵普，不能宣布皇帝的诏谕，位次列在宰相之后，不掌印、不上奏议事、朝会时不领班，只是奉令制作敕令而已。原先，宰相副署敕令，都用内制，赵普任宰相后只有敕，不是原来的典章制度。释兵权的要害，是重建文治，不仅是以文压武、以文臣治军，还意味着制度的整体变革。但是，五代骄兵悍将占据社会中心日久，想要把他们一朝逐出，得

建立大宋

197

慢慢来。

别的不说，打天下，还得靠他们。所以，即使是众节度使释兵权之后，宋太祖还是要用若干宿将镇守边关军州：以赵赞屯延州，姚内斌守庆州，董遵诲屯环州，王彦升守原州，冯继业镇灵武，李汉超屯关南，马仁瑀守瀛洲，韩令坤镇常州，贺惟忠守易州，等等。这些军将有职有权，准许便宜行事，只是军队和掌控的地盘比此前小了很多。

此时，天下尚未统一，别说石敬瑭割去的燕云十六州没有回来，就连南唐、后蜀、北汉等国还在割据一方。卧榻之侧，尚有众多的好汉子、赖汉子在酣睡。所以，赵匡胤对麾下的武夫，依旧笼络有加。

武夫们，也还是旧脾气，跋扈如常。守关南的李汉超，行事风格依旧像个军阀，抢男霸女。一日，他的治下之民进京告状，说李汉超强娶民女为妾，同时还借他钱不还。此事上闻，赵匡胤找来告状的人，三言两语把告御状的人打发了，然后派人跟李汉超讲，赶紧还人家钱，把人家女孩送回去，下不为例，缺钱，就告诉朝廷嘛。这样一来，武夫们慢慢地规矩些了，也乐意为皇帝卖命。于是乎，那些在卧榻之旁酣睡的汉子们都变成了阶下囚。

下一步，再打破五代以武人做州县官的惯例，派文人掌州县，再把州县直接归中央政府管辖。如此一来，节度使既没了兵权，也没了地盘，成了一个空衔。然后将各州的军兵精锐者都划归中央禁军，各州的地方军逐渐成了老弱病残的安置所。然后地方财权收了，司法权收了，人事权也收了。各州还加派一个通判，跟知州平起平坐。然后大兴科举，每年一次，取士多多益善。安排殿试，但凡考试得中，就是天子门生。尽管最初交出兵权的武人们高官厚禄，日子过得不错。但纵观整个国家，文官地位越来越高，武将地位越来越低。当初跟随赵匡胤的这些武夫的后代子孙若要发达，除非弃武习文，否则永远被人看不起。

当然，释兵权的策略，总的说来重建了文治，开创了一片新天地。但很多地方也用力过猛，导致宋代整体上武力不强、军备积弱，几番调整改革，都没有调整过来。

平定天下

一天，大雪一直下到夜里，赵普以为皇上不会出来了。过了一会儿，听到敲门声，赵普赶忙出来，见太祖正立在风雪之中，赵普慌忙叩拜迎接。

宋太祖说："我已经约了晋王了。"不一会儿，赵匡义来到，赵普在厅堂铺上双层垫褥，三人席地而坐，用炭火烤肉吃。

赵普说："太原阻挡着西、北两面，太原攻下来后，就要由我们来独挡了，不如暂且等到平定各国后，那时太原这样的弹丸大的地方，还能逃到哪里去呢？"

宋太祖笑着说："我的意思正是这样，特地来试试你罢了。

平定荆南和湖南

赵匡胤建立北宋后，眼见天下割据势力林立，便对赵普说："我睡不着觉，因为卧床以外都是人家的地盘。"在赵普的帮助谋划下，赵匡胤在平定李筠、李重进叛乱后，加强中央集权，改革军制，发展生产，巩固统治，天下出现了前所未有的好局面。

经过两年在政治、经济、军事诸方面的准备，宋太祖确定了先易后难、先南后北的战略决策，决心通过战争创造统一局面。

关于这个大政方针的确定，还有一个传说。当时宋太祖常常微服私访功臣之家，赵普每次退朝后都不敢穿便服。一天，大雪一直下到夜里，赵普以为皇上不会出来了。过了一会儿，听到敲门声，赵普赶忙出来，见太祖正立在风雪之中，赵普慌忙叩拜迎接。

宋太祖说："我已经约了晋王了。"不一会儿，赵匡义来到，赵普在厅堂铺上双层垫褥，三人席地而坐，用炭火烤肉吃。

赵普的妻子在旁斟酒，宋太祖把她喊作嫂嫂，并趁机与赵普策划攻打太原。赵普说："太原阻挡着西、北两面，太原攻下来后，就要由我们来独挡了，不如暂且等到平定各国后，那时太原这样的弹丸大的地方，还能逃到哪里去呢？"

宋太祖笑着说："我的意思正是这样，特地来试试你罢了。"

赵匡胤和赵普的思路，仍是当年王朴"平边策"的路子——先南后北，先易后难，统一中国。应该说，这是一个较好的选择。

此时的南方，有南唐、南汉、吴越，以及割据在福建漳、泉二州的陈洪进。南唐占据今长江下游以南的江苏、安徽部分，江西、福建的西部；吴越的土地不出今日浙江及上海之地及福建东北一代；南汉则以广州为都城，割据今日两广地带；陈洪进的地盘最小，也还未称国号。

这几个割据的小国，以地盘而论，与大宋隔江相望的南唐最大。赵匡胤曾与后周世宗一起三征淮南，对它知根知底。虽然它在各国中实力最强，但只要宋朝愿意，拿下它全无悬念。但它与吴越钱俶早已表示了臣服，赵匡胤也就无须对它用功。确定了统一方略之后，宋太祖即采取实际步骤，分步实施。建隆三年九月，宋太祖部署兵力守卫西、北边境，防止辽、北汉南掠；选择荆、湖为突破口，挥师南下，开始了统一战争。荆南、湖南地处长江中游要冲，南北相邻，又东临南唐，西接后蜀，南靠南汉；占领荆、湖，即可割裂江南诸国，为各个击破创造条件。为此，宋太祖决定寻机出兵荆、湖。荆南、湖南地区的势力是南平政权和楚国政权。南平又称荆南、北楚，为五代十国时期的十国之一。南平都城为荆州，辖荆、归、峡三州。

南平是十国中最小的政权，为高季兴所创。高季兴去世以后，其长子高从诲承继父业。南平的国策从这一时期趋于完善和定型，在治理南平期间，高从诲与其父都有相同之处，只是稍有差别，其中最大的不同是逐渐确立了侍奉中原王朝的政策。而且，手段更为高超和巧妙。

对外政策上，高从诲开始奉行"事大以保其国"和交好邻道的双重方针。这种政策的执行，大大解除了长久以来笼罩于南平头上的战争阴云，带来了较长时期的和平稳定局面，为南平政权的延续确立了良好的基调。高从诲的后继者，莫不踵行其策，以保其国。

高保融、高保勖、高继冲在位时期，与之前两位相比已经逊色许多，南平呈现衰退之际，导致这种局面的原因很多，除南平后三位国主的才干、智识不及前两位国主以外，后周和宋朝初期，中原王朝日渐强大，统一趋势的增长也是关键性的要素。高保融等人的无所作为，单纯保守也是必然的。总体来说，三主统治期间，高保融在位时，南平勉强可以正常有序地运转。其后，南平的政治局势一年不如一年。

建隆元年正月，赵宋政权建立。宋太祖即位之初，对南面的南平早已有吞并之心，由于南平贡奉甚勤，暂时没有找到出兵的借口，贸然兴师动众，毕竟有损新建未久的赵宋政权形象，而且极有可能导致诸侯离心，甚至对将展开的统一战争产生障碍，此种局面有违宋太祖的初衷，但是，兼并南平的意图已经不可动摇。楚国政权也是五代十国时期的十国之一，是历史上唯一以湖南为中心建立的王朝，史称马楚，又称南楚、马楚国、马楚政权，潭州为王都。楚国创始人马殷，许州鄢陵人。唐朝末期，朝廷任马殷为武安军节度使，奠定了他在湖南立足的根基。后梁建立后，马殷向后梁称臣而被封为楚王，即武穆王，其势力涵盖今湖南与广西北部；对外臣服五代各朝，对内平定乱军、强藩，并且采取保境安民的政策，使楚国国势强盛。后唐天成二年，正式册封马殷为楚国王，南楚国正式成立。马殷仿效朝廷体制，改潭州为长沙府，作为国都，并在长沙城内修宫殿，置百官，建立了一个名副其实的独立王国，成为五代时期十个封建割据国家之一。

楚全盛时，辖域包括潭、衡、永、道、郴、邵、岳、朗、澧、辰、溆、连、昭、宜、全、桂、梧、贺、蒙、富、严、柳、象、容共二十四州，下设武安、武平、静江等五个节镇，即今湖南全境和广西大部、贵州东部和广东北部。不过，楚王马殷死后，马楚连续发生内乱，几个儿子为争夺王位而爆发战乱，史称"众驹争槽"。

马殷有五子，临终时遗命"兄弟继位"。次子马希声嗣位两年即薨，马希范继位。这位马王爷是个奢侈无度、苛捐重赋的暴君，在位十五年，搞得楚国民穷财尽、奸佞当道，埋下了动乱的祸根。

马楚开运四年，马希范薨，朝臣有的要立老四希广，有的要立老三希萼，争论的结果是希广继位。时为朗州节度使的希萼大怒，引洞溪蛮数路转攻长沙，未几城破，希广俘后缢死郊外。又下令朗州兵大掠三日。蛮兵烧杀抢掠，将长沙洗劫一空，马希萼在血海中继位楚王。老五希崇不让，联络党羽，一场恶杀，生擒希萼，派将官押往衡阳囚禁，自立为楚王。没料将官竟在途中拥立被擒的希萼为衡山王。湖南两王并立，互相攻杀，不约而同求救于世敌南唐国，结果引狼入室，南唐遣大将边镐率兵入湖南，于保大九年灭楚国。

不过，南唐还未站稳脚跟，马殷旧将刘言又起兵击败了南唐军，继续据有湖南。一年后，王进逵杀了刘言。三年后，部将潘叔嗣又杀了王进逵。接着，潭州军府事周行逢又进军朗州杀了潘叔嗣。这样，湖南全境就被周行逢占领。周行逢，朗州武陵人，出身农家。应募为楚主马希萼部静江军卒，与王进逵、潘叔嗣、张文表等人结为"十兄弟"，在十人中最有计谋。行逢积功成为军校，后升任静江指挥副使。

周行逢最初和王进逵同是静江军中的兵卒，担任楚王马希萼的军校。王进逵攻打南唐将领边镐，周行逢攻陷益阳，杀死南唐军士两千多人，活捉南唐将领李建期。王进逵担任武安军节度使，让周行逢担任集州刺史，做王进逵的行军司马，王进逵与刘言不和。广顺三年，周行逢和王进逵密谋杀掉刘言。王进逵占据武陵，周行逢占据潭州。

显德元年，后周朝廷任命周行逢为武清军节度使，总管潭州军政大事。潘叔嗣杀掉王进逵，有人劝其进占武陵，潘叔嗣说："我杀王进逵，只为大家活命，武陵不是我想得到的。"就返回岳州，派其客将李简率领武陵人前往潭州迎请周行逢。周行逢进入武陵，有人请求把潭州送给潘叔嗣，周行逢说："潘叔嗣杀死主帅，犯下死罪，只因他拥立我，我才不忍心杀他，要是给他武陵，那就表示是我让他杀害王公。"于是让他来任行军司马。潘叔嗣气恼，称病不去，周行逢恼怒地说："他又想杀害我！"就假装把武陵给他，让他到武陵接受任命，来后就杀掉了他。

周行逢掌权后，革除楚国劣政，爱护百姓，提倡廉洁。对将领用法严厉，果断诛杀。湖南地区又逐渐恢复了平稳。

建隆三年，周行逢生病，召集将吏，把其子周保权托付给他们说："我由乡下入伍，当时一共十人，都被杀死，只有衡州刺史张文表独存，他因没有当上行军司马常心中不满，我死后，张文表必然叛乱，到时让杨师璠讨伐他。如他不干，就闭城坚守，归附北宋朝廷。"

周行逢死后，周保权即位。张文表听说后，愤怒地说："周行逢和我一同创立功名，现在怎能北面侍奉小儿！"于是率兵叛乱，攻占潭州，威逼朗州。周保权为讨伐张文表，分别向北宋和南平求援。宋太祖等待的时机终于来了。不过他没有着急，他想在解决湖南地方政权的同时，顺便也解决相邻的荆南政权。后周及宋初，荆南的传人高保融、高保勖兄弟对两个王朝一律称臣纳贡，达到"一年三入贡"的程度。在周行逢死前，高保勖就去世了，儿子高继冲袭位。

赵匡胤派出了吊唁的使者，了解到荆南甲兵虽整，但兵力却不过三万人。每年虽然收成不错，但百姓却受困于高家的弊政，如果要发兵的话，拿下来应该不成问题。赵匡胤决定以假途灭虢方略，出师湖南、假道荆渚，以达一箭双雕的目的，通盘解决两个割据政权。宋太祖命慕容延钊为帅，统率十州军兵出征。早年的帐下谋士、现为枢密副使的李处耘为监军，户部判官滕白为南面军前水陆转运使，供应军事行动所需的物资。乾德元年正月，帮助武安节度使周保权讨伐叛贼张文表的宋军起程出发，宋军同时向荆南高继冲发出协助宋军出征的命令。

慕容延钊和李处耘入宫辞别皇帝时，宋太祖亲自传授方略，命令他们在汉江会兵，并命令李处耘谋划平定荆南的事情。

李处耘，字正元，潞州上党人。李处耘的父亲李肇，在后唐任职，历任军校，官至检校司徒。跟从后唐皇帝讨伐王都于定州，遇到契丹来援，后唐军队失利，李肇拼力作战而死。

后晋末年，李处耘年龄尚幼，跟随其兄李处畴到京城，正遇张彦泽破关而入，放纵士卒剽劫抢掠。李处耘生性勇武，尤善射箭，李处耘当时还未成年，一个人保卫里门，射杀十几个士卒，其他的士卒不敢进攻。天黑后，士卒们撤退了。到天明后又来进攻，李处耘又射杀几人。战斗难解难分。有些亲兵听说他有难前来解救，于是得以释难，里中人都得益于他。后汉初期，折从阮任府州地方长官，把李处耘召至门下，委任他处理军务。折从阮后来历任邓、滑、陕、邠四州节度使，李处耘都跟着他。在新平时，折从阮的外甥到朝廷诬告李处耘有罪，后周太祖郭威听信诬告，把他贬为宜禄镇将。折从阮上表为他雪冤，郭威又诏令让他重新隶属折从阮军中。

后周显德二年，折从阮临终上表称赞李处耘是可用之才，恰遇李继勋镇守河阳，朝廷便诏令任命李处耘为李继勋的属官。李继勋开始时对他很不有礼。有一次李继勋举行宴射，李处耘接连四发中的，李继勋大为奇异，立即下令升堂礼拜他的母亲，慢慢地委任他处理一些郡务，让他掌管黄河渡口。李处耘对李继勋说："这个渡口来往的人中恐怕有奸细，不可不察啊。"几个月后，果然捉到契丹间谍，一番搜查之后，发现了写给西川、江南的蜡书，李继勋就派李处耘把间谍押送到朝廷。

宋太祖赵匡胤当时率领殿前亲军，李继勋被罢任节度使后，周世宗柴荣让李处耘在赵匡胤的军中，补任都押衙。

陈桥兵变时，李处耘看到军中图谋推戴赵匡胤，于是告诉赵匡义，与王彦升谋划，招来马仁瑀、李汉超等人议定后，才进去告诉赵匡胤。在这一事件中，李处耘发挥了相当大的作用，他临机决事，谋划无不合宜，得到赵匡胤的嘉奖，被授任为客省使兼枢密承旨、右卫将军。

后因随宋太祖赵匡胤从征泽州、潞州，平定李筠之乱有功，升任羽林大将军、宣徽北院使。讨伐李重进时，任行营兵马都监。宋太祖平定李重进之乱时，任命李处耘为扬州知州。时值战乱之后，扬州境内凋敝不堪，李处耘多方安抚并访问民间疾苦，上奏减免城中居民的房屋税，百姓都感激而服从政令。建隆三年十月，他奉诏回京，扬州老百姓涕泣挽留，以至数日难以离去。回京后，李处耘升为宣徽南院使兼枢密副使，朝廷赐给他府宅一栋。建隆四年正月，宋太祖决定向荆湘地区发动进攻。正月初七日，宋太祖任命慕容延钊为湖南道行营前军都部署、枢密副使，李处耘为都监，率领十州军队在襄阳会合，以讨伐张文表为名，出兵湖南。正月十二日，宋太祖亲临造船务，视察建造战船。正月二十一日，宋太祖诏令荆南征发三千名水军去潭州接受慕容延钊指挥。当时慕容延钊抱病在身，宋太祖诏令用轿抬着他指挥军事。

李处耘率军至襄州，先派遣阁门使丁德裕向荆南节度使高继冲借道，并请送柴禾及水给宋军。高继冲以百姓恐惧为由而辞，只愿在百里外供给粮草。李处耘又派丁德裕劝谕高继冲，高继冲于是听从命令。

李处耘于是下令军中说："入江陵城后有不走指定的道路及擅自闯入民宅者斩。"宋军驻扎在荆门，高继冲派遣其叔高保寅及军校梁延嗣，带着牛肉和酒前去犒劳李处耘的军队，同时侦察形势。

李处耘厚礼接待他们，命令他们第二天先回去。梁延嗣非常高兴，派人向高继冲报告说没有危险。

荆门距江陵仅百余里，这天晚上，李处耘召高保寅等人在慕容延钊帐中宴饮，并秘密派遣数千精锐骑兵快速前进。高继冲正等着高保寅、梁延嗣回来，突然听见大军到来，仓皇出迎，在江陵北边十五里处遇到李处耘。李处耘接待高继冲，命令他等待慕容延钊，自己率领亲兵先进城登上城北门。等到高继冲陪慕容延钊进城，宋军已经已占据了城中要冲。高继冲束手无策，只好奉表归顺。宋军兵不血刃，得了三州、十七县、十四万二千三百户百姓。可是，在慕容延钊和李处耘消灭南平政权后，准备进军湖南时，却接到了一个令人沮丧的消息。周保权紧急传信说，叛贼张文表已经被平定，不须再劳烦宋军。原来，周保权向北宋求援后，又命杨师璠讨伐张文表，将周行逢遗言告诉他，情至泪下，杨师璠也流着泪对部下说："你们见过这样的少主吗？没有长大就如此贤明。"军士们被感动，都愿效力。杨师璠到平津亭，张文表出城迎战，大败。就这样，北宋的援军还没到，张文表已被杨师璠俘获。

但请神容易送神难，宋太祖此次出兵的根本目的本来就不是来帮忙的，怎么会轻易回去。荆南归顺后，李处耘立即调发江陵士卒一万多人，合并到军队里，深夜赶赴朗州，又派遣别将分领士卒及江陵兵赶赴岳州。湖南人采取了全民皆兵的抵抗措施，家家关门闭户，拆毁桥梁；还将船装满石头木料，沉在关键的水路位置，堵塞了宋军进攻的通道。军情汇报回汴梁，赵匡胤给赵保权说的话是："大军已经帮助你们脱离了灾难，你们为何反过来抗拒王师、自取涂炭呢？"

这实际上是发出了进攻的号令。三月初，宋军监军李处耘率领前锋先行，主帅慕容延钊殿后，从澧州出发进攻朗州。

李处耘才出澧州就碰到了湖南军队，他挥军杀过去，将湖南军打得落花流水并俘获了大批俘虏。在三江口又大败敌军，俘获敌船七百余艘，斩敌四千余人。又在澧江遇到敌将张从富，击败贼军。乘胜追至敖山砦，敌军丢弃营寨，俘获多人。在此地，宋军监军李处耘做出了骇人听闻的凶残之事。为了震慑敌军，他在俘虏群中挑出了十几人，架起大锅将他们煮了，然后命宋军士兵当着俘虏的面将他们吃了下去。

李处耘又把一些年轻体健的俘虏刺了面，放归朗州。第二天天亮，慕容延钊的大部队到来。被刺面的敌兵回到朗州说被俘的人被宋军吃掉了，城中人闻讯大惊，纵火焚城后溃散。

周保权年纪尚幼，被大将汪端劫走藏在江南营寨的砦寺院中。李处耘随即派部下将领田守奇率领军队渡江俘获他们。宋军于是进入潭州，尽得荆湖之地。本次出兵不过百日，且只在两天之内收服荆南，十天之内又攻破湖南，得地十七州、八十三县，人口二十三万七千户，一举平定了湖南周保全和荆南高继冲两个割据势力，从而使南方其他几个割据政权直接暴露在宋军的进攻之下，为北宋政权统一南方创造了极为有利的条件。荆湘平定后，慕容延钊因战功显赫，加官检校太尉。

这一战事，宋军虽以较小的代价取得了胜利，但李处耘惨无人道的手段不能不令人发指。捷报虽然很快传到东京汴梁，但是善后的问题也很快就来了。由于李处耘的残忍无道，激起了湖南民众的公愤，各地兵民齐叛，令宋军应接不暇。

还有一个极大的问题是，监军李处耘与主帅慕容延钊开始不和。当初，军队到襄州，街面上卖饼的人越来越少，卖饼给军人时加倍收费。李处耘捉到为首的二人送到慕容延钊那里，慕容延钊怒而不管，往返三四次，李处耘于是下令在街上杀掉他们示众。慕容延钊属下的小校司义住在荆州客将王氏家里，借酒行凶，王氏告到李处耘那里，李处耘把司义找来加以斥责，司义就到慕容延钊那里诬陷李处耘。

到白湖时，李处耘看见士兵进入民房，过了一会儿，民房中人大呼求救，便派人逮捕他们，竟是慕容延钊的养马卒，于是鞭打他们的背部，慕容延钊发怒杀死了他们。从此两人非常不和，更是互相上奏指责。朝廷因为慕容延钊是老臣、重将，于是赦免其过错。然而，乾德元年闰十二月乙卯日，慕容延钊因病去世，终年五十一岁。

当初，慕容延钊与宋太祖友善。显德末年，宋太祖任殿前都点检，慕容延钊任副都点检，宋太祖常以兄礼待慕容延钊；宋太祖即位后，每次派遣使者慰问，仍以兄称呼他；听说慕容延钊有病，就御封药物赐给他；当他听说慕容延钊去世，痛哭很久，追赠中书令，追封为河南郡王，录用他的子弟，授予官职的有四人。赵匡胤为处理湖南问题，专门下诏赦免荆南、湖南的叛乱者，免除了两地当年的茶税及各种杂税，又免去了荆南之地夏税的一半。经过这样一番组合拳般的治理，才恢复了当地的社会秩序。赵匡胤还将行为不法的监军李处耘贬为淄州刺史，以此为契机，赵匡胤暂时停止了出征的步伐，掀起了对节度使及藩镇、地方官府的权力进行整肃的高潮。李处耘害怕，不敢辩明自己，在淄州任官几年，抑郁而终，终年四十七岁。朝廷为他停朝致哀，追赠为宣德军节度使、检校太傅，在洛阳偏桥村赐给葬地。

李处耘为大宋王朝的建立和巩固立下了汗马功劳。他为人处事有度量，善于谈论当世之务，平常以建立功名为己任。荆湖战役时，李处耘以皇帝亲近大臣的身份监护军队，自认受宋太祖恩遇，心里想着报答，所以处理事情专断、不顾及别人的意见，于是受到贬官的待遇，后来宋太祖常常悼念他。开宝年间，宋太祖替弟晋王赵匡义聘娶李处耘次女李氏为晋王妃，以示褒奖，李氏即后来的明德皇后。

宋太祖赵匡胤传

消灭后蜀地方政权

乾德二年，宋太祖在平定荆南、湖南地方政权后，开始考虑下一步的行动计划。这时的目标有两个：后蜀和南唐。进攻后蜀还是进攻南唐，对赵匡胤来说，曾经是一个问题。

以地理而论，南唐与宋隔江对峙；以财富论，南唐富庶无比。所以，先平南唐更符合宋朝的利益。但是南唐自李煜登基以来，对宋恭谨有礼，先征南唐毕竟有些师出无名。在此情况下，赵匡胤把目光投到了更为偏远的后蜀。

后蜀，又称孟蜀，是中国历史上五代十国中的十国之一，由孟知祥所建，都成都。盛时疆域约为今四川大部、甘肃东南部、陕西南部、湖北西部。其疆域较前蜀而言要小，其中后蜀的疆域东线和北线最为显著：东由襄樊退至重庆一带，北也由甘陕退到广元。

唐朝末年，孟知祥在晋王李克用手下做事，得到赏识，李克用将其弟李克让之女嫁给孟知祥为妻。李存勖继晋王位后，任他为掌管机要的中门使之职，后又任太原留守。

后唐灭前蜀后，枢密使郭崇韬推荐孟知祥为西川节度使，唐庄宗遂命其充任此职，并加同平章事衔。此次攻灭前蜀，庄宗之子魏王李继岌名义上为统帅，但实际兵权却掌握在枢密使郭崇韬手中。

灭蜀之后，郭崇韬功高盖主，受到庄宗的猜忌而被处死。郭崇韬死后，灭蜀军队群龙无首，魏王李继岌无力控御局面，蜀中大乱。孟知祥见此，急驰入蜀，承制宣抚，稳定人心。

魏王引军北归途中，适逢洛阳发生兵变，庄宗被杀，魏王随即自杀身亡，唐明宗李嗣源即皇帝位。孟知祥见中原混乱，遂产生了割据蜀中之意，他加紧训练军队，整顿军备。

明宗派人催促其将蜀中所余钱物上交朝廷，孟知祥拒不上交。不久，他处死了明宗派来的监军使李严，又拒绝了后唐朝廷要其缴纳的助力钱一百万贯，与东川节度使董璋联合，公然对抗朝廷。

明宗派军征讨，由于道路险阻，战而无功，只好退还。在中原王朝的威胁消除后，他又与原来的同盟者董璋发生冲突，经过激烈的战斗，孟知祥消灭了董璋的军队，占据了东川。

后唐长兴四年，唐明宗授孟知祥为剑南东西川节度使、成都尹，封蜀王。明宗病死后，孟知祥遂在成都称帝，国号仍为蜀，史称后蜀。半年后，孟知祥病死，其子孟昶继位。

孟昶，初名孟仁赞，字保元，祖籍邢州龙岗，生于太原。孟昶是后蜀高祖孟知祥第三子。母亲李氏，本是后唐庄宗李存勖的嫔妃，李存勖将李氏赐给了孟知祥。

后唐天祐十六年十一月十四日，李氏在太原生下孟昶。当孟知祥镇守蜀地时，孟昶与母亲李氏随孟知祥的正妻琼华长公主一同进入蜀地。孟知祥任两川节度使时，以孟昶为行军司马。

后唐清泰元年正月，孟知祥称帝，任孟昶为东川节度使、同中书门下平章事。同年七月，孟知祥病重，七月二十六日，立孟昶为皇太子，代理朝政。当晚，孟知祥去世，秘不发丧。枢密使王处回连夜到司空、同中书门下平章事赵季良处，二人相对哭泣，赵季良严肃地说："现在藩镇掌握重兵，专门等待形势变化，应当迅速立嗣君才能断绝其非分妄想，哭无益啊。"王处回和赵季良决计立孟昶为帝，然后发丧。孟昶即位初，不改元，仍称明德年号，后又改元广政。

孟昶与前蜀王衍不同，并不是宋人所说的昏庸之主。他幼年即位，不能亲政。而将相大臣都是孟知祥时的故人，孟知祥宽厚，多优待纵容，他们对待孟昶更加骄惰不驯，不遵守法纪制度，大造房宅，夺人良田，挖人坟墓，李仁罕、张业尤其骄横。

孟昶要想整顿政治，必须首先铲除这些元老勋臣。孟昶即位数月，逮捕李仁罕，并将其杀掉，夷灭其族。当时，李肇自镇来朝，持杖入见，称有病不能拜，听说李仁罕死讯，马上放下拐杖拜倒在地。

广政九年，赵季良去世，张业更加专权。张业是李仁罕的外甥。李仁罕被杀时，张业正掌管禁军，孟昶怕他造反，就任他当丞相，兼任判度支。张业在家里设置监狱，专用残酷的刑罚对后蜀百姓滥施淫威，横征暴敛，百姓对他非常痛恨。

广政十一年，孟昶与匡圣指挥使安思谦设计将张业逮捕处死。王处回、赵廷隐相继罢相，从此故将旧臣都没有了。经过激烈的斗争，孟昶终于如愿以偿，开始了亲政。

当时，辽国灭了后晋，后汉高祖刘知远起兵太原，中原多事，雄武军节度使何建以秦、成、阶三州归附后蜀，孟昶派孙汉韶攻下凤州，完全恢复了前蜀王衍时的疆域。

后汉将领赵思绾据永兴、王景崇据凤翔造反，都上表归附孟昶。孟昶派遣张虔钊出大散关、何建出陇右、李廷珪出子午谷，响应赵思绾。孟昶的丞相母昭裔恳切进谏认为不妥，然而孟昶决心攻占关中，于是派安思谦向东增兵。

不久，后汉诛杀赵思绾、王景崇，张虔钊等人罢兵而还。安思谦耻于无功，多杀士卒来威吓众人。孟昶与翰林使王藻设计杀死安思谦，然而守边之官有急奏，王藻未及时上报且擅自拆封，孟昶大怒。杀安思谦

平定天下

211

的时候，王藻也在旁边，因此一齐捉住斩了。

广政十二年，孟昶设置吏部三铨、礼部贡举。广政十三年，孟昶加尊号为"睿文英武仁圣明孝皇帝"，旋即封其六子为王。

广政十八年，后周世宗柴荣派兵从秦州出发讨伐后蜀。孟昶任命韩继勋为雄武军节度使，听说周军前来进攻，叹气说："韩继勋哪里能挡得住周兵呀！"客省使赵季札请行，孟昶就派赵季札为秦州监军使。

赵季札行至德阳，听说周兵到了，立即驰回报告，孟昶问他，赵季札惶恐得说不出一句话，孟昶大怒，把他杀掉，立即派遣高彦俦、李廷珪出堂仓抗击周军。高彦俦大败，退到青泥，于是秦、成、阶、凤四州复被周军占领。孟昶派遣使者到南唐、北汉进行联络。

广政二十年，后周世宗把俘虏的蜀军送还，孟昶也把俘虏的周将胡立送到京城并写信给后周世宗，后周世宗认为孟昶没有臣子的礼节，很恼怒，没有回信。

广政二十一年，后周攻打南唐，攻取淮南十四州，各国都害怕。荆南高保融以书招呼孟昶归周，孟昶因为以前曾经写信给后周世宗没有得到答复而停止归周的计划。

广政二十五年，孟昶立子秦王孟玄喆为皇太子。孟昶很幸运地生在晋、汉之时，中原多事，所以能够避险一方。

孟昶亲政后，留心政事，放归了宫中大批宫女，让其自由归家。他还向地方州县颁布了"戒石铭"，要求地方官员爱护百姓、抚恤流亡、节约开支，其中说道："尔俸尔禄，民膏民脂，为民父母，莫不仁慈。"这些话对后世都有一定的影响。

孟昶即位之初，生活也比较节俭，寝殿卧具不用锦绣，盥洗用具，除了用一点银外，多为黑漆木器。在刑法方面，推行轻刑，尤其在死刑方面，更加谨慎。

为了节约开支，孟昶三十年不举行南郊大典，也不放灯。所有这一切都对减轻百姓负担、恢复和发展生产起到了一定的积极作用，与前蜀王衍形成了鲜明的对照。

但是孟昶的作为是有限的，尤其是其统治后期，生活逐渐奢侈。由于身体逐渐发胖，他外出时不能骑马，而是乘坐步辇，垂以重帘，环结香囊，香闻数里，人不能识其面。

孟昶是个非常懂得享乐的人，他广征蜀地美女以充后宫，妃嫔之外另有十二等级，其中最宠爱的是"花蕊夫人"费贵妃。

花蕊夫人最爱牡丹花和红栀子花，于是孟昶命官民人家大量种植牡丹，并说："洛阳牡丹甲天下，今后必使成都牡丹甲洛阳。"不惜派人前往各地选购优良品种，在宫中开辟"牡丹苑"。孟昶除与花蕊夫人日夜盘桓花下之外，还召集群臣，开筵大赏牡丹。

那红栀子花据说是道士申天师所献，只有两粒种子，它开起花来，其色斑红，其瓣六出，清香袭人。由于难得，便有人将那花的样式画在团扇上，竟模仿成风。每当芙蓉盛开，沿城四十里远近，都如铺了锦绣一般。"芙蓉城"因此而得名，是以成都又被称为"蓉城"。

孟昶天天厮混在宫女队里，每逢宴余歌后，略有闲暇，便同花蕊夫人将后宫佳丽召至御前，亲自点选，拣那身材婀娜、资容俊秀的，加封位号、轮流进御，其品秩比于公卿士大夫，每月香粉之资皆由内监专司，谓之"月头"。

到了支给俸金之时，孟昶亲自监视，那宫人竟有数千之多，唱名发给，每人于御床之前走将过去，亲手领取，名为支给买花钱。孟昶日日饮宴，觉得肴馔都是陈旧之物，端将上来，便生厌恶，不能下箸。

花蕊夫人便别出心裁，用净白羊头，以红姜煮之，紧紧卷起，用石头镇压，以酒淹之，使酒味入骨，然后切如纸薄，把来进御，风味无穷，号称"绯羊首"，又叫"酒骨糟"。

孟昶遇着月旦，必用素食，且喜薯药。花蕊便将薯药切片，莲粉拌匀，加用五味，清香扑鼻，味酥而脆，又洁白如银，望之如月，宫中称为"月一盘"。

孟昶最怕热，每遇炎暑天气，便觉喘息不定，难于就枕，于是在摩河池上建筑水晶宫殿，作为避暑的地方。其中三间大殿都用楠木为柱、沉香作栋、珊瑚嵌窗、碧玉为户，四周墙壁不用砖石，尽用数丈开阔的琉璃镶嵌，内外通明，毫无隔阂，再将后宫中的明月珠移来，夜间也光明透澈。

四周更是青翠飘扬，红桥隐隐。从此，盛夏夜晚水晶宫里备鲛绡帐、青玉枕，铺着冰簟，叠着罗衾，孟昶与花蕊夫人夜夜在此逍遥。这晚还有雪藕、冰李，孟昶又一次喝醉了，但觉四肢无力，身体摇摆不定，伏在花蕊夫人香肩上，慢慢地行到水晶殿前，在紫檀椅上坐下。

此时倚阁星回，玉绳低转，孟昶与花蕊夫人并肩坐在一起，孟昶携着夫人的素手。凉风升起，那岸旁的柳丝花影，映在摩河池中，被水波荡着，忽而横斜，忽而摇曳。

孟昶回头看夫人，见穿着一件淡青色蝉翼纱衫，里面隐约地围着盘金绣花抹胸，乳峰微微突起，映在纱衫里面，愈觉得冰肌玉骨，粉面樱唇，格外娇艳动人。

宋太祖赵匡胤传

孟昶情不自禁，把夫人揽在身旁。夫人低着云鬟，微微含笑道："如此良夜，风景宜人，陛下精擅词翰，何不填一首词，以写这幽雅的景色呢？"

孟昶说："卿若肯按谱而咏，朕当即刻填来！"

夫人说："陛下有此清兴，臣妾安敢有违？"

孟昶大喜，取过纸笔，一挥而就，递与夫人，夫人捧着词笺，娇声诵道："冰肌玉骨清无汗。水殿风来暗香满。绣帘一点月窥人，欹枕钗横云鬓乱。起来琼户启无声，时见疏星渡河汉。屈指西风几时来，只恐流年暗中换。"

由于蜀中久安，宗室贵戚、达官子弟宴乐成风，以至于有人长到三十岁竟不识稻麦之苗。每年春季，成都浣花溪一带歌乐喧天，珠翠填咽，贵门公子，华轩采舫，共游于百花潭上。楼阁亭台，异果名花，流溢其中。

官员徇私枉法、贪赃受贿之事层出不穷，甚至在科举考试之中，也不能免除贿赂。所谓贿重者登高科，主考官以贿赂多少来确定是否中选，竟面无愧色。

有的司法官员竟然指着狱门说："这就是我家的钱炉。"对于这种现象，孟昶皆不纠正，故宋人批评他说："节俭仅限于自己一人，仁厚却容忍了奸恶，这些只不过是匹夫小节而已。"

由于孟昶不能力纠弊端、整顿官场歪风，致使后蜀政治逐渐腐败，这种情况与同时期的南唐颇有相似之处。

然而就在蜀主孟昶与花蕊夫人不道流年挟弹骑射、游宴寻诗的时候，北宋兴起。花蕊夫人屡次劝孟昶励精图治，孟昶却总认为蜀地山川险阻，不足为虑。

宋军陆续攻占荆、潭，下一步就剑指后蜀。消息传到成都，后蜀主孟昶这才惶恐起来。丞相李昊劝孟昶向宋朝贡，避免战争。

孟昶的近臣王昭远却认为入蜀道路艰险，宋军无法到达，不必称臣进贡。孟昶决定增加水陆兵马，防守要塞。王昭远建议和北汉联合，夹攻宋。

孟昶派大程官孙遇把蜡丸书信送到北汉，相约共同出兵阻挠北宋的统一活动，没想到孙遇被北宋边吏捉住。太祖看了孟昶的信，找到了进攻的借口，于是下令出兵。

乾德二年十一月，赵匡胤命分兵两路：北路以忠武节度使王全斌为西川行营前军兵马都部署，侍卫步军都指挥使崔彦进为副都部署，率步骑三万出凤州，沿嘉陵江南下；东路以侍卫马军都指挥使刘廷让为副都部署，率步骑两万出归州，溯长江西进。两路分进合击，约期合攻成都。

刘廷让为宋太祖结社兄弟之一。王全斌出身将门，并州太原人，自幼就胆识过人。他的父亲为后唐岢岚军使，私下蓄养一百多名勇士，李存勖怀疑他心存异志，召见他，他害怕而不敢去。

当时王全斌十二岁，对他的父亲说："这是因为怀疑大人有别的图谋才召见您，您让我去做人质，一定会消除怀疑。"他的父亲照计行事，果然得以保全，李存勖把王全斌收用在军中。

到李存勖入洛时，王全斌历任宫内职务。同光末年，国家有内难，乱兵攻入宫城，近臣宿将都弃甲逃走，只有王全斌与符彦卿等十几人在宫中抵抗。李存勖中了流矢，王全斌等扶他到绛霄殿，王全斌痛哭而去。

李嗣源即位，补任他为禁军列校。后晋初年，跟从侯益在汜水大败张从宾的军队，因战功迁任护圣指挥使，后周广顺初年，改护圣为龙捷，任命全斌为右厢都指挥使。到了讨伐慕容彦超于兖州时，任行营马步都校。

显德年间，王全斌跟随向训平定秦、凤，于是兼任思州团练使。不久他被升擢，兼任泗州防御使。跟从柴荣平定淮南。收复瓦桥关，改任相州留后。

宋初，李筠占据潞州叛乱，王全斌与慕容延钊由东路会合大军进讨，因战功授安国军节度。宋太祖诏令他修葺西山堡塞，不到限期他就完成了。建隆四年，王全斌与洛州防御使郭进等人率领军队攻入太原境内，俘获敌人数千人而归，进克乐平。

乾德二年冬天，王全斌任忠武军节度。朝廷下诏征伐蜀地，命王全斌任西川行营前军都部署，率领禁军步兵骑兵二万人、各州军队一万人由凤州路进讨。赵匡胤召他来看川陕地图，并且告诉他战略方针。

宋太祖还下诏在开封临汴水为孟昶建造房屋五百余间，供帐杂物齐备，以等待孟昶投降后用。

宋太祖谕令将士："行军所至，不得焚荡庐舍，驱逐吏民，开发邱坟，剪伐桑柘；凡克城寨，不可滥杀俘虏，乱抢财物。"

这月汴梁大雪，宋太祖在讲武堂设坛帐，衣紫貂裘帽视事，忽对左右说："我被服如此，体尚觉寒，念西征将士，冲犯霜霰，何以堪此？"即解下紫貂裘帽，遣太监飞骑赶往蜀地赐给王全斌，且传谕全军，以不能遍赏为憾事。于是宋军人人奋勇，准备攻击后蜀。

孟昶听到消息，任命王昭远为都统、赵崇韬为都监、韩保正为招讨使、李进为副招讨使率军抵抗宋军。

军队成都出发，孟昶派李昊等人设宴送行，王昭远手拿铁如意指挥军事，自比诸葛亮，酒意正浓，对李昊说："我这次进军，哪里只是抗拒敌军？我领这二三万雕面恶少儿，夺取中原易如反掌啊！"

孟昶又派儿子孟玄喆率精兵数万守剑门。孟玄喆用车携带爱姬，带着乐器和几十个演戏的人随军出发，蜀人看见了都偷偷讥笑。

王昭远刚到罗川，王全斌已率领军队攻拔乾渠渡、万仞燕子两个营寨，又进攻兴州。

王昭远派韩保正、李进率五千兵马前去抵挡。韩、李领军到三泉寨，遇到宋军先锋史延德。李进、韩保正双双被史延德擒去，五千蜀兵被全歼。三十万石军粮成了宋军的战利品。王昭远听到消息，在罗川布阵迎战。

王全斌攻下兴州后，后蜀刺史蓝思绾退保西县。宋军打败蜀军七千人，俘获军粮四十多万斛。接着攻拔石圌、鱼关、白水二十多座兵营。

不久，崔彦进、康延泽等人的军队把蜀军赶过三泉，进而达到嘉陵，杀死、俘虏很多蜀军。蜀人阻断阁道，宋军不能前进。

王全斌打算夺取罗川路攻入，康延泽暗里对崔彦进说："罗川路险，军队难以齐头并进，不如分兵修治阁道，与大军在深渡会合。"

崔彦进把这个意见告诉王全斌，王全斌认为正确，命令崔彦进、康延泽监督修治阁道，几天后成功，于是进攻金山砦，攻破小漫天砦。王全斌领兵由罗川赶到深渡，与崔彦进的部队会合。

史延德等到崔彦进来会合之后才继续前进。他们远远就看见蜀兵沿江安营，江上还有浮桥。宋军抢占浮桥，争先恐后地冲过桥去。王昭远吓得魂飞魄散，退守漫天寨。

第二天，崔彦进、康延泽、张万友分三路进攻，蜀人出动全部精锐部队来迎战，宋军又大破蜀人，乘胜攻拔蜀军兵营。蜀将王审超、监军赵崇渥逃走，宋军又与三泉监军刘廷祚、大将王昭远、赵崇韬带领的军队大战，蜀军三战三败，王全斌等领兵追至利州北。

王昭远逃走，渡过桔柏江，焚烧桥梁，退守剑门。宋军乘机攻克利州，缴获军粮八十万斛。崔彦进带领部队继续向成都进发，后蜀军节节败退。

刘廷让、曹彬率领东路军攻夔州，守将高彦俦战败，闭城拒守，判官罗济劝他撤走，高彦俦说："我以前不能守住秦川，今又撤退，虽然君主不杀我，我有何面目见蜀人呢！"又劝他投降，高彦俦不许，于是自焚而死。蜀兵崩溃，将帅多数被俘虏。东路军攻克夔州后，继续西进，沿途万州、施州、开州、忠州纷纷投降。

王全斌听说东路军大捷，立即从利州出发，准备进攻剑门。从利州到剑门，中途驻扎在益光。王全斌与诸将商议说："剑门是天险，古称一夫持戈，万夫不能前进，各位应当各陈进取之策。"

侍卫军头向韬说："降卒牟进说'益光对岸的东边，越过几座大山，有条小路叫来苏，蜀人在江的西边设置兵营，对岸有渡口，从这里出剑关南行二十里，到清强店，与大路相合。可以从这里进兵，则剑门不足为恃也。'"

王全斌等人就准备带甲出发，康延泽说："来苏小路，不须主帅亲自去。况且蜀人屡次战败，合兵退守剑门，不如各位元帅协力进攻，命令一位偏将到来苏，如果到达清强，向北进攻剑关，与大军夹攻，必然攻破剑门。"

王全斌采纳他的策略，命史延德分兵去来苏，在江上建造浮桥。蜀人见桥建成，弃营而逃。

王昭远听说史延德领兵攻来苏，到达清强，就让偏将留守剑门关，亲自带领大部队到汉源坡，阻击王全斌。可是还没看见王全斌的影子，剑门关失守的消息已经传到。

王昭远吓得魂不附体、行为失常。王全斌等人大败蜀军，王昭远、郭崇韬都逃走，王全斌派轻骑追击擒俘了他们，押送到朝廷，继而攻克剑州，杀死蜀军一万多人。

孟昶正与宠妃饮酒取乐，接到大败的消息，酒都吓醒了，急忙招募士兵，任命太子玄喆为统帅，赶赴剑门关，支援前军。孟玄喆带着美女行军，仿佛是在游山玩水，刚到绵州就听到了剑门关失守的消息，仓皇逃回成都。

孟昶向群臣问计，老将石頵认为宋军远来，势不能久，应当聚兵坚守等待东兵疲惫。

丞相李昊建议献土投降。孟昶命李昊写降书，派伊审征送给王全斌。王全斌派康延泽带领一百骑兵，跟着审征到成都，宣读太祖的圣旨，查封府库。

第二天，孟昶亲自出宫门到郊外升仙桥宋营，以亡国之礼拜见宋军统帅王全斌。王全斌即率大军进入成都，刘廷让的兵马也前来会合。此时为乾德三年正月。

自王全斌等将领发兵至孟昶出降，才六十六日，后蜀即平，比前蜀王衍被后唐所灭还快。孟昶对花蕊夫人说："我父子以丰衣足食养士四十年，一旦遇敌，竟不能东向发一矢！"

后蜀共历二主，共三十三年。当初，李昊为前蜀皇帝王衍的翰林学士，王衍败亡时，李昊为他写降表，现在又为孟昶写降表，蜀人夜间在他门上写"世修降表李家"，当时传为笑话。

据传宋太祖灭后蜀后，侍卫们领了宋太祖的旨意前去收拾东西，这些人居然连孟昶的小便溺器也收来了。那溺器是最污秽的东西，侍卫们怎么还要取来呈给太祖呢？只因孟昶的溺器与众不同，乃用七宝装饰，精美无比。

侍卫们见了，十分诧异，不敢隐瞒，取回呈览。太祖见了孟昶的溺器，不禁叹道："溺器要用七宝装饰，又用什么东西贮食呢？奢靡至此，安得不亡！"命侍卫将它打得粉碎。

孟昶投降北宋后，在从成都押送到北宋京师汴梁的途中，成都有数万老百姓冒着生命危险为他送行，人们哭送着，男女老少沿江护送，其中哭得恸绝者数百人，孟昶也掩面痛哭，老百姓一直从成都送到犍为县，达数百里，其场面十分感人。

孟昶降宋之时，正是宋太祖诞辰之日。孟昶有一副春联就与此相关。据说，这是我国的第一副春联。

《蜀梼杌》载："蜀未归宋前一年岁除日，昶令学士辛寅逊题桃符版于寝门，以其词非工，自命笔云：新年纳余庆，嘉节号长春。"这大概是有记载的最早的春联。

孟昶作此联的第二年，宋太祖赵匡胤就派兵统一了后蜀，将孟昶等掳走，同时委用了吕余庆去做成都的地方长官。另外，宋太祖已于建隆元年将每年的农历二月十六日自己的生日定名为"长春节"，即所谓"圣节"。

这种情况与联语是一种巧合，还是预先知道，后人已经无从考证。不过，孟昶写下的这副春联在中国对联发展史上留下了重要的一页，却是无可否认的。

再说宋太祖接到孟昶的降表，便任命吕余庆担任成都知府，命孟昶速率家属进京受职。

孟昶不敢怠慢。绿柳才黄的时候，孟昶、花蕊夫人与李昊一行三十三人被押赴汴梁，杜宇声声"行不得也，哥哥！""行不得也，哥哥！"实在叫人心碎。

亡国的后主孟昶及家人、僚属，被宋军押送着顺江东下，来到汴梁，住进了那座有五百间大屋的院子。俗话说："少不入蜀，老不出川。"孟昶以亡国之君出川，就更为悲壮。

好在赵匡胤并未对他过分羞辱，他封孟昶为秦国公，并尊称孟母李太后为"国母"。得知李太后老家太原，赵匡胤还表示要在攻下北汉后，送老太太回太原。他对孟昶家眷都有封赏，后蜀的所有俘虏全部被释放。

蜀军东路军都监曹彬一向为人谨慎，他认为孟昶在蜀称王三十年，而成都又距京都遥远，建议皇帝擒杀孟昶及其僚属，以防不测。

但赵匡胤却不以为然，在曹彬的密报后面批上了"汝好雀儿肚肠！"可见，宋太祖赵匡胤在对待降王问题上有极豁达的气度与充分的自信。

亡国之君一向是国破家亡的。相比之下，孟昶遭遇赵匡胤，反而受到优待。不过，这种宽容却并未善终。宋太祖赵匡胤如此优待孟昶，据说只因他看上了孟昶的宝贝妃子——花蕊夫人。

宋太祖久闻花蕊夫人艳绝尘寰，欲一见颜色，以慰渴怀，又不便特行召见，恐人议论，便想出这个主意：重赏孟昶，连他的侍从家眷也一一赏赐，料定他们必定进宫谢恩，就可见到花蕊夫人。

果然如此，那天谢恩，孟昶的母亲李夫人之后就是花蕊夫人。太祖格外留神，觉得她才至座前，便有一种香泽扑鼻，令人心醉，仔细端详，只觉得千娇百媚，难以言喻。

等到花蕊夫人口称"臣妾费氏见驾、愿皇上圣寿无疆"时，那一声娇音，如莺簧百啭，呖呖可听，方才把太祖的魂灵唤了回来，但两道眼光仍直直地盯在花蕊夫人身上，一眨不眨。

花蕊夫人也有些觉得异样，便瞧了太祖一眼，低头敛鬟而退。这临去时的秋波一转，更是勾魂摄魄，直把宋太祖弄得心猿意马。此时，太祖继后王氏已去世。太祖见了花蕊夫人这倾国倾城的美人儿，顿时觉得六宫妃嫔都索然无味。

一夜，太祖召孟昶进宫宴饮，直到深夜才告别回家。第二天晚上，孟昶突发疾病，胸口好像有东西堵着，不能吞咽东西，医生换了好几拨儿，没有丝毫效果。几天后，孟昶一命呜呼。史家多认为是太祖毒死的。

太祖听到孟昶已死，辍朝五日，素服发表，赙赠布帛千匹，葬费尽由官给，追封为楚王。

孟昶死后，他的母亲并不哭泣，但举酒酹地，说道："你不能以一死殉社稷，贪生至此，我也因你而苟活在人间，不忍就死。现在你死了，我活着还有什么意思呢？"于是绝食数天而死。

孟昶葬在洛阳，他的家属仍留汴京，少不得入宫谢恩。太祖见花蕊夫人全身缟素，愈显得明眸皓齿、玉骨珊珊，便借此机会，把她留在宫中，通令侍宴。第二天，册立花蕊夫人为妃。

花蕊夫人身不由己，只得婉转从命。饮酒中间，太祖知道花蕊夫人能作诗，在蜀中时，曾作宫词百首，要她即席吟诗，以显才华。花蕊夫人吟道：

> 初离蜀道心将碎，离恨绵绵。春日如年，马上时时闻杜鹃。三千宫女皆花貌，共斗婵娟。髻学朝天，今日谁知是谶言。

吟罢，说这词是当日离开蜀国、途经葭萌关时写的，写在驿站的墙壁上。还说："当年在成都宫内，蜀主孟昶亲谱'万里朝天曲'，令我按拍而歌，以为是万里来朝的佳谶，因此百官竞执长鞭，自马至地，妇人竟戴高冠，皆呼为'朝天'。及李艳娘入宫，好梳高髻，宫人皆学她以邀宠幸，也唤作'朝天髻'，哪知道却是万里崎岖，前往汴京，来见你宋主，万里朝天的谶言，却是降宋的应验，岂不可叹么？"

宋太祖赵匡胤听罢长久不语，连饮三杯，说道："你再做一首新的。"花蕊夫人沉思片刻，即献《述国亡诗》一首，倾吐心声：

> 君王城上竖降旗，妾在深宫那得知？
> 十四万人齐解甲，更无一个是男儿！

原来宋师攻蜀仅六万人，蜀军虽守却有十四万之众，后者却迅速缴械投降，令花蕊夫人为之羞愤。此诗一出，太祖却拍手叫好，后世诗评家也多以激赏。

宋太祖本也是个英雄人物：当年千里送京娘，当年以一条棍棒打遍十八座军州。此时有感于花蕊夫人的故国之思、亡国之痛，竟更加深了对花蕊夫人的爱慕之心。

饮了几杯酒后的花蕊夫人，红云上颊，更觉妩媚动人，太祖携着花蕊夫人的手同入寝宫，不久封花蕊夫人为贵妃，自此太祖每日退朝必到花蕊夫人那里饮酒听曲。

这日退朝略早，太祖径向花蕊夫人这里而来。步入宫内，见花蕊夫人正在那里悬着画像，点上香烛，叩头礼拜。

太祖不知她供的是什么画像，即向那画像细看去，只见一个人端坐在上。太祖觉得好像在什么地方见过此人，急切之间，又想不起来，只好问花蕊夫人。

夫人不意太祖突然而来，被他瞧见自己秘事，心下本就惊慌，见太祖问起，连忙镇定心神，慢慢回答道："这就是俗传的张仙像，虔诚供奉可得子嗣。"

太祖听如此说，笑道："妃子如此虔诚，朕料张仙必定要送子嗣来了。但张仙虽掌管送生的事，究竟是个神灵，宜在静室中，香花宝柜供养；若供在寝宫里面，未免亵渎仙灵，反干罪戾。"

夫人听了太祖的话，连忙拜谢。实际上花蕊夫人所供的并不是张仙，而是蜀主孟昶。她本与孟昶十分恩爱，自从孟昶"暴病身亡"，她被太祖威逼入宫，因为贪生怕死而勉承雨露，虽承太祖宠冠六宫，心里总抛不下孟昶昔日的恩情，所以亲手画了他的像，背着人，私自礼拜，不料被太祖撞见，只得谎称是张仙。

可怜那些宫里的妃嫔，听说供奉张仙可以得子，便都到夫人宫中照样画一幅，供奉起来，希望生个皇子，从此富贵。不久，这张仙送子的画像竟从宫禁中传出，连想生儿抱子的民间妇女也画一轴张仙，香花顶礼。到了晚清年代，又把张仙男身像改花蕊女身像，花蕊夫人也被尊为"送子娘娘"了。

如此，孟昶九泉有知，也一定会十分感念花蕊夫人，后人有人咏此事："供灵诡说是神灵，一点痴情总不泯；千古艰难唯一死，伤心岂独息夫人。"

宋太祖得了花蕊夫人，就像得到了活宝贝，一退朝，就和花蕊夫人饮酒作乐，或看花蕊夫人绘画、题诗，享受着和平的快乐时光。

不过，很快就从川中传来急报，文州刺史全师雄起兵作乱，王全斌屡战屡败，向朝廷求援。

原来王全斌这时候已经不能控制四川的局势。乾德四年正月十三日，驻军魏城，孟昶派遣使者奉表投降，王全斌等将领进入成都。十多天后，刘廷让等人才领兵到达。

孟昶赠送廷让财物以及犒劳部队的规格，都与全斌到达时相同。诏书颁赏时，各军也没有差别。从此两军互相忌恨，蜀人也相争，主帅于是不和。王全斌等人先接到诏令，每处理事务必须诸将合议，因此，即使是小事也不能独自决断。

而且，王全斌入蜀后贪酒好色，不理军务，放纵部下掳掠女子、抢劫财物，蜀中百姓无不怨恨。宋太祖在平蜀后曾经诏令征发蜀兵到京城，每人给钱十千，不走的人，加发两个月廪食。

王全斌等人却不立即执行，从此蜀军愤恨不已，人人想作乱。两军随军使者常常有数十上百人，王全斌、崔彦进及王仁赡等各自包庇他们，不让他们遣送蜀兵，只分别派遣诸州牙校遣送。

乾德三年三月，蜀兵到达绵州，揭竿而起，抢劫属县，自称兴国军，响应者达到十多万。

蜀人中有个曾任文州刺史、也曾经当过将领的人，名叫全师雄，有威望有德惠，士兵们都畏服他。当时他正带领全族人到京城，在绵州遇到叛乱，全师雄担心被士兵们挟制，于是全家藏在江曲民舍。几天以后，他被乱兵捉到，推拥为主帅。

王全斌派都监米光绪前往招抚叛军，可是米光绪乱施淫威，全师雄家族除全师雄的一个女儿因姿色可人被他霸占免于一死以外，全遭杀害。

全师雄被激怒，率领士兵急攻绵州，被横海指挥使刘福、龙捷指挥使田绍斌打败。他又进攻彭州，赶走刺史王继涛，杀死都监李德荣，占据州城。

成都十县都起兵响应全师雄，全师雄自号"兴蜀大王"，建立幕府，设置官员，任命将帅二十多人，命他们分别据守灌口、导江、郫、新繁、青城等县。

崔彦进与张万友、高彦晖、田钦祚共同讨伐他们，被全师雄打败，高彦晖战死，田钦祚仅以身免，叛军越来越多。

王全斌又派张廷翰、张煦前往镇压，战况不利，退入成都。全师雄分兵驻守绵、汉之间，阻断阁道，依江建立兵寨，声言准备进攻成都。

从此，邛、蜀、眉、雅、东川、果、遂、渝、合、资、简、昌、普、嘉、戎、荣、陵十七州，都跟随全师雄作乱。邮传一个多月不畅通，王全斌等人非常担心。

当时城中还有二万蜀兵，王全斌担心他们响应叛贼，就与诸将合谋，把蜀兵引诱到夹城中，全部杀死。川中兵民，争相抗拒宋军，西川十六州同时变乱。

王全斌束手无策，一面向朝廷求援，一面派刘廷让、曹彬带兵征讨全师雄。刘廷让廉洁，曹彬宽厚。他们入川时秋毫无犯，深得民心。他们从成都出发，在新繁与全师雄遭遇。两军对阵，全师雄军中许多人向刘、曹投降，全师雄无法控制，只好撤退。

全师雄退保郫县，王全斌、王仁赡战无不克，全师雄走保灌口寨。贼势受到压制，余党散保州县。有位陵州指挥使元裕，被全师雄任命为刺史，有军士一万多人，王仁赡活捉了他，在成都市中处以磔刑。

不久虎捷指挥使吕翰被主将相待无礼，于是杀死知嘉州、客省使武怀节。战棹都监刘汉卿，与全师雄的部属刘泽会合，兵至五万，赶走普州刺史刘楚信，杀死通判刘沂及虎捷都校冯绍。又有果州指挥使宋德威杀死知州、八作使王永昌及通判刘涣、都监郑光弼，遂州牙校王可炮率领州民叛乱。王仁赡等人领兵在嘉州讨伐吕翰，吕翰败走，逃到雅州。

全师雄在金堂病死，叛军推举谢行本为主帅，罗七君为佐国令公，与贼将宋德威、唐陶鼍占据铜山，不久被康延泽打败。王仁赡又在雅州大败吕翰，吕翰逃到黎州，被部下杀死，尸体被丢在水中。后来丁德裕等分兵招降，叛军才平息。此时已是乾德四年夏秋之际。

平定全师雄叛乱后，宋在西南地区声望更高，西南各少数民族也纷

平定天下

225

纷归附宋朝。

不久，有人告发王全斌及崔彦进攻破蜀时抢夺民家子女、玉帛等违法之事，王全斌等将领被召回京。

赵匡胤看在王全斌等人当初立功，因此，虽然犯法，但只令中书省问清罪状，王全斌等人也都供认了，赵匡胤下诏降王全斌为崇义节度使留后，其他入蜀将领也被降职；只有曹彬因清廉有功升任宣徽南院使，刘廷让也受到嘉奖。

蜀地安定后，宋太祖长舒了一口气，继续与花蕊夫人寻欢作乐。宋太祖想立花蕊夫人为皇后，赵普谏阻。太祖选左卫上将军宋偓十七岁的女儿进宫。宋太祖的年号乾德，前蜀曾用过，太祖于是诏令将乾德六年改为开宝元年。

开宝元年二月，宋太祖立宋氏为后。宋氏进宫，太祖就冷落了花蕊夫人。花蕊夫人因怨成病，郁郁而终。太祖下令以贵妃礼安葬。

关于花蕊夫人之死，还有不同的说法。一种说法是后来赵匡胤还是知道了花蕊夫人供奉孟昶的事，逼迫花蕊夫人交出画像，花蕊夫人至死不从，赵匡胤一怒之下杀死了她。

花蕊夫人倒下了，鲜血染红了院中的芙蓉花。人们敬仰花蕊夫人对爱情的忠贞不渝，尊她为芙蓉花神。

另一种说法是花蕊夫人死于赵光义之手。北宋中期邵博的《闻见近录》中说，一日赵匡胤率亲王和后宫宴射于后苑，赵匡胤举酒劝赵光义。

赵光义答道："如果花蕊夫人能为我折枝花来，我就饮酒。"

赵匡胤命花蕊夫人折花时，赵光义引弓将她射死，随后流泪抱着赵匡胤的腿说："陛下方得天下，宜为社稷自重，远离酒色！"

赵匡胤心中虽不快，却没有责怪他，而是"饮射如故"。

北宋末年的《铁围山丛谈》则说，花蕊夫人归宋后，赵光义也十分喜爱她，但无从得手。一次从猎后苑，花蕊夫人在侧，赵光义调弓矢，引满拟兽，忽回射花蕊，一箭而死。

赵光义为什么要杀死花蕊夫人？有人说是赵光义高风亮节，以社稷为重，不顾一切地清除他哥哥身边的"祸水"。也有人说赵光义出于羡慕嫉妒恨，我得不到你也得不到，不惜毁灭一代美女。还有人认为是因为花蕊夫人在接班人问题上有不利于赵匡义的说法，赵光义挟嫌报复。

说赵光义高风亮节，基本不成立，因为赵光义自己就是个好色之徒，他后来对南唐李煜的小周后的贪婪和强占就是典型例证。

说赵光义出于羡慕嫉妒恨而杀死花蕊夫人，也有些勉强，赵光义虽然垂涎花蕊夫人的美色，但绝不会为一个美女而开罪赵匡胤，坏了自己的接班大事。

说花蕊夫人介入宋廷权力之争，被赵光义杀死，还是比较靠谱的。没接班前，赵光义表现得极为谦恭韬晦，低声下气；但他的忍耐有个底线，就是不能影响他接班，否则见鬼杀鬼，见佛杀佛，毫不手软。

花蕊夫人被赵光义一箭射死。太祖虽然英明，但也无从追究；正在悲悼中时，又有一个军机消息传来，太祖便把雄心提起，又去用兵。

铲除南汉割据政权

　　荆湖、后蜀灭亡后，南唐、吴越臣服，唯南汉刘鋹拒绝附宋。宋太祖在平定荆、湖之后，就曾攻下过南汉的郴州，令南方诸国大为震动。南唐、吴越都表示了臣服之意，但南汉主刘鋹不从。

　　南汉后主刘鋹，原名刘继兴，南汉中宗刘晟长子，五代十国时期南汉君主。南汉是五代十国时期的政权之一，位于现广东、广西两省及越南北部，面积约四十多万平方公里。

　　南汉的开创者是刘隐。刘隐，上蔡人，唐朝封州刺史刘谦长子。刘隐的祖父刘安仁是名商人，后到南海经商，便在此安家。刘隐的父亲刘谦素有才识，因打击群盗有功，授任广州牙将。后以军功官拜封州刺史、贺水镇遏使，很有声望。

　　乾宁元年，刘谦去世，广州官员上表朝廷委任刘隐代替刘谦担任封州刺史。乾宁三年，清海节度使刘旻龟去世，嗣薛王李知柔前往广州，赴任清海节度使。

李知柔行至湖南时，广州牙将卢琚、谭弘玘作乱。卢琚据守广州，抗拒李知柔入境，由谭弘玘固守端州。李知柔因此不敢入境。谭弘玘交结刘隐，许诺把自己的女儿嫁给刘隐为妻。

刘隐假装答应这桩婚事，以婚亲为借口，把士兵武器藏在船上，夜里进入端州，斩杀谭弘玘，继而乘胜袭击广州，斩杀卢琚，然后整顿军容迎接李知柔进入广州主持节度使事务。

李知柔上表朝廷任命刘隐为行军司马。其后徐彦若代替李知柔担任清海节度使，上表朝廷任命刘隐为清海节度副使，将军政之事委任给刘隐。

光化元年，韶州刺史曾衮发动军队攻打广州，广州将领王瓌率领战舰接应曾衮；刘隐一交战就将曾衮的人马打败。韶州将领刘潼重新占据浈阳县、洺县，刘隐率军讨伐，将刘潼斩杀。

天复元年十一月，静海节度使徐彦若去世，遗表荐举刘隐代理清海留后。

天复二年，虔州刺史卢光稠进攻岭南，攻取韶州，让他的儿子卢延昌驻守，自己则进兵围攻潮州。刘隐发兵把卢光稠打跑，乘胜进攻韶州。刘隐的弟弟认为卢延昌有虔州军队的援助，不能匆忙攻取。

刘隐不听，于是包围韶州。适逢江水新涨，水势湍急，粮草输送跟不上，卢光稠自虔州带兵救援韶州。卢光稠的部将谭全播在山谷之中埋伏精锐部队一万人，用瘦弱的兵士诱敌，在韶州城南大败刘隐的军队，刘隐逃回广州。

当初，清海节度使徐彦若临终上表荐举刘隐代理清海留后，朝廷任命兵部尚书崔远为清海节度使。崔远到达江陵，听说岭南盗贼很多，并且畏惧刘隐不接受替代，不敢前进，朝廷召崔远回京师。

天佑元年，刘隐派遣使者用重贿交结权臣朱温，朱温于是奏请以刘隐为清海节度使。天佑二年，朝廷加任刘隐为同平章事。

后梁政权建立后，朱温加任刘隐为检校太尉，兼任侍中，并封爵大彭郡王。刘隐、刘岩兄弟自从接受后梁封爵之后，一直奉后梁为正朔，并暗中扩展疆界。

开平二年九月，武昌节度使马殷派遣步军都指挥使吕师周率军进攻岭南，与刘隐交手十余次，夺取岭南昭、贺、梧、蒙、龚、富六州。十月二十三日，后梁任命刘隐兼任静海节度使、安南都护。

开平三年四月初四日，后梁加任刘隐为检校太师，兼任中书令，封南平王。刘隐占领岭南时，宁远节度使庞巨昭、高州防御使刘昌鲁不从。

同年十二月，刘隐派遣其弟刘岩攻打高州，刘昌鲁把他打得大败；刘昌鲁接着进攻容州，但没有攻克。刘昌鲁自己估计终究不是刘隐的对手，于是归附楚王马殷。

乾化元年，后梁进封刘隐为南海王。同年三月，刘隐病情紧急，上表朝廷委任其弟节度副使刘岩暂时主持留后事务。三月初三日，刘隐病逝，时年三十八岁，刘岩继任其位。

刘岩在岭南逐步消灭了各个割据势力，初具建立政权的条件之后，于后梁贞明三年，正式即皇帝位，初立国号大越，改元乾亨。追尊刘安仁为文皇帝，其父刘谦为圣武皇帝，其兄刘隐为襄皇帝，建立三庙。之后建立起正式的官僚政治体制，在朝中设置百官，以杨洞潜为兵部侍郎、李衡为礼部侍郎、倪曙为工部侍郎、赵光胤为兵部尚书，都委以平章事。赵光胤自以为从唐朝起就是世族，不愿意为刘岩政权效力，经常怏怏不快，希望早日回归中原政权。

刘岩于是伪造赵光胤的手书，遣使走小路送到洛阳，召其二子赵损、赵益以及他的其他家属一起到了岭南。赵光胤见了之后十分惊喜，此后尽心为刘岩效力。

刘岩生性苛酷，他亲自炮制了刀锯、肢解、刳剔等残酷的刑罚，每次亲眼观看杀人的时候，他都喜不自胜，都像享受口福之乐一样，口水直流，当时的人们都以为他是蛟蜃。而且他好奢侈，将南海的珍宝全都搜刮来据为己有，将其建成玉堂珠殿。

南汉乾亨二年，刘岩在南郊祭天，大赦境内，正式改国号为汉，史称南汉。南汉乾亨八年，刘岩建造南宫，大臣王定保献上《南宫七奇赋》为其称颂。同年，改名为刘陟。

乾亨九年，据说有一条白龙出现在南宫三清殿，于是刘陟改年号为白龙，并于此时正式改名为"刘龑"，以印证白龙出现的祥瑞。

当时有个胡人和尚说："《谶书》曾经有言'灭刘氏者龑也。'"于是刘龑采用《周易》"飞龙在天"之义，创造汉字"龑"，再次改名刘龑。

南汉白龙四年，雄踞湖南的马楚派水军攻打南汉封州，封州军兵败于贺江，刘龑非常恐惧，便用《周易》占卜吉凶，得到《大有》之卦，于是大赦南汉境内，改年号为大有。

大有十五年四月二十四日，刘龑去世，秦王刘弘度继位，改名为刘玢，任用弟弟刘弘熙辅佐朝政，改年号为光天，尊奉其母昭仪赵氏为皇太妃。

刘玢继位后，骄横奢侈，不喜欢过问政事。还在丧殡之中，刘龑就大作声乐酣饮。夜间同娼女鬼混，让男子和女子脱光衣服而加以观赏取乐。

刘玢经常杀害不合心意的人，因此没有人敢劝谏。只有他的兄弟越王刘弘昌和内常侍、番禺人吴怀恩多次进谏，刘玢不采纳。他经常猜忌他的几个弟弟，每次邀集人参加宴会，就命宦官把守大门，大臣和宗室都要脱衣搜查，然后才能进门。

光天二年七月，晋王刘弘熙想要谋取刘玢的帝位，便故意送美女博取他的高兴，促使他更加作恶。

刘玢喜爱手搏，刘弘熙便命指挥使陈道庠引领力壮的武士刘思潮、谭令、林少强、林少良、何昌廷等五个人在晋王府中习练手搏，刘玢听说后很是高兴。

七月初八日，刘玢与诸王们在长春宫宴饮，观赏手搏，直到夜晚才停止酒宴，刘玢大醉。刘弘熙命陈道庠、刘思潮等人拖拽刘玢，刘玢被拉杀而死，时年二十四岁。

七月初九日早上，百官诸王不敢进入宫廷，越王刘弘昌带领诸弟来到刘玢的寝殿，迎接刘弘熙即皇帝位，刘弘熙改名为刘晟，把年号改为应乾。给刘玢追封谥号为殇皇帝。

刘晟杀兄刘玢后，名不正言不顺，怕众人不服，就用酷刑来服众。刘晟一共有十八个兄弟，全部被他杀光。整个中国历史上，怕是再也找不出第二个像刘晟这样不顾手足之情残忍地杀害如此众多兄弟的皇帝了。

显德三年，后周世宗柴荣平定江北，刘晟这才恐慌，派人到后周京师朝贡，但被南楚拦住，使者过不去，刘晟忧虑万分。

刘晟知晓占星术，同年六月在甘泉宫观天，牛女星间有月食，刘晟自看占星书，立即丢到地下，叹道："自古以来有谁能不死吗！"从此彻夜放纵饮酒。

乾和十六年，刘晟在城北选定墓址，修建陵墓，他亲自视察。同年秋，刘晟去世，终年三十九岁，谥号文武光圣明孝皇帝，庙号中宗，陵号昭陵。其子刘鋹即位。

南汉后主刘鋹，原名刘继兴，是南汉中宗刘晟的长子，初封卫王。南汉乾和十六年，刘晟去世，刘继兴继位，改名刘鋹，时年十七岁，改年号为大宝，史称南汉后主。

后主刘鋹又是一位昏庸无道之君，不但荒淫无耻，而且还极为愚昧无知。南汉王朝进入朝政最腐败、社会最黑暗的时期。

刘鋹不会治国，政事皆委宦官龚澄枢及女侍中卢琼仙等人，宫女亦任命为参政官员，其余官员只是聊备一格而已。他尤其信任宦官龚澄枢，国家大政皆由龚澄枢指示可否。

在用人方面，他更是比刘晟"青出于蓝而胜于蓝"。谁最可靠？自家兄弟可靠吗？不可靠。宦官陈延寿对刘鋹说："先帝所以能得以传位于陛下，都是因为把诸弟统统杀光了。"

刘鋹于是效仿父亲的做法，把他的弟弟们也一个个地杀光了。自家兄弟是不可靠的，那么群臣呢？也不可靠。因为他们都有家眷，必定得顾子孙，故不能尽忠。他想来想去，认为还是太监最可靠。

于是他推行了一项基本国策：想重用的大臣，一律先阉掉。按照规定，考上进士的要先阉割，再委任官职。此外，没考上进士，但被刘鋹器重的官员，也都难逃一刀。即便是和尚、道士，刘鋹想与其谈禅论道，也要先阉割了再说。

在刘鋹看来，百官们有妻儿老小，肯定不能对皇上尽忠。有些趋炎附势的人，居然阉割了自己，以求进用。为了推行这项基本国策，还赐官职给专门阉人的技术员。

于是南汉几乎成为阉人之国。时人称未受阉割之刑的人为"门外人"，而称已阉割者为"门内人"。南汉被灭的时候，光是被杀的阉割技术员就多达五百名。

南汉一个小小政权，居然养了两万多个太监，里面自然有不少饱学的儒生。于是南汉的臣子陷入了一种矛盾之中，想得到重用，但又怕得到重用。如皇帝准备用你了，那么他一定要让你成为他认为的"可靠的人"，就是先把人阉了当太监，然后就可以用了。

刘鋹之所以会推行这么古怪的一个制度，历史上有两种说法：一是说他是爱才若渴，希望能和俊杰之士朝夕相处，所以才阉了他们，方便他们到皇宫串门；二是他在位时认为"群臣有妻室，顾念子孙而不能尽忠"，不如一刀阉了，心底无私天地宽，以便能够全身心地报效朝廷。

据说南汉有位读书人才高八斗、学富五车。寒窗苦读之后，一举考得状元。结果被刘鋹看中，准备起用，这位状元很快就被迫受阉。

这些读书人天天读圣贤书，想到的却只是做官。读到最后，明知要被阉，也忍不住去做官。中国古代读书人的官瘾，当真是入于骨髓，溶于血液，无药可救。

有个宦官陈延寿，原是个无赖之徒，后来因奸淫妇女而被阉，便进入宫内充当内侍。因他性情灵巧，善于奉承，慢慢获得了刘鋹的信任。

陈延寿想邀取刘鋹的宠幸，不知道从哪里找来了一个叫樊胡子的女巫弄进宫里去，胡吹自己是玉皇大帝降临真身，特来辅佐刘鋹削平四海统一天下；还说刘鋹本是玉皇大帝的太子下凡，来扫平诸国、统一天下；且命樊胡子、卢琼仙、龚澄枢、陈延寿等降临人世，辅佐太子皇帝，这四个人皆是天上神圣，即便偶然不慎犯了什么过失，太子皇帝也不得加以惩治。

刘鋹居然相信了，在宫中设下大帐，让樊胡子穿着道服坐在上面指点江山。樊胡子称刘鋹为"太子皇帝"，刘鋹则跪在地上听"玉帝"旨意。

大宝二年十一月，宰相钟允章看不下去，屡劝刘鋹不要这样胡闹下去，并建议杀掉这些惹事太监，重振国势。

龚澄枢等人怀恨在心，趁着钟允章准备皇帝祭祀大典的时候，让太监许彦真诬告钟允章谋反。刘鋹根本没有主见，将钟允章斩于狱中，并夷三族。

钟允章是南汉的老臣，他被杀之后，其他人更不敢来管这些乌糟事，都做了哑巴。这样，龚澄枢成了实际上的南汉皇帝，刘鋹不过是个傀儡。

对刘鋹来说，玩女人的兴趣远大于上朝的兴趣。有个名叫素馨的宫女，天姿国色，她常穿着白夹衫，云髻高盘，满插花朵，远远望去好似神仙。刘鋹对她十分婺爱，特地为素馨造起一座"芳林园"。

园内种植名花，到春天百花盛开，便命素馨率领众宫女做斗花之会。每逢开花之期，刘鋹在天明时亲自开了园门，放宫女们入内采择花枝。

待采择齐备，立即关闭园门，齐往殿中各以花枝角胜负。斗花胜的，当夜蒙御驾临幸；斗花败了的，罚金钱置备盛筵为胜者贺功。

芳林园中除了众花之外，又栽了许多荔枝树，荔枝熟时，如同贯珠，颜色鲜红，灿若云霞。刘鋹在花下大张筵宴，美其名曰"红云宴"。

刘鋹听说内侍监李托有两个养女长得倾国倾城，便封其大女儿做贵妃、小女儿做美人。李托因女得势，升为内太师，和龚澄枢平起平坐。

刘鋹曾在国内挑选数名市井小无赖与宫中未成年少女当众发生性关系。见男的胜女，便立予重赏；若女的胜男，这男子便犯了不可赦免之罪，轻则鞭笞，重则宫刑。更有甚者，刘鋹竟命令自己的妃嫔与人当众性交。

一天，南汉国都番禺的街市上倒也热闹异常，唯一奇怪的是陌生人问路搭讪，当地人没一个敢回答，貌似全是哑巴。然而当陌生人一转身，当地人又互相说起话来。

突然有人低声说了一句："皇帝来了。"整个市场立马鸦雀无声，静悄悄、阴森森如同鬼城，仿佛一根针掉地上都能听到声音。

果然未过多时，来了一位二十多岁面容猥琐、服饰华贵的小伙子，后面还跟着数十个家丁装束的随从。这小伙子不是别人，正是刘鋹。

只见刘鋹走路像螃蟹似的横着走，东瞧瞧西看看，神情极是滑稽，有几分好奇，又有几分得意。

未几，他停了下来，目光锁定了一家古董店，他莫非喜欢古董？非也，他看上了店里那位黑肥黑肥的妞儿。

只见他贼腻兮兮走上去搭讪，其他人都不敢说话，唯独这位肥妞不怕，还送给刘鋹一串豪放不羁的笑声。

刘鋹虽然不学无术，却也不是傻子。他仔细打量这位女子，年纪不大，皮肤略带黑色，只是身体肥腴得夸张，眉目之间颇有些妖冶的神态。

刘鋹心中一动：此女不是本地人，亦非中原人，多半是西域人或波斯人。稍加问了几句，果然不出所料，刘鋹很得意，认为自己太有见识了。

既然是波斯女人，那就让我尝个鲜吧，不由分说，一挥手，几个如狼似虎的家丁上来，跟老鹰捉小鸡似的把波斯女塞进了轿子。他们倒轻松，仗着人多，可轿夫们一路上直叫苦：这么一个弱女子咋就这么重呢，简直就像个母猪。

我们常说人才在民间，一点儿都不假。这些个轿夫无意中的比喻，居然真的成真了。进宫以后，刘鋹迫不及待地与肥妞上床，没想到这肥妞是个房中高手，曲尽其术，跟骚狐狸似的把刘鋹弄得神魂颠倒、不知南北。于是刘鋹对其大加宠爱，因其黑而肥，赐号为"媚猪"，而自称"萧闲大夫"。

刘鋹贵为一国之君，难道没见过美女，以至于错把东施当西施？非也，他后宫美女多得是，别的不说，单说内侍监李托的两个养女——一对姊妹花就生得清丽可人，被刘鋹选入宫中，极尽宣淫，长者封为贵妃，次者封为才人，他们还一起观看过罪犯被猛兽撕咬的场景。

以此来看，刘鋹倒不是真的不懂审美，而是美女玩儿腻了，想换换口味而已。这一换不得了，刘鋹从此迷上肥妞儿了。

那位"媚猪"也是有心人，遍寻后宫中体态丰腴者，指曰："此女善淫。"然后择其中九人，组成肥妞团，尽传她的房中术，一同去服侍刘鋹。

一时间，南汉后宫肥女大行其道，而刘鋹大开淫心，大得其爽，忙不赢了，都是宝贝呀！九个宝贝体重加一起起码得一千四百斤，如此难得，必须要给封号，才锦上添花。

于是乎，刘鋹命人拟旨，将九人各个赐号：媚牛、媚羊、媚狐、媚狗、媚猫、媚驴、媚兔、媚猿、媚狮，以媚猪为首，总称为"十媚女"。这实在是一个旷古难遇的动物世界。

后来，大概玩儿腻了，刘鋹便别出心裁给媚猪找了个美男。在他亲自指导下，二人当众展开"大体双"场景。

《清异录》中记载，"刘昏纵……延方士求健阳法，久乃得多多益办。好观人交，选恶少年配以雏宫人，皆妖俊美健者，就后园裼衣使露而偶，扶媚猪，延行览玩，号曰大体双。又择新采异与媚猪对，鸟兽见之熟，亦作合。"

刘皇帝在狂笑中获得一种不为常人所理解的快感。史料中有"车马轻裘独用，妻妾可与人"的记载。其甘戴绿冠，堪称千古一绝。

稀奇的是，刘鋹这时候不仅喜欢肥女，而且由于有了这次前无古

236

人，后无来者的大册封，因此他对动物亦情有独钟了，特在后苑修建了动物园，养了许多虎、豹、犀牛、象等猛兽。没事了，就领一帮"猫狗"妃子去看人与动物打架，将罪犯的衣服剥去，驱入园中，让他们赤身与虎、豹、犀、象角斗。刘鋹领着后宫侍妾在楼上观看，每当听到惨叫声，就拍手大笑，以此为乐。他制定了烧、煮、剥、剔、剑树、刀山等各种残酷的刑罚。

刘鋹经常出外微行，酒店、饭馆、花街柳巷，无处不到。倘若倒霉的百姓遇见了他，偶有一两句言语不谨慎，触犯了忌讳，或是得罪了他，顿时便命卫士捉进宫去，用毒刑处治，剥皮剔肠，斗虎抵象，活活地送了性命，因此搞得人人惊惧。当时南汉的百姓，偶然见到陌生人，便怀疑是皇帝来了，大家立即张口结舌，不敢多说一句话。

刘鋹性情虽然暴虐，但他的手很巧，常用珍珠结为鞍勒，做戏龙的形状，精巧异常。他命人入海采珍珠，多至三千人。在宫里无事时，便以鱼脑骨做托子，镂椰子为壶，雕刻精工，细入毫芒。有名的雕刻工匠见了刘鋹所制器物，都诧为世所罕有。

刘鋹以珍珠装饰宫殿，一代之尊，极尽奢侈，并在合浦置媚川都，置兵八千专以采珠为事。珠民采珠时，将石头系在珠民的脚上，深入海里七百尺，珠民溺死者无数。

国亡之后，刘鋹曾用珠子将马鞍结成戏龙的形状献予宋太祖。宋太祖因此感叹说："刘鋹如果能将这项技艺用在治国上，怎么会灭亡！"

南汉地狭力贫，刘鋹这样奢侈无度，不久府藏已空。刘鋹便增加赋税，凡邑民进城，每人须缴纳一钱。琼州地方，斗米税至四五钱。每年的收入，都做了筑造离宫别馆及奇巧玩物的花费。

刘鋹当皇帝不到两年，赵匡胤建立大宋。招讨使邵廷琄劝说刘鋹道："汉乘唐乱，居此五十年，幸中国有故，干戈不及，而汉益骄于无事，今兵不识旗鼓，而人主不知存亡。夫天下乱久矣，乱久而治，自然之势也。今闻真主已出，必将尽有海内，其势非一天下不能已。"

邵廷琄说赵匡胤素有雄略，统一是迟早的事情；劝刘鋹要早做准备，还不赶快练兵，招兵买马，用来对付来攻打自己要一统天下的大军；如果不想振兴祖业，与赵宋对抗，那么就应该向宋朝称臣。

刘鋹觉得邵廷琄说得也有道理，就让邵廷琄主持军务，严防宋军。龚澄枢等太监们哪能让邵廷琄得势？这些人上书刘鋹，说邵廷琄捞到军权准备谋反自立。

邵廷琄被诬陷谋反，虽然查不出任何谋反的罪证，但是邵廷琄还是被刘鋹以谋反罪给杀了，邵廷琄手下都知道主帅是被冤杀的，可谁也救不了，只能暗骂刘鋹混蛋，军心自是解体。

邵廷琄一死，南汉能数得上的名将也就只有驻守桂州的西北招讨使潘崇彻了。潘崇彻，生卒年不详，广东南海人；五代时南汉国第一名将。为人勇武，喜读兵书，南征北战，屡立奇功。

刘鋹对潘崇彻也不放心，密派太监郭崇岳去看看潘崇彻的动静，并嘱咐发现潘崇彻若有不轨，就地格杀。

潘崇彻也知道受到了皇帝猜忌，先是大陈甲兵接见郭崇岳，郭崇岳临场畏惧，没敢动手，溜回广州。郭崇岳前脚刚到，潘崇彻就跑回广州，反正桂林早晚要丢，何苦把命搭上。刘鋹念潘崇彻有大功，只是夺去了他的兵权，没把他怎么样。

南汉王朝在王室内讧、政治腐败和人民的反叛中日益走向衰落的情况，被远在中原的赵匡胤看得一清二楚。

某日，赵匡胤说道："看来要由朕来解救这一方的百姓了。"随着赵匡胤这一句话的出口，北宋以消灭南汉为目的的军事行动就已正式提上了日程。

北宋开宝三年九月，赵匡胤正式委任潭州防御使潘美为贺州道行营兵马都部署，命他挂帅出征，率朗州团练使尹崇珂、道州刺史王继勋等大将，会同诸道兵马攻打南汉。

南汉旧将先前多因谗言而被杀，宗室也几乎被杀光，掌兵权的只有宦官而已；城墙、护城河，都装饰为宫殿、水塘；楼船战舰、武器盔甲，全部腐朽。刘鋹派遣龚澄枢驻守贺州、郭崇岳驻守桂州、李托驻守韶州，以防备宋军。

潘美率领军队占领富州，刘鋹派其将领率领军队一万多人来增援，潘美与他们作战，大败南汉军，攻克贺州。十月，又攻下昭州、桂州、连州，西江各州相继投降。

刘鋹在岭南失利后，却依然十分天真。他认为这岭南之地原本就不是南汉的，宋军占了之后，就会退兵的，他自然还可以继续当他的皇帝。不知是他真的如此认为，还是这仅仅是心理安慰而已。

为了在失败之后不至于被俘，刘鋹也为自己留了一条后路，他让人取船舶十余艘，载金宝、妃嫔准备逃往海外。同时他又听从了宦官龚澄枢、李托等人的建议，召潘崇彻、郭崇岳等人迎敌。

刘鋹任命潘崇彻为都统，率兵五万防守贺江。潘美对潘崇彻非常畏惧，但此时的潘崇彻已经心灰意冷，对南汉政权失去信心，不愿再为刘鋹效力。潘美进军夺取昭州后，潘崇彻即率军投降。刘鋹自毁长城，不亡何待。

潘美因为战功移任南面都部署，进驻韶州。韶州是广州的北面门户，敌军十余万人集结在这里。潘美指挥军队趁机进攻，韶州于是被攻下，斩杀俘虏敌军数万人。

宋师南征破韶州时，后主刘鋹听从梁鸾真的推荐，以郭崇岳为招讨使，与大将植廷晓一同率部前往马迳防御宋军。郭崇岳是个迷信的人，不及时备战，反而把心思都放在向鬼神祈祷上面；又被潘美来了个火攻，几乎全军覆灭，郭崇岳本人也做了鬼。

刘鋹只有逃这一条路了，不是还有一条退路嘛！他想带上残部到海上接着当这个"土皇帝"。不过等他准备逃时，船只连同护船的军士，船上的财宝、妃嫔全都被宦官与卫兵盗走了。

刘鋹穷愁急迫，派遣他的大臣王珪到潘美军营来请求和好，又派他的左仆射萧潅、中书舍人卓唯休奉表请降。

潘美对他们宣谕赵匡胤的旨意，认为能战就与他们战，不能战就让他们守，不能守就让他们降，不能降就让他们死，不能让他们死就赶走他们，除这五种结果外其他都不接受。潘美就命令殿直冉彦衮指挥押送萧漼等人到朝廷。

刘鋹又派他的弟弟刘保兴率领军队抵抗，潘美就率领军队兼程行军赶到栅头，离南汉都城广州仅一百二十里远。

南汉军队十五万人凭借山谷坚固阵地等待宋军，潘美于是构筑壁垒，休整部队。他对将领们计议说："敌军用竹木编为栅栏。如果用火攻，敌军一定溃乱，再趁机用精锐部队夹击敌人，是万全之策。"

于是分派丁夫几千人，每人拿着两个火把，秘密行军至南汉军的栅栏外。到了晚上，万余火把一齐点燃，正好天气刮着大风，火势很强。南汉军受到惊动阵脚大乱，潘美急忙指挥军队迎击，大败南汉军，宋军斩首数万人。

潘美指挥军队长驱直入攻到广州，刘鋹此时上天无路、入地无门，只好着白衣请降于潘美马前。城破之前，刘鋹又听从了宦官龚澄枢的话，把南汉宫殿全烧了。宋军于是攻克广州，擒俘刘鋹押送到京师，并向朝廷报捷。

赵匡胤听说刘鋹下令烧了宫殿，大怒，想杀了刘鋹。刘鋹连忙解释说："臣僭位之时，年方十六，龚澄枢、李托等，皆先朝旧人，每事悉由他们作主，臣不得自专，所以臣在广州，澄枢等才是国主，臣反似臣子一般，还求陛下垂怜！"

赵匡胤最终还是没有杀刘鋹。由刘隐、刘龚兄弟开创的刘氏南汉王朝，在传递了五个皇帝六十四年之后，至此宣告灭亡。

当天，朝廷任命潘美与尹崇珂同知广州兼市舶使。五月，任命潘美为山南东道节度使。开宝五年，潘美兼任岭南道转运使。土豪周思琼纠集民众依仗海域叛乱，潘美讨平了他们，岭南于是安定下来。

在南汉灭亡后，刘鋹和刘氏宗室及文武官员九十七人被宋军一同从广州押送到北宋首都汴京。

刘鋹投降后，将责任完全推给龚澄枢，宋太祖就将龚澄枢斩首，而赦免刘鋹的罪，并任命其为右千牛卫大将军，封恩赦侯。

荒淫无度的刘鋹投降后，为宋太祖、宋太宗厚待，也出现不少趣事。一次，赵匡胤闲来无事，诏刘鋹入侍讲武池陪他喝酒，刘鋹很会拍马屁，别人都还没来，他头一个到了。

赵匡胤知道刘鋹口渴，赏了他一杯御酒。

刘鋹在南汉时，常置毒酒以毒杀臣下，以为宋太祖要毒杀自己，吓得跪到地上，连哭带嚎。

刘鋹说："罪臣敢抗王师，本应族诛，然陛下宽厚自天性，许臣不死。臣本愿做个大宋顺民，观皇帝陛下一统四海之盛世，所以罪臣不敢喝这酒。"言下之意是"你想毒死我？不喝！"

赵匡胤仰天大笑："朕要杀你，何须把你叫到这里来，在府中就可赐死。"顺手将刘鋹的那杯酒拿过来一饮而尽，让人另外倒酒。

刘鋹本人体态丰满，眉清目秀。有巧思，亦能言善辩。

后来，宋灭南唐，将刘鋹改命左监门卫上将军，封彭城郡公。宋太宗即帝位，再改封其为卫国公。宋太平兴国四年，宋太宗将伐北汉刘继元，在长春殿宴请潘美等将领。

当时刘鋹与已降宋的前吴越王钱俶、前清源节度使陈洪进一同参加，刘鋹因此说："朝廷威灵远播，四方僭号窃位的君主，今日都在座，不久平定太原，刘继元又将到达，臣率先来朝，希望以后做诸国降王的首领。"宋太宗因此大笑，并重赏了他。比起阿斗来，他更进了一步，阿斗只是说乐不思蜀，而他还想当降王的首领。

太平兴国五年，刘鋹去世，被赠授太师，追封为南越王。由于刘鋹是南汉最后一位君主，复无谥号、庙号，史家所以习称其为南汉后主。

俘虏南唐后主李煜

开宝四年十一月，大宋都城汴梁来了一位不速之客。这位不速之客不是别人，他是南唐国主李煜的弟弟李从善。

李从善，字子师，祖籍陇西郡成纪县，五代时南唐诗人，元宗李璟第七子。母凌氏吴国太夫人，李后主之弟。南唐时，封为郑王，累迁太尉、中书令。

南唐的郑王爷为什么这个时候来到大宋的京城呢？这当然与当时的时局密切相关。赵匡胤在短短十年内，就吞并了荆南、湖南，灭亡了后蜀、后汉，其实际效率比无岁不征的周世宗柴荣还要快。

由于传统的大一统思想及战略生存的需要，自奉为正统的中原王朝从来不会允许独立的江南政权的存在。

南唐后主李煜在宋军发兵攻打南汉之前，还曾经写信给南汉主刘鋹，劝说他早日投降。但随着其他割据政权依次被灭亡，赵匡胤也开始对南唐强硬起来，不再那么友好。

当年十月，赵匡胤开始在长江上游的汉阳囤积重兵，并打造战船，做出东下的姿态。李煜再无政治敏感，也看出赵匡胤来者不善，因此他派出七弟李从善带着大批贡品到开封，以"朝贺"为名，为自己的江山赢取苟延残喘的机会。

南唐曾经繁盛过，但是自从后周时代，已经国力大损，从此一直在走下坡路。南唐奉周正朔，用其纪年。

显德六年，周世宗派人对李璟说："我与江南，大义已定，但顾虑后世不能容纳你，可以在我在世时修造城隍、整治要害为子孙计。"

李璟于是修葺各城，计划迁都于洪州，群臣都不想迁，只有枢密使唐镐赞同迁都，于是升洪州为南昌，建南都。

建隆元年正月，刚刚通过兵变接手后周天下的赵匡胤立足未稳，主动释放了周世宗征淮南时俘获的唐将周成等人。

南唐国主李璟见赵匡胤称帝，北方易主，心怀疑虑，不知新政权会对江东持什么态度，因此急忙遣使送金帛祝贺。赵匡胤平定地方节度使李筠、李重进的反叛，李璟又派人送礼祝贺并犒师，还派皇子李从镒到扬州觐见太祖赵匡胤。

宋太祖即位后一直对南方的威胁不敢掉以轻心。亲征扬州成功后，他曾有乘胜渡江之意，于是率领宋军在长江中练习水战，此举吓坏了南唐君臣。

南唐两位地方官员杜著、薛良叛逃降宋，但赵匡胤经过考虑，认为时机还不成熟，就以不忠的罪名将杜著斩首，以示两国友好，宋朝无意侵吞江南。

李璟吓得派使表示愿以对待后周的礼节侍奉宋朝，每年进献贡物若干。可见，李璟只求相安无事，已无法顾及尊严。

面对大宋咄咄逼人的气势，李璟已经丧胆。宋建隆二年，他决定迁都南昌，以避其锋。李璟临走前，立吴王李从嘉为太子，留守金陵，从此把一介文弱书生推到了大浪滔天的政治舞台。

但与金陵相比，南昌地势偏远，经济落后，根本不符合都城的标准，群臣颇有怨言，都有思归之意。李璟也很后悔，想迁都又怕赵匡胤对他不利，以致心情郁闷、茶饭不思，染上重病。

李璟知道赵匡胤的抱负不在柴荣之下，早晚要下江南，也许自己早点死去会免去更多的耻辱。建隆二年六月，李璟开始绝食，每天只喝点清水，几日后就在南昌病死，年仅四十六岁。

李璟屈尊于柴荣，不惜颜面，目的是让柴荣放他一马。他并未与赵匡胤有过直接交手，他算是被新登基的宋朝皇帝吓死的。

李璟去世后，太子李从嘉继立，以丧事回金陵，派使入朝，希望恢复李璟的皇帝名号，宋太祖同意，于是将李璟谥为"明道崇德文宣孝皇帝"，庙号元宗，葬于顺陵。

李从嘉是南唐中主李璟第六子，初名从嘉，字重光，号钟隐、莲峰居士，生于金陵，祖籍彭城。李从嘉初封安定郡公，累迁诸卫大将军、副元帅，封郑王；善诗文、工书画，丰额骈齿、一目双瞳，因貌有奇表。遭长兄、太子李弘冀猜忌。

李从嘉为避祸，醉心经籍、不问政事，自号"钟隐""钟峰隐者""莲峰居士"，以表明自己志在山水，无意争位。

显德六年九月，南唐太子李弘冀去世，李璟封第六子李从嘉为吴王，居住东宫。大臣钟谟说李从嘉轻浮放纵，请立纪国公李从善，李璟大怒，贬钟谟为国子司业，立李从嘉为太子。

李璟病逝后，李从嘉在金陵登基，更名为李煜，尊母亲钟氏为圣尊后，立妃周氏为皇后，封诸弟为王；并派中书侍郎冯延鲁入宋进贡，上表陈述南唐变故。

宋太祖回赐诏书，派人前往南唐吊祭，恭贺李煜袭位。此后南唐面临的形势更加凶险，他也只能步其父的后尘，一直在宋朝面前奴颜婢膝，以求苟延残喘。

其实，李煜不这样做也没办法，因为北方的天朝一生气，随时可能踏平江南和取他这位国主的性命。

李煜对赵匡胤执礼甚恭。建隆二年九月，宋昭宪太后病逝，李煜遣户部侍郎韩熙载、太府卿田霖入朝纳贡；又派户部尚书冯延鲁给宋朝送了一份金器两千两、银器两万两、锦帛三万匹的厚礼，并附上非常谦逊的一封信，说自己本想效法上古的"巢、许，夷、齐"，但兄弟多夭，所以只得勉为其难。

赵匡胤知李煜并非对手，所以也不太在意，但他听说李煜在金陵建了金鸡，非常生气。金鸡是只有皇帝才有资格修建的，并非寻常之物。李煜的僭越就是对皇帝的不敬。

南唐的进奏史陆昭符担心赵匡胤生气，请他不要相信传言，那根本不是什么金鸡，而是一只说不上名字的杂鸟；并表示南唐作为臣下，不敢做这些僭越之举。赵匡胤这才假装没事，不再追究，李煜暂时逃过大劫。实际上，并不是赵匡胤特别宽容，只是消灭南唐的最佳时机并未到来。

其时，南方还有数个割据政权，长江上游还有割据称王四十年的后蜀。一般来说，中原王朝要拿下长江中下游的割据政权，都要先取巴蜀。灭了成都孟昶，南唐就再无生存之理了。

但李煜并没有充分利用好宋太祖赵匡胤平定其他诸侯的时机精兵强政，反而将主要精力放在了其"文学家"之任上。

李煜是一位天才的文学艺术家，向来被尊为中国文学史上的一代词宗，为中国文学史留下了绝对辉煌的篇章。他的书法也颇有名。不过，作为一位政治领袖，他又是个绝对低能、弱智、看不出任何政治智慧与才能的可怜虫。

李煜在政治上无所作为，又在生活上奢靡放纵，他先后宠幸大、小周后，还给中国的女人们发明了三寸金莲。不过，当时李煜只是为了一饱眼福，让宠爱的宫女窈娘用锦帛裹脚在金子打制的莲花上翘着脚尖跳舞。当然，李煜也没有想到，他这项古怪的个人爱好竟成为中国女性在以后上千年时间里遭受的苦难。

同时，李煜还继续保持着对大宋的恭敬。建隆三年六月，李煜遣客省使翟如璧入贡北宋，宋太祖释放南唐降卒千人；十一月，遣水部郎中顾彝入汴京进贡。

乾德元年七月，李煜奉诏入京面见宋太祖。十二月，李煜上表宋廷，请求罢除诏书的不名之礼。李煜继位后，尊奉宋廷，故宋对南唐的诏书不直呼李煜的名讳，因此李煜希望改为直呼姓名，未得许可。

乾德二年九月，李煜封长子李仲寓为清源公，次子李仲宣为宣城公。十月，仲宣去世，皇后感伤而逝，李煜撰《昭惠周后诔》。宋太祖遣作坊副使魏丕吊祭，李煜也遣使入宋，献银二万两、金银龙凤茶酒器数百件。

乾德三年九月，李煜的母亲钟氏去世。宋太祖遣染院使李光图吊祭。乾德四年八月，李煜遣龚慎仪持诏书出使南汉，相约臣服宋朝。龚慎仪至南汉，被扣留。

李煜花天酒地之时，赵匡胤正在开疆拓土。面对宋军的步步进逼和南唐国主的无能，南唐忠义之士扼腕奋起。

最先向李煜提出建议的是南唐大将林仁肇。林仁肇，建阳人，生性刚强坚毅，武艺高强，而且身材魁梧，身上刺有虎形纹身。他原是闽国裨将，与陈铁齐名，人称林虎子；闽国灭亡后，归家闲居。

显德三年，南唐中主李璟因后周军攻打淮南，命鸿胪卿潘承祐到泉州、建州招募勇士。潘承佑推荐了林仁肇。

八月，周军正阳浮桥建成，扼住南唐援军的进路。林仁肇亲自率领一千敢死之士，用船载着薪柴牧草，乘风放火，欲焚毁浮桥。不料，风向转变，不利火攻，周军大将张永德趁机进攻，唐军大败。

这时，林仁肇单马殿后，并将张永德射来的箭矢全部挡开。张永德大惊道："敌军有能人啊，不可轻敌！"便不再追击。

后来，南唐向后周割地求和，林仁肇被任命为镇海军节度使，不久又改镇武昌。宋太祖平定淮南，南唐直接暴露在大宋的利剑之下。

开宝三年，南唐大将林仁肇私下向李煜进言道："淮南兵力很弱，宋国又连年用兵，先后平定西蜀、荆湖、岭南，千里奔波，士卒劳累，这正是可乘之机。陛下只要给臣数万兵马，臣就能夺取淮南。陛下可以对外宣称臣起兵反叛，那么臣若成功，淮南归国家所有，臣若兵败，陛下便灭我满门，以此表示陛下并不知情。"

李煜听后大惊，他说："你千万不要胡说，这会连累到国家的。"不久，林仁肇便被任命为南都留守、南昌尹。

林仁肇的出奇之策虽然是剑走偏锋，但是也有成功的可能。但李煜无此胆量与勇气，他彻底地拒绝了林仁肇。

另一个有见识的官员是卢绛。卢绛，字晋卿，号锦文，分宜观光人，南唐时是宜春属地，江西历史上第一个状元卢肇之曾孙。

卢肇之长子卢文秀只生独生子卢元峰，而卢元峰与妻子钟氏也只生了卢绛这个儿子，两代单传。

卢绛生于唐天顺二年辛亥二月十六日寅时，虽然他出生于一个书香门第，可是他读书明大旨，屡举进士不第。

卢绛自少就爱好兵家，以博弈角抵为事，所以他读书只求弄通了大概意思就行了，不愿读死书、死读书，下不了苦功，自然多次考不中进。于是家中恨铁不成钢，把他送往外地求学去了。

他来到新淦，寄居在当地富豪陈氏家里，与陈家子弟一起读书。可是他本性难改，依然是喜欢谈论战术与兵家之事，并且跑马射箭、沉湎于打猎。

不在屋中下苦功读书，富豪陈氏对他非常厌恶，忍无可忍，只有赠送资金与衣装，让他到庐山白鹿洞读书去。他遵照陈氏的吩咐来到了庐山脚下，进了白鹿洞求学。然而他还是不思读书，以屠贩为事，故被驱逐。他这个人很执著，也很现实：屠牛宰猪，可逞一时勇狠；贩运买卖，可获利于吃喝。

卢绛是一个不满现状、我行我素之人，白鹿洞不能容身了，他也不返回家乡去，竟是一路流浪到金陵城。这时候，后周王朝指挥使赵匡胤陈桥兵变，黄袍加身做了一代扫平天下的宋太祖，天下形势非常严峻。

卢绛觉得这时候正是英雄有用武之地，便向南唐朝廷上书论事以求进身，于是得到朝廷重臣枢密使陈乔的赏识，用为枢密使承旨，授沿江

平定天下

巡检。他的才能得到了充分显示，由他亲自招募成立的一支水上队伍，训练有素，很会战斗。

卢绛认为吴越是南唐的世仇，宋朝一旦起兵，它一定是帮凶。出手灭掉吴越，既除掉了后患，也会增强实力。因此他建议李煜谎称南唐宣州、歙州有叛乱，向吴越借兵平叛。吴越人贪利，必然出兵。在吴越出兵时，截断其后路，然后由自己领兵直取杭州，一战灭掉吴越。但是可想而知，李煜绝无此兴趣与胆量。可以说，南唐一步步地放弃了最后的生存机会。

李煜当政十多年来，对外屈膝，对内享受。朝中在职的多是些尸位素餐的弄臣，国势已经不可逆转。

内史舍人潘佑对此痛心疾首，上疏大骂李煜："过去夏桀殷纣东吴孙皓自取灭亡，为史所笑。现在陛下还不如他们，臣不愿和朝中那些畜生共事，更不愿意侍奉陛下这个亡国昏君！"

李煜见疏大怒，派人去拿潘佑。潘佑早知道自己会有此结局，痛哭一场，然后自刎身亡。

潘佑在奏疏中不仅臭骂皇帝，还连带把大臣也都骂了个遍，只认为司农卿李平才德兼备，希望李煜能让李平当尚书令。众人就将怒火发向了李平，诋毁李平与潘佑结党营私，李煜便把李平投到狱中并赐死。

李煜胆小怕事，又不听良言相劝，只能被动挨打。果然，宋太祖相继平定了南唐之外的江南地区后，就开始在长江上游的汉阳囤积重兵，准备攻打南唐。

面对此景，李煜只好再次求饶。他派出自己的弟弟李从善带着礼物，亲赴京城，并带给宋太祖一封信。

信中，李煜先大大地歌颂了一番宋太祖的丰功伟绩，接着，便谦卑地向宋太祖请求去掉其国号，改"唐国主"为"江南国主"，改"唐国印"为"江南国主印"。

这一次，南唐一应皇家气象，尽数贬损。改中书、门下二省为左右内史府，尚书省为司会府，御史台改成司宪府，翰林院为文馆，枢密院改称光政院，大理寺为详刑院。

宋太祖看了李煜的信后，自然是万分高兴。高兴之余，他设宴款待李从善，赵普、赵光义等人作陪。

就在李从善喝得面红耳赤的当口，宋太祖笑嘻嘻地对李从善言道："郑王爷，你就不要回江宁了，就留在汴梁吧！"

李从善大惊，宋太祖此言分明是要拘留他。可还没等李从善开口说话呢，宋太祖说："来人啊！送江南郑王去休息！"

第二天，宋太祖宣布，授予李从善泰宁军节度使、兖海沂等州观察使等职务。其实，这是以授予职务为名，把他扣留了下来。

按理说，两国交战都不斩来使，大宋与南唐未交战，李从善又是李煜的弟弟，还代表李煜来向宋太祖讨好，宋太祖应该没有理由将其扣下。

宋太祖这样做当然是有自己的用意。宋太祖早就风闻林仁肇的大名，知道其能力不在曹彬之下，李煜若信用林仁肇，就会迟滞自己的统一大计。因此，必须除掉这个劲敌。

宋太祖在扣留李从善的时间，派了一个画师到江南去偷觑了林仁肇的真容，然后画成人像，并把它置于宫中，然后带李从善观看，并问李从善是否认识画中人。

李从善大惊说："这不是林仁肇吗？"

宋太祖说："林仁肇将前来投降，先用这幅画像为信物。"又指着空着的馆舍道："这是我准备赐给林仁肇的。"

李从善也是毫无政治头脑的人，很快把此消息反馈回金陵，报告林仁肇已经变节。

李煜对此消息完全没有分析，再加上朝中执掌军权的是林仁肇的两个对手，他们趁机说林的坏话，李煜就下毒毒死了林仁肇。李煜成为阶下囚后，曾后悔杀了林仁肇，但已悔之晚矣。

李煜还曾派人贿赂赵普，送的礼物是白银五万两。赵普不敢要，他向皇帝作了汇报。没想到宋太祖要他收下，并要他回信对李煜表示感谢，还要他拿钱犒赏送礼的使者。

赵普不明所以，宋太祖还批评他小家子样，嘱他收下，不要失了大国之体，否则李煜会胡乱揣测。赵普于是收下了李煜的礼物。

但之后南唐使者再来朝贺时，宋太祖在正常的赏赐之外，还多给了些金子，正好值白银五万两。李煜一看，心知肚明，再也不敢做这些小动作了。

但不管李煜如何小心，宋太祖既定的统一政策不会改变。他等待的只是条件具备以及一个合适的理由而已。一俟准备完成，宋太祖就会毫不犹豫地发动灭南唐的战争。

开宝六年四月，宋太祖派翰林学士卢多逊以贺寿为名出使金陵，探探江南形势。卢多逊为人狡黠，先耍手段糊弄李煜，说只要李煜好好侍奉大宋便相安无事。

李煜居然相信了。卢多逊回去前，忽然对李煜说朝廷正在准备重修天下图志，只缺江南十九州的资料，请李煜提供方便。

李煜并没考虑卢多逊要干什么，便同意了，将境内所辖十九州的户籍资料甚至军队分布图都给了卢多逊。

得手后的卢多逊感到李煜真是无可救药。卢多逊知道皇上统一天下的心意果决，回到汴梁他把弄到手的机密资料交给宋太祖，极力怂恿宋太祖出兵江南。

此次出使，也使卢多逊的深谋远虑及政治才干受到宋太祖重视，不久，他就被擢任为参知政事。后来，卢多逊在围攻金陵的关键时期设法说服宋太祖中止休战计划，为统一江南立下了汗马功劳。

虽然卢多逊极言南唐衰弱，可以进攻，宋太祖还是有一点担心，因为江东立国依靠长江天堑自守近百年。从四百年前隋文帝杨坚过江灭陈到现在，没有大规模发动渡江战役的先例，宋太祖对北方军队能否顺利渡江心存疑虑。

开宝七年七月，南唐有一个叫樊若水的书生前来投奔宋太祖。

樊若水，字叔清，五代时南唐士人。樊若水自幼聪明好学，能思善

宋太祖赵匡胤传

250

算，博闻强识，过目不忘，因才高自负而不愿甘居人后。他长大以后，也曾梦想通过科举入仕、扬名振声、光耀门庭，结果却屡试屡败、进取无望。

他生于南唐风雨飘摇之际，亲见朝政腐败、民生凋敝，深感痛心，却毫无办法。恰在此时，他听说崛起于北方的宋太祖赵匡胤早有平南唐之心，在走投无路的情势下，他便产生了北归宋廷、为宋太祖效力的想法。

弃南唐而归大宋，这就意味着樊若水从此将要背上一个不忠不义的罪名，这些顾虑曾使他犹豫不决，但为了给自己谋一个出路，他最终还是克服了思想上的矛盾和内心的痛苦，断然北归宋廷。

北归宋廷，如何才能取得宋太祖的信任？如何为宋太祖建立统一大业献上一己之力？

樊若水经过一番潜心思考，他以为，宋太祖在北方立国，至今已有十年之久，先后已灭掉楚国、荆南、后蜀和南汉等南方诸国，地盘越来越大，兵力越来越强。南唐也已经成了他的瓮中之鳖、刀下之鱼，只是苦于长江天堑之阻隔，才迟迟未能发兵。

樊若水想："大江无桥可渡，宋军就难以攻取南唐。若能用竹筏、大船架起浮桥渡兵，帮助宋廷完成一统大业，岂不正是大丈夫扬名振声之举吗？"

想到这一层，樊若水积极筹划起来，决心一定要拿出一个最好的架桥方案，作为自己北归的见面礼，去呈献给宋太祖。

这是一种前无古人的大胆设想，但要实现并不容易。首先，这浮桥架在何处最为合适，这个难题就曾让樊若水数日来茶饭不思、彻夜难眠。

好在樊若水颇懂些兵法，也读过不少地理方面的典籍，他又长期生活在长江边上，因此对长江渡口、圩堰、关卡、要塞等无不了如指掌。

经过一番认真的考察和周密的分析、比较，樊若水认为，采石江面比瓜洲江面为狭，可作为架设浮桥的首选地点；然而又一想，采石江面

"惊波一起三山动"，要在这样一个"甲险塞于东南"的奇险之地架设浮桥，谈何容易！

要架桥，不仅要事先测量出江面的准确宽度，而且还要在岸边建起浮桥固定物。当今采石仍是南唐的军事重镇，在南唐驻军的眼皮底下测量江面、建造浮桥固定物，当然不能公开行事，只能设法暗中活动。

于是他经人介绍，来到采石广济教寺当了一名和尚。这个广济教寺位于牛渚山南麓，南唐时已有七百余年历史，是江南远近闻名的一大禅寺。

樊若水来到这里，接受了"具足戒"，落发成了僧人。其实，他哪里是真心当和尚，只不过想借此身份掩人耳目，以利于他考察采石江面而已。

因是熟人介绍而来，广济教寺的住持妙理法师对樊若水十分关照。他在寺院里没有多少事情可做，出入也很自由，这就使他有机会经常到牛渚矶边察看地形，并暗自绘下图纸，标上记号。

有时他还以垂钓为名，划着小船，带上丝绳，寻找隐蔽处，将丝绳拴在牛渚矶下的礁石上，然后牵着这根丝绳划到西岸，用这种办法来测量采石江面的宽度。为求其精确无误，樊若水在采石江面如此往返数月，测量十几次，竟然神不知鬼不觉。

为了建造浮桥固定物，他还以"广种福田"的名义向广济教寺捐献一笔资金，建议用这笔钱在牛渚山临江处凿石为洞，洞中建造石塔，供奉佛像，以保佑过往船只的平安。得到妙理法师的赞许后，樊若水又毛遂自荐，亲自督工建造。

不到两个月，即顺利完工。这一工程的告竣，竟令广济教寺的佛徒众僧对樊若水无不刮目相看。可是又有谁能想到樊若水这样做，实际上是在为帮助宋军日后渡江巧做准备呢？

樊若水在采石暗中活动了数月，在获取了采石江面有关的水文地理资料后，便于开宝三年不辞而别，离开广济教寺，逃往宋都汴梁，求宋太祖召见。

这天上午，太祖正在和众大臣商议如何攻打南唐，侍卫禀报宫门外有个从江南来的书生，要求圣上册封官职。

江南人文底蕴深厚，来人开口就敢要官，定有几分真才学。时下正是用人之际，何必拘泥于小节。想到这里，太祖便要宣此人上殿，却被宰相赵普拦住了："陛下莫急，来人如此张狂，小心有诈。"说完他问侍卫："来人可报了名号？"

"樊若水，来自南唐金陵。"

不等侍卫说完，一位臣子已忍不住笑出声："请陛下恕微臣无礼，陛下可曾听说过'大漠孤烟落日圆'的笑话，说的就是这个樊若水。"

原来，樊若水的父亲是南唐池州一个县令。作为县太爷的公子，樊若水从小就仗着自己读过几天书，恃才傲物，谁也不放在眼里。有一年，他到都城金陵参加科举考试，想一举成名、光宗耀祖，没想到被主考官毫不留情地刷了下来。

他很不甘心，就给皇帝李煜写信，提了一些治国理政的建议，并奉上了自己的几首得意诗作，其中一首开篇之句就是"大漠孤烟落日圆。"

李煜其人，论管理国事远不及父辈，但是谈诗词歌赋，却是顶尖高手。樊若水的几首诗，哪里入得了他的法眼，不但被他当场扔进了废纸篓，还被时常当作笑话取乐。此事在金陵乃至整个南唐，无人不晓。

"陛下，樊若水肯定是在南唐混不下去了，才到我大宋来。臣以为对这等沽名钓誉之徒，不仅不能召见，还应赏一顿棍棒，以扬我大宋国威。"

听完大臣们的意见，太祖深思良久说："人家大老远跑来投奔大宋，心意可嘉。于情于礼，都应见上一面。"

在宫门外晒了大半天太阳，才得以宣见，樊若水心里十二分不痛快。他气呼呼地走进宫，见了太祖也不跪拜，只拱手作了个揖，算是打招呼。

见他这副鼻子不鼻子的臭模样，登时就有臣子要发作，被太祖用眼神止住了。为了缓和气氛，太祖特地叫人给樊若水赐座，然后亲切地问："你为什么要取'若水'这个名字啊？"

樊若水回答："我自幼喜欢读书，曾经看到唐朝有个大臣叫倪若水，为人刚直，我很仰慕他，所以给自己也取了这个名字。"

他这话一出口，旁边侍立的臣子差点儿没笑喷了。原来唐朝那个大臣不叫倪若水，叫倪若冰。因为书是竖着排版的，那个"冰"字就是在"水"字的左上角加上那么一点，如果读得不仔细，难免会把"冰"看成"水"。

听到众人的笑声，樊若水急了："有什么可笑的？太宗皇帝说，'夫以古为镜，可以知兴替；以人为镜，可以明得失'。难道我们不应该向古人学习吗？"

众臣子几乎笑岔了气，此言明明是魏徵死后唐太宗的感慨，告诫自己要虚心纳谏。怎么到了樊若水这里，就断章取义成向古人学习了呢？

太祖虽然行伍出身，书读得不多，但是对这些史实还是知道的。他看到樊若水面红耳赤的着急模样，知道越是心高气傲的人，自尊心就越强；于是不但没有揭穿他，还笑呵呵地说："看来你知道不少古人的事呀，不错不错，我给你改个名字，就叫知古吧。"并赐樊若水进士及第，加封官职。

待樊若水出宫后，众大臣纷纷进言请求太祖收回成命，说此事一旦传出，定会遭到天下百姓耻笑；还说太祖不懂用人之道，有辱圣明，而且还会引来更多不学无术之徒。

太祖摆摆手，止住大家的议论："知古虽然学而不精，但是关心国事，尊崇先贤，有此赤诚之心，实在难能可贵。假以时日，能当大任。"

话说到这个份儿上，众大臣不便再言语，独有赵普忧心忡忡：陛下做事素来沉稳，今日之事太过荒唐，该不会是日夜思念渡长江，神智糊涂了吧？退朝之后，他吩咐几个贴心侍卫，昼夜盯住樊若水，一有风吹草动，立即禀报。

宋太祖赵匡胤传

再说这樊若水出宫后，回到客栈不吃不喝，倒头大睡。第二日，他叫店小二将酒菜送入客房，一边喝酒，一边对着任命书时而仰天狂笑，时而捶胸痛哭，时而放声高歌，时而倒地长叹，把客栈闹得鸡犬不宁。第三天，他紧闭门窗，足不出户。听送酒菜的店小二说，他一直呆在那儿自言自语，一会儿说此事万万不可，一会儿又说时势使然。第四日、第五日，他不启程赴任，反倒把汴梁城的角落走了个遍。

听完侍卫的禀报，赵普也糊涂了，这樊若水要官不上任，到底唱的哪一出啊？第七日退朝之后，他便将这些告诉了太祖。太祖听了很生气，叫人宣樊知古即刻进殿。

很快，樊知古就来了，"陛下，微臣已在宫门外恭候多时了。即使陛下不召见，微臣也会求见。"

"哦？"太祖有些意外，"说吧，你又想求何事？"

"是不是嫌上次陛下封的官职太小，想求个更大的？"赵普忍不住讥讽道。

樊知古不理会赵普的冷嘲热讽，对太祖说："微臣无他事相求，只想求陛下收回成命，让微臣做回一介布衣。"

"放肆！我大宋的官职是你想要就要，不想要就不要的吗？你当这是菜市场？你眼里还有没有陛下？"

"微臣知罪，请陛下息怒，相爷息怒。'大漠孤烟落日圆，凑诗一句赅经年。若冰非若水，知古不知古。'"说到这里，樊若水从怀里掏出一卷画轴，跪于殿前，"知古才疏学浅，不堪当此重任。如今想起那天在陛下面前的狂妄无知，羞愧难当。陛下明知小民不才，却不责不罚，以礼相待。如此厚恩，无以为报，唯有以此长江天险图进献，愿助陛下早日成就统一大业，让南唐百姓和大宋百姓一样，过上安宁富足的生活。"

樊若水向宋太祖献上了《请造浮梁以济师》的平南策，并呈上他亲手绘制的《横江图说》。

宋太祖慢慢打开这卷《横江图说》，见采石横江一带的曲折险要皆

——标明，尤其是采石江面的宽度标注更详，顿时龙颜大悦，喜不自胜地说道："今得此采石详图，南唐李煜小儿已尽入我袋中了！"

长江江阔水深，自古未有建浮桥之事，但宋太祖眼光独到，力排众议，采纳此策，并在开宝七年七月下令在荆湖秘密建造大舰及黄龙黑龙战船，为修建浮桥预先做准备。

至此，宋太祖感到出兵消灭李煜的时机已经成熟，不过出师总要有点借口，名不正则言不顺，言不顺则事不成。宋太祖于是派知制诰李穆出使金陵，让李煜朝见大宋皇帝。

宋太祖表面派李穆出使金陵的同时，暗地里已经命令吴越王钱俶出兵配合宋军、颍州团练使曹翰率军进驻荆南，开封等地宋军也已待命。

李穆到南唐说明旨意，李煜以疾病为借口推辞了，并且说："事奉大国以求生存，现在如果这样做，只有死路一条了。"

李穆不紧不慢地说："入朝与否，国主自己作主吧。但是宋朝军队精锐，物力雄厚，恐怕不易抵挡它的兵锋，应当再三考虑成熟，不要自贻后患。"

李煜当然知道觐见的后果。他虽然臣服于宋太祖，但条件是继续做江南国主，如果跟李穆去了开封，估计就得老死开封了。他的弟弟李从善就是赴京例行上贡没有回来。所以，宋太祖一邀请，李煜即推托自己得了大病，不能出门远行，以后再去。

李煜又听从大臣陈乔、张洎的建议，在长江中下游南岸各要地驻军，尤其以京城外围的湖口、润州、升州为重点，拱卫京城，企图固守坚城，让宋军知难而退。

李煜还给钱俶去信，告以唇亡齿寒的道理，说："今日无我，明日岂有君！"但李煜此举，并无什么反应，只因钱俶的爷爷钱镠临终前一再告诫后代要善事中原政权，勿以易姓废事大之礼！自此以后，吴越遵守祖宗的遗言已历数代。宰相沈虎子曾警告南唐灭亡的后果，但钱俶却不肯听，恭敬地听命于宋太祖，出兵配合攻打南唐。

李煜做了以上战争准备，又增加了一些底气。他在低声下气之余，也不免口出恶声。对李穆说："臣事大宋恭敬，原为保全祖宗社稷，如此相逼，不如一死！"

李穆早就知道李煜会这么说，高兴地回去复命说李煜倔强不朝，屡拒征召。这样，宋太祖成功地得到了出兵的机会和名义，正式决定出兵讨伐。

为此，宋太祖亲自制定了详细的军事方案，并于开宝七年九月十八日毅然宣谕出征南唐，一场多路出击、水陆并进、架桥和作战等部署有序的军事行动开始了。

根据计划，检校太傅曹彬奉诏与李汉琼、田钦祚先行到荆南征发战舰。宋太祖之所以让曹彬带队，是看重他低调、宽厚的性格。

后周时，曹彬曾经任晋州兵马都监。一天，曹彬与主将及宾客们在野外环坐，遇邻道守将骑马带着书信来到，使者不认识曹彬，暗地里问人说："谁是曹监军？"

有人给他指认曹彬，使者以为是骗自己，笑着说："哪里有国戚近臣穿绨袍、坐朴素的胡床呢？"使者审视半天后才相信。后来，曹彬升任引进使。

赵匡胤在后周管领禁兵时，曹彬中立不偏不倚，没有公事从不登门，群居宴会也很少参与，因此被器重。

建隆二年，曹彬从平阳被召回朝，宋太祖对他说："往日我常想亲近你，你为什么总是疏远我呢？"

曹彬叩头谢罪说："我是周室的近亲，又忝任宫内职务，端正做官，害怕有过失，哪里敢妄自结交呢？"

平定蜀乱时，诸将多取子女玉帛，曹彬行装中只有图书、衣服而已。回朝后，宋太祖知道这些情况后，把王全斌等人交给官吏治罪。他认为曹彬清介廉谨，授任为宣徽南院使、义成军节度使。

曹彬入宫朝见宋太祖，谢绝说："征西将士都被治罪，我单独受到赏赐，恐怕不能以示劝勉。"宋太祖说："你立有大功，又不自我夸耀功劳，即使有点小错，王全斌等人哪里值得提呢？执行劝勉大臣效忠国家的常典，不必辞让。"

曹彬老成持重的性格深得宋太祖喜爱，因此被委以重任，出征南唐。宋太祖对王全斌当年在平蜀之际军纪不严、杀俘勒民记忆犹新，所以临行前再三叮嘱曹彬：破城之日，不许杀戮！并将自己的宝剑交给曹彬，授命他副将以下不听命者斩。此言一出，连副将潘美都大惊失色。

开宝七年九月，曹彬出发后，宋太祖又派遣山南东道节度使潘美、颍州团练使曹翰、侍卫马步军都虞侯刘遇等将领率领步兵向江陵进发。宋太祖还命令吴越王钱俶出兵从东线攻击南唐的常州和润州，牵制南唐主力。此次南伐共出动大军十五万，战船数千艘，兵分五路攻向南唐。

十月，宋太祖诏令任命曹彬为升州西南路行营马步军战舰都部署，潘美为升州道行营都监。各路大军开始行动。

曹彬率军从荆南乘战舰东下，未及南唐军队反应，即冲过湖口。后又一路击败南唐军有限的抵抗，直抵采石矶。采石矶是长江下游的重要渡口，金陵西南的门户。

在陆上，南唐的池州守将发现宋军到来后依常例大开城门，以牛酒欢迎宋军的到来，等到守将明白这次宋军不怀好意时已经晚了，池州稀里糊涂丢掉了。

当曹彬率领大军兵临池州时，樊若水又被任命为太子右赞善大夫。为报答宋廷礼遇之恩，樊若水又主动为曹彬出谋划策，帮助曹军一举击败前来截击的南唐守军，并俘获池州牙校王仁震、王宴、钱兴等人。

此时，李煜还在幻想只要出点钱就能让宋太祖收手，派八弟江国公李从镒带着白银二十万两、锦帛二十万匹前去讲和。但李从镒那边还不见消息，宋军已经攻破池州长驱直进。

李煜见求和无望，只得应战。他在国中废去开宝年号，调兵防御，还慷慨激昂地对臣下说道："等宋师来战，孤自披甲执刀，督奖三军，和宋师死战，或许一胜，保全社稷。"

宋军曹彬、李汉琼部在采石矶开始按计划用船搭建浮桥过江。李煜听说这个情报，根本不相信，问中书舍人张洎是不是真有其事。张洎也不相信，便说："从来没听说过长江能建浮桥的，肯定是军中讹言，陛下不必害怕。"

李煜认为曹彬是痴人说梦，这才放心。哪知道宋太祖在得到南唐人樊若水精确的水文资料后，早就有所准备。

樊若水不仅为宋廷献上平南策，而且还亲自参与了架桥的大量准备工作。其实，这些准备工作在曹彬出兵之前就已经开始了。宋廷接受樊若水的建议，先命人在长江荆湖一带水域打造黄黑龙船千艘，以作架设浮桥桥墩之用；又命人砍伐巨竹，搓制粗绳，扎制竹筏，以便日后做浮桥桥面。一切准备就绪，再将这些龙船、竹筏集结于江陵，然后顺流东下。

宋军原计划让这些龙船、竹筏直接驶抵采石矶，但后来樊若水考虑到采石矶江面波涛险壮，稍有疏忽，恐难成功。为了行事万无一失，他又建议先在石牌口试架浮桥，然后移至采石江面。

曹彬采纳了樊若水的这个建议，于闰十月十三日占领铜陵后，便回师石牌口，截住由江陵驶来的黄黑龙船和竹筏，并在樊若水的技术指导下，很快将浮桥试架成功。

樊若水笑着对曹彬说："此去采石矶，定能大获全胜！"曹彬也异常兴奋，高声应道："此乃顺天应时之举，何愁采石矶大江浪涌？我自一往必胜！"

长江浮桥在石牌口试架成功后，受宋廷之命，前汝州防御使陆万友前来石牌口担负守卫任务。曹彬大军则抽身急趋采石，攻打南唐守军，以便扫清采石架桥的军事障碍。

闰十月二十三日，曹彬攻占采石。十一月九日，陆万友奉诏护送浮桥至采石矶。浮桥运抵采石矶后，曹彬当即命熟知采石水文地理的樊若水主管架桥工作。时值长江枯水季节，采石矶横江一带浪平滩浅，浮桥移置十分顺利，竟"三日而成，不差尺寸"。

宋太祖在此次收复江南战争中，首创在长江下游架设浮桥进行渡江作战的战略构想，并一举取得成功。相反，南唐后主李煜却过分依赖长江天险，丧失了主动出击进行反击的作战良机，造成局面的被动。

采石浮桥架成后，曹彬迅即传令在长江西岸集结待命的潘美率步兵渡江。潘美率领着步兵从浮桥通过，进入江南。宋军随之大败南唐军，俘虏南唐兵马都监孙震，南唐军主力两万余人被全歼。

采石矶浮桥做成时，南唐用二十多艘战船敲响战鼓溯水而上趁机来攻。潘美指挥军队奋勇而战，夺取南唐军的战舰，擒获南唐军将领郑宾等七人，又攻破南唐军城南的水营栅栏，分派水师驻守。潘美上奏朝廷，赵匡胤派遣使者赶快迁移战船，以防变故。潘美接到诏令马上迁移部队。这天夜晚，南唐果然来攻水营，未能成功。

到开宝八年正月，宋军直达秦淮河畔，开始攻打秦淮河外围守军。金陵直接暴露在宋军的攻击范围之内，宋军正要发起攻击，可是舟楫未备。

宋将潘美等得不耐烦，当即下令说："我接受诏令，指挥骁勇善战的军队数万人，期望能够一定获胜，怎能因为一条浅水所限而不敢直接渡过去呢？"他率先下河涉水向敌阵扑去，宋军个个不甘落后，冲上岸去，南唐军阵脚大乱。

大将李汉琼也率所部渡过秦淮河。守护秦淮河的南唐守军大败，退入金陵城中。不久，宋军又攻克金陵的外关城，对金陵城形成了三面包围之势。

李煜仍不在意，把政事全交给陈乔、张洎，把城防交给一个纨绔子弟皇甫勋，只管在后苑中与僧道诵经说易，宋军围城数月，他都不知。

皇甫勋是个怕死鬼，大敌当前，只顾散布悲观论调，还偷偷派自己的儿子到宋营议和。到五月份，李煜上城巡视时，发现城外宋军铺天盖地，这才得知实情，明白亡国已在眼前。

李煜怒杀皇甫勋，急召神卫军都虞侯朱令赟从上游增援，并派兵增援润州。不过，他还对宋太祖抱有幻想，自以为给皇帝认个错，皇帝就能收兵回去，自己继续当"儿皇帝"。于是，李煜派吏部尚书徐铉去汴梁哀求宋太祖罢兵。

宋太祖赵匡胤传

七月，因为江南酷热，宋军屯兵坚城之下，水土不服，军中时有疫情发生。宋太祖想暂时撤兵休整，待到秋凉之时再启战争。于是派遣使臣与此前出使开封被扣的李煜之弟李从镒一起回到金陵，劝说李煜投降。

参知政事卢多逊无法说服宋太祖改变成见，就设法让知扬州侯陟报告金陵城已危在旦夕的情况。侯陟建议皇上立刻攻取金陵，若自己有误，请皇上诛他三族。宋太祖于是改变罢兵休整的计划，转而调兵增援围城的宋军。

此时的李煜苦盼江上的援军，但南唐大将朱令赟受到宋西路军的牵制，唯恐离开湖口以后被断绝后路，所以迟迟不敢东进。李煜已竭尽全力，几乎将境内所有能当兵的男子都征召入伍，没有兵甲武器，就用农具或纸糊代替，号称"白甲军"。

此时，与金陵成犄角之势的润州也被攻克常州后赶来的吴越军与从扬州赶来的宋军包围，守将坚持到九月，开门投降。取胜后的宋军迅速赶到金陵城下，与宋军主力会合。

只有一线指望的李煜又在宋太祖的劝降使者回程之际派徐铉前去求和。风餐露宿的徐铉赶到汴梁求见宋太祖，伏地哭求宋太祖给李家留条血脉。

徐铉说："李煜侍圣上如父，未有过失！"

宋太祖则慢慢说道："你说父子能分为两家吗？"

徐铉想不到宋太祖会有这样的话，无法回答，悻悻而还。

开宝八年十月，在李煜的一再催促下，朱令赟率南唐最后的精锐，号称十五万，前来摧毁采石矶浮梁。屯驻独树口的宋军王明部发现南唐军的动向后，立即向宋太祖奏报，请求增援。

但宋太祖认为朱令赟很快就会到金陵，宋军就得解围。增援缓不济急，只能采取应急措施。他派使者传令让王明在洲浦之间竖立船桅状的木头，作为疑兵。朱令赟前进途中，发现前面樯桅如云，不敢再轻易前进。初冬时节，长江水位下降，不利航行，南唐军的大舰行动迟缓。在皖口，遇到曹彬闻讯派来阻击的刘遇部。

双方接战后，南唐军向江中倒下大量桐油，然后引燃，准备火烧宋军。大火熊熊而来，吓坏了宋军将士，但没想到风向突变，南风变北风，烧死南唐军无数，朱令赟也死在大火中。南唐最后一支生力军被消灭，金陵城破已在指日之间。

陷入绝境的李煜只能让风尘仆仆刚刚返回金陵的徐铉再次出使开封。徐铉急了，大声质问宋太祖："李煜何罪？！陛下如此逼人？！"

宋太祖毫不掩饰地对徐铉说："是！李煜侍朕如父，本来无罪。但现在天下即将一统，李煜仍割据江东，朕为天下百姓计，必须要过江。何况，卧榻之侧，岂容他人酣睡！"此言一出，徐铉再能言善辩，也只能缄默无语。

攻城的宋军分成三寨，潘美镇守偏北方，把战争形势绘成图呈给宋太祖。宋太祖指着北寨对使者说："南唐必定夜晚出兵来进攻，你赶快回去，命令曹彬迅速挖沟来巩固阵地，不要中了敌人的诡计。"

不久，南唐军果然派出五千人趁夜出击北寨，宋军早有准备，全歼了来袭之敌。南唐军大败，死伤惨重，其中携带将帅军印者就有十多人。此后，南唐军再无还手之力。战报上奏到朝廷时，宋太祖笑着说："果然如此。"曹彬自率宋军围城以后，遵循宋太祖"不要着急，让他们自己归顺"的指示，没有急于攻城，一直采用围城的办法，希望李煜能归降；直到金陵城经长期围困，士民死伤严重，物资奇缺，实在无力支撑。十一月，曹彬又派人晓谕李煜："局势已经如此，只可惜一城的百姓，如果你能归降，真是上策啊。"

曹彬决定攻城，依然先礼后兵，派人入城给李煜下了一道最后通牒："金陵你是绝对守不住的，还是早点识相，不然大军一入，后果自负！"并明确宣告开宝八年十一月二十七日发起总攻。

李煜告诉曹彬准备让大儿子清源郡公李仲寓前去汴梁投降。曹彬等了几日也没动静，又派人去催，说不必麻烦天子，只要清源郡公到宋军大寨，就停止攻城。李煜有些犹豫，中书舍人张洎劝李煜："金陵城固若金汤，宋军打不进来的。"李煜听信了张洎的大话，以李仲寓还没挑好衣服为由拒绝了曹彬。曹彬气极，准备攻城。宋太祖曾多次派使者来传话，严令宋军入城时不得杀掠，以保存江南财富，但曹彬却一直担心将士不听约束，于是在二十五日这天称病不处理事务，诸将都来探病。

曹彬说："我的病不是药石能治好的，只要诸公诚心立誓，克城之日，不妄杀一人，就会自动痊愈。"

诸将答应下来，曹彬就与他们一起焚香，共同起誓。这就是曹彬"焚香立誓"的故事。誓后，曹彬即起来布置攻城事宜。金陵城孤立无援，城内又没多少军队，哪里是宋军的对手，当下宋军攻进城中。

南唐群臣有的投降，有的自尽殉国。右内史侍郎陈乔约定和张洎一起自杀殉国。宋军即将入城，陈乔和张洎来到宫中见李煜，陈乔伏地痛哭："臣有罪！主辱臣死，臣不敢苟活世间。请陛下杀臣，宋主要问，陛下就说是臣小人误国，宋主必不深责陛下。"

李煜长叹说："算了吧，国亡在即，至于日后生死，非此时所能知，你就算死了，也无济国事，再想他法吧。"

陈乔已抱死志，号哭一场，上吊自杀。陈乔确实是个忠臣，但可惜李煜不辨忠奸，致使国势若此。张洎不想殉国，就说李煜肯定要去汴梁见宋朝皇帝，恐怕身边没人打理，没有自杀。因宋太祖事先反复交代曹彬，不许将士在金陵中掠劫，并善待李煜一族。曹彬又与众将焚香为誓，所以入城后，秋毫无犯。宋军列队来到内城外，请李煜出城。

李煜本想自焚殉国，准备了一大堆木柴在宫中，但思前想后，没有自杀的勇气，最后还是决定出降。开宝八年十一月底，率领群臣开门，素服出降。曹彬对李煜不满，李煜下拜时，他借口身有重甲不方便，不给李煜还礼。但曹彬告诉李煜："君入朝后，岁赐俸禄有限，怕不够你们家支用。君可回宫，多带点钱财，以备日后之用。"

李煜表示谢意后，就着人回宫打点财物。阁门使梁迥见此大惊，担心李煜回宫后自杀，他暗地里对曹彬说："李煜入宫如有不测，怎么办？"曹彬大笑，没有说话。梁迥再三询问，曹彬说："李煜为人庸弱，今日既然出降，说明他仍有贪生之心，怎么可能自杀呢？会回来的。"果然李煜没有自杀。李煜的君臣，最终赖以保全。从出师到凯旋，士卒们都畏服曹彬，不敢轻举妄动。曹彬入宫朝见时，名帖上自称"奉令到江南办事回来"，他的谦恭就这样不夸耀。当初，曹彬统领军队，宋太祖对他说："等攻克李煜后，任命你为使相。"副帅潘美预先向他祝贺。曹彬说："不是这样，这次行动，仰仗天威，遵照朝廷谋略才能成功，我又有什么功劳呢？何况使相是极品吗？"潘美说："怎么说呢？"曹彬说："太原没有平定啊。"回朝后，献俘虏。宋太祖对他说："本来要授任你为使相，但是刘继元没有攻灭，暂且稍微等待一些时候。"听见这句话后，潘美偷看着曹彬微笑。

宋太祖发觉后，于是责问他为什么发笑，潘美不敢隐瞒，按实情回答。宋太祖也大笑起来，赐给曹彬钱二十万。

曹彬退朝后说："人生何必做使相，好官也不过多得些钱罢了。"不久，宋太祖任命他为枢密使、检校太尉、忠武军节度使。

宋开宝九年正月，李煜打点行装，去汴梁面圣请罪。李煜哭拜了列祖列宗，然后带着小周后等家族成员以及被俘的文武百官启程北上。

南唐灭亡，留下了后主李煜的悲剧，令人感慨了上千年。作为文人，他是一代词宗，但作为"政治家"，他昏聩糊涂，终于丧国亡家。所谓"四十年来家国，三千里地山河"，都只能梦中相见了。

南唐自烈祖李昇开国，到李煜素服出降，共存在了三十八年。宋朝全盘接收了富庶的江南，共得十九州、三军、一百八十县。

李煜一投降，南唐的各个州都也竖起了白旗，归属北宋。唯独大将卢绛还在坚持抗宋不投降。北宋大军南侵时，卢绛担任凌波都虞侯，由他亲自沿江部署防务，坚守在第一线秦淮水栅处，有了他与他率领的这支水军，北宋大军屡次进攻都不能得逞，均以失败而回。卢绛屡战屡胜，名声大振。因此敌军一听到他的名字便不由得胆怯害怕，南唐诸位将领竟也是心存妒忌，容不得卢绛老打胜仗，"共说后主李煜将绛调出，乃授昭武军节度留后"，把卢绛升为节度使，留在后方做了一个守护官。由于遭小人妒忌，卢绛不能发挥其一个军事家的杰出才能，难遂安邦定国之壮志。但是，宋军攻打南唐润州时，南唐朝廷只得命卢绛率兵救润州，卢绛统率八千兵马赶到润州城外，就在城外驻扎，伺机以攻宋军。宋军见状，便不敢再攻打润州城。可是润州节度使刘澄不坚守抗战，而是背叛南唐，打开城门向宋军投降，使润州变成了北宋的城池。卢绛悲愤不已，无力力挽狂澜，只得率部下奔走宣州。

李煜投降后，卢绛率领部下攻占了歙州，其曾祖父卢肇在歙州做过刺史，留有贤声，因此他在歙州颇得民心。卢绛就在歙州派遣信使前往各个地方，告知四方南唐还有歙州。他试图据守闽中，兴复南唐，但是天下大势毕竟已去，孤掌难鸣，无力成事，最终被杀。

宋开宝九年正月，李煜一行南唐遗民乘舟来到汴梁。宋太祖大陈甲兵，亲临明德门接受李煜的请罪。念李煜从即位起就执礼甚恭，无大过犯，宋太祖没有让李煜跟南汉皇帝刘鋹受俘一样，受尽羞辱，只是让李煜等人着白衣在明德门下待罪。

宋太祖俯身发问："下面站着的可是江南国主？"

李煜见左右卫士持刃而立，吓得跪在地上发抖，无言以对。宋太祖知道李煜无用，转而厉声责问徐铉："李煜有今日，汝不得辞其责！为何不劝李煜早入朝，以致刀兵齐发，百姓受苦！"

徐铉向来以铜牙铁齿著称，大声答道："臣为江南臣子，自当忠心侍主，今日国亡，臣当死罪，请陛下诛臣以谢江南士民。"

宋太祖见他如此硬挺，笑着说："汝真忠臣也，以后事朕也要像对李煜那样。"宋太祖闻知张洎劝李煜不降，又斥责张洎说："不是你劝李煜死守，李煜也不会有今日之辱。"说完还把张洎准备召援兵的蜡书丢到张洎脚下。张洎吓得大汗淋漓，顿首哭道："此书是臣所写，但臣彼时尚事李氏，所谓忠犬不吠其主。今若得死，臣之幸也。"张洎请死是假，不然早在破城时就自缢殉国了。

宋太祖苦笑一下，也不再计较，又把安慰徐铉的话讲给张洎听，然后数落李煜几句，宋太祖封他为"违命侯"、右千牛卫上将军。

李煜这辈子擅长的是舞文弄墨、诵经念佛，最不擅长的就是打仗，宋太祖却硬是封他为将军。

　　宋太祖善待降王是出了名的，所以终宋太祖之世，李煜还能过着安稳日子。如果李煜就这样终死汴梁城，那么李煜的人生还谈不上什么悲剧。赵光义当上皇帝后，李煜的噩梦才开始。李煜在汴梁生不如死，忍受着亡国辱妻的痛苦，郁郁寡欢。他伤心眼下的屈辱岁月，怀念起从前的时光，写下了许多凄凉悲伤、断人心肠的词作。李煜明目张胆地怀念故国，触犯大忌。太平兴国三年七月初四，正值七夕，也是李煜的四十二岁生日。李煜喝下皇帝赵光义派人送来的一瓶好酒，不久腹痛死去。

　　赵光义送给李煜的当然不是什么佳酿，而是一瓶牵机药，也就是中药马钱子，喝下这种毒药的人，都会在剧痛中死去。南唐后主、大宋"陇西郡公"李煜，"薨"于汴梁。死讯传来，赵光义辍朝三日，追赠李煜太师、吴王，葬在洛阳北邙山。小周后哭了数日，在丈夫灵前自尽。李煜之死，千年之后留下的仍是令人感伤不已的故事。

宋太祖赵匡胤传

盛世繁华

有一天，宋太祖将他们招来，授给他们每人一把佩剑、一副强弓、一匹骏马，然后他也单身上马，不带卫士，和这些节度使一起驰出皇宫。到了固子门的树林之中，又与他们一起下马饮酒。

饮了几杯酒以后，宋太祖突然对他们说："这里僻静无人，你们之中谁想当皇帝，可以杀了我，然后去登基。"

这些节度使都被他的这种气概镇住了，一个个拜伏在地，战栗不止，连称"不敢，不敢"。

宋太祖再三询问，他们只是吓得埋头不语。宋太祖就训斥他们说："你们既然要我做天子，就应当各尽臣下的职责，今后不准再骄横不法、目无天子！"节度使们都山呼万岁，表示顺从。

用德政赢得民心

宋太祖兵不血刃地登上了皇帝宝座，领导着宋朝初期统一了大半个中国，开始广施仁政。

建隆二年正月，宋太祖赵匡胤莅临玉津园，对侍臣说："沉湎宴会之乐是不符合法令礼仪的。朕在宴会上偶然喝醉，过后很后悔。"宋太祖常反省自己有无失仪之处，并为偶然醉酒后悔。

开宝八年九月，宋太祖在京城近郊狩猎，马跌倒了，把宋太祖摔下马。宋太祖一气之下，抽出佩刀，把马杀了。既而又后悔，他反省自己，说："我为天下主，轻易从事狩猎，又怎能怪罪马呢？"从此，再不打猎。

一日，罢朝，宋太祖坐在偏殿，闷闷不乐了很久。属下问他缘故，宋太祖说："你当做天子容易吗？今天早上，朕逞一时之快，对一件事误下决定，故而现在不乐。"

宋太祖懂得反省自己，并勇于承认自己的过错，向臣子表现出了一个君王应有的美德。

勇于自省，当然更不怕提意见，建隆三年二月，宋太祖下诏：自今起，百官上朝，须陈述时政利弊，不要惧怕触犯忌讳。有道之君，都欢迎人提意见，政事的利弊，畅所欲言而不设言论禁忌。

宋太祖颇有胆略。在他称帝之初，节度使的势力很盛，骄横难制。有一天，宋太祖将他们招来，授给他们每人一把佩剑、一副强弓、一匹骏马，然后他也单身上马，不带卫士，和这些节度使一起驰出皇宫。到了固子门的树林之中，又与他们一起下马饮酒。

饮了几杯酒以后，宋太祖突然对他们说："这里僻静无人，你们之中谁想当皇帝，可以杀了我，然后去登基。"

这些节度使都被他的这种气概镇住了，一个个拜伏在地，战栗不止，连称"不敢，不敢"。

宋太祖再三询问，他们只是吓得埋头不语。宋太祖就训斥他们说："你们既然要我做天子，就应当各尽臣下的职责，今后不准再骄横不法、目无天子！"节度使们都山呼万岁，表示顺从。

宋太祖虽是武将出身，却很喜爱读书，常手不释卷。他称帝后，也很尊重和重用读书人。

有一次，他遇到一个疑难问题，问宰相赵普，赵普回答不出。再问读书人，学士陶谷、窦仪准确地回答出了，宋太祖深有体会地说："宰相须用读书人！"

对于读书不多的文臣武将，宋太祖也总是鼓励他们要多读书，以弥补自己的不足，赵普正是在他的鼓励下才变得手不释卷的。

宋太祖用人不问资历。他一方面命令臣下要注意选拔有才能而缺少资历的人担当重任；另一方面，他自己也随时留心内外百官，见谁有什么长处和才能，他都暗暗地记在本子上。每当官位出缺，他就翻阅本子，选用适当的人去担任。而这又使臣下都致力于提高自己。

宋太祖器量宽宏，不以杀戮服人。陈桥驿在陈桥和封丘之间，宋太祖兵变时，陈桥守门官闭门防守，不放宋太祖军通过。宋太祖只得转道封丘，封丘守门官马上开门放行。

宋太祖即帝位后，反而晋升了陈桥守门官的官职，称赞他忠于职守，并斥责封丘守门官临危失职，将他斩首。

宋太祖在陈桥兵变后回师进入开封皇宫时，见宫妃抱着一个男婴，就问是谁的儿子。宫妃回答说是周世宗子。当时，范质、赵普、潘美都在一旁，宋太祖问他们怎么处理。

赵普等回答说："应该除去，以免后患。"

宋太祖说："我接人之位，再要杀人之子，我不忍心。"

他把这婴儿送给潘美抚养，以后也没再问起过此事，潘美也一直没有向宋太祖提起这婴儿。这婴儿成人后，取名惟吉，官至刺史。

有一次，他设宴招待群臣，其中有一个翰林学士王著，原先是后周世宗柴荣信任的臣子，由于喝醉了酒，思念故主，当众喧哗起来。

群臣大惊，都为他捏一把汗。宋太祖却毫不怪罪，命人将他扶出去休息。王著不肯出去，掩在屏风后面大声痛哭，好容易才被左右搀扶出去。

第二天，有人上奏说王著当众大哭，思念周世宗，应当严惩。宋太祖说："他喝醉了。世宗在时，我和他同朝为臣，熟悉他的脾气。他一个书生，哭哭故主，也不会出什么大问题，让他去吧。"

还有一次，宋太祖乘驾出宫。经过大溪桥时，突然飞来一支冷箭，射中黄龙旗。

禁卫军都大惊失色，宋太祖却拍着胸膛说："谢谢他教我箭法。"不准禁卫去搜捕射箭者，以后果然也就没事了。

宋朝开国，边境战争不断，郭进是守卫重要关口的武将，有人向朝廷汇报说他私下通敌，有反叛之心。宋太祖勃然大怒，但却没有对郭进发火，而是训斥告发的人"以其诬害忠臣"，叫人把他绑了交给郭进处理。

郭进也是好度量，而且处理问题的手段很成熟，不但不杀告发之人，还给他赎罪的机会："假如你能帮我取得敌军的一座城或者一个寨子，我不仅饶恕你的死罪，还给你官当！"

一年后，那个告发之人果然降敌立功，宋军轻而易举就获得了一座城池，郭将军履行诺言，为他向朝廷请官。

但是，宋太祖不答应："这个人品行有问题，诬害忠良，所立之功正好赎他的死罪，不用再谈赏赐了！"

郭进是个拗性子，又上奏请求皇帝批准自己的建议，并说："使臣失信，则不能用人矣。"于是太祖就同意给了那个将功赎罪之人一个官职。

其实，三者之间，最大的收获者还是宋太祖，他不仅得到了一座城池，更重要的是他施与的信任，得到了大臣的忠心。

李汉超也是宋太祖手下的一员悍将，任关南巡检使时负责抵御契丹，虽然所部只有三千兵马，但是朝廷给他的军费不少。

李汉超是个武夫，没啥文化，经常干些出格的事情。有两个百姓深受其害，到汴京去上访，控告李汉超两大罪状：一是借了百姓的钱不还，二是强抢已婚妇女当小老婆。

正值建国初期，宋朝统治者致力于整顿吏治、树立威望，太祖亲自接待了上访者，还恩赐这些上访者好酒好肉地招待，然后，和颜悦色地问："自从李汉超驻守关南后，契丹的军队侵扰过你们几次？"百姓想了想，说："一次也没来过！"

太祖问："以前，契丹经常入寇关南，守边的将领都抵挡不住，边境百姓每年都会遭到契丹人的烧杀掳掠。契丹人来时，凭你们自己的能力，能保住自己的财产同家族妇女不受侵犯吗？"

百姓说不能。

太祖又问："现在，我想问一下，李汉超不还你们的钱，跟契丹人抢掠你们的钱财，哪个更多？"

上访的百姓恍然大悟。

太祖又问被抢民女所嫁的丈夫是什么身份，百姓如实回答。

宋太祖说："她原来的丈夫只是个农民，李汉超是我重用的显贵大臣，因为喜欢你女儿才娶她，你应该高兴，虽然只是做小老婆，但是，跟了他，你女儿一辈子荣华富贵，不比嫁个山野村夫要强多了！"

宋太祖一番循循善诱的"思想政治工作"做得相当到位，于是，百姓皆感悦而去。尽管以现在的标准衡量，宋太祖的话未必都正确，但是，其真不愧为化解矛盾的高手。其实，接着发生的事，更让人对宋太祖的手段不得不佩服。

太祖派人对李汉超说："你需要钱花，为什么不告诉我？用得着占老百姓那几个小钱吗？"

并且，宋太祖还捎了几百两银子给他，传话说："你用这些钱把借老百姓的钱还上，使他们改变对你的看法，感恩于你！做个好官！"李汉超感泣，誓以死报。

后来，李汉超成了一个受士卒爱戴、百姓拥护的好官。史书上说他坐镇关南地区，军事力量得到加强，契丹不敢侵犯宋朝边境。李汉超任职十七年，政治清明，与百姓关系密切融洽。当地百姓还上书宋太祖，求为李汉超树碑立传，这就是《李公德政碑》的由来。

开宝八年十二月，吴越王钱俶迫于当时的政治军事形势，去朝拜宋太祖。

宋朝很多官员建议扣留钱俶，太祖没有采纳，说："你们不要担心，假如不是真心归降的话，钱俶不敢亲自来朝拜，他来了，就表示他是来真心归降的，放他走，正好可以招徕人心，让他心悦诚服。"

钱俶在离开宋都城时，向太祖表白，愿把吴越国交给宋朝。太祖说："尽我一世，尽你一世。"意思是，在我有生之年，我都信赖你，把吴越国交给你，只要你还活着你就可以统治吴越。

并且，宋太祖还给他一个用御条封住的匣子，郑重其事地说："你回到家后，再打开来看。"

钱俶捧着匣子朝家赶，路上他对神秘匣子尊崇备至，每天都要焚香跪拜，狐疑满腹却又小心备至。

终于到了家，吴越王这才敢打开匣子，一看，匣子里不是金不是银，也不是什么高档工艺品，都是些宋朝大臣的请示报告。再仔细看内容，老钱吓得脊梁骨发冷：这些大臣都要求把钱俶给扣留下来！钱俶看完这些文牍，汗水和泪水都哗哗流下来了。心里想："如果宋太祖耳朵根子再软一点点的话，自己就别想回家啦！"

钱俶很动情地表述心怀："天子独许我归，我何可负恩？"吴越国不战而降于赵宋。

宋太祖喜欢在后园弹鸟雀。一次，一个臣子声称有紧急国事求见，宋太祖马上接见了他。宋太祖一看奏章，不过是很平常的小事，甚为生气，责问他为什么要说谎。

臣子回答说："臣以为再小的事也比弹鸟雀要紧。"

宋太祖怒用斧子柄击他的嘴，打落了他的两颗牙齿。臣子没有叫痛，只是慢慢俯下身，拾起牙齿置于怀中。

宋太祖怒问道："你拾起牙齿放好，是想去告我？"

臣子回答说："臣无权告陛下，自有史官会将今天的事记载下来。"

宋太祖一听，顿然气消，知道他是个忠臣，命令赏赐他，以示褒扬。

就这样，宋太祖在位期间，以德政驾驭官员，使他们既感恩戴德，又不敢动歪脑筋，还造就了一批百姓认同的官员。

赵匡胤曾在石碑上刻下留给子孙的遗言，宋朝历任皇帝在即位时，都必须拜读这份遗训。不过，这份遗训至为机密，除了特定宫中人士之外，甚至连宰相都不知道。后来金朝打败宋朝，占领皇宫时，才发现这份文件的存在。

遗训记载的内容有下列三点：

（一）柴氏子孙有罪，不得加刑，纵犯谋逆，止于狱中赐尽，不得市曹刑戮，亦不得连坐支属。

（二）不得杀士大夫及上书言事人。

（三）子孙有渝此誓者，天必殛之。

宋朝的皇帝基本上都遵守了誓碑遗训，从柴家子孙与南宋共存亡，以及在新旧党争当中失势的官员并没有被杀，还可能会随着政局的演变由罢黜而回到中央这两点就可以证明。赵匡胤温厚的个性透过这个石碑遗训，表现在整个宋王朝的政治上。

宋太祖登基后，即奉为天命所归，借以防范臣下的不轨行为。他在平定天下的同时，还遣发特使修北岳、西岳和四渎等庙，并祭祷名山岳渎和寺庙宫观，依此来保佑其江山的稳定。

宋太祖多次临幸汴京太清观，该观为周世宗所修，宋太祖改名为建隆观，重大斋醮活动就在此观举行。

宋太祖十分重视对道士的管理和利用。乾德五年，右街道录何自守因犯法被流放，于是，宋太祖就诏莱州道士刘若拙任左街道录，负责整肃道教事。北宋时，不少民众借宗教聚众起事，危害社会，太祖尤其留意地方官是否及时处理。

后来太祖对僧道给亡人作斋超度也特下诏禁止，开宝三年，"诏开封府禁止，士庶之家丧葬不得用僧道威仪。"

开宝五年闰二月，先"令僧尼不相统摄"，后诏"末俗窃服冠裳，号为寄褐，杂居宫观者，一切禁断。道士不得畜养妻孥，已有家者遣出外居止。"该年十月，"诏功德使该与左街道录刘若拙，集京师道士试验，其学业未至而不修饰者，皆斥之"。该年十一月，太祖又下诏"禁僧、道习天文、地理"。同年十二月，道士马志通治愈了开封尹赵光义的病，被赐为通议大夫，并赐器币、鞍马。

开宝九年四月，太祖游幸西京洛阳，遇雨，特命近臣到北邙山太微宫举行祈晴祭礼。

宋太祖对道士的养生术甚感兴趣，开宝二年闰五月，他攻下太原后，在镇州访问了高道苏澄隐，问他："朕作建隆观，思得有道之士居之，师岂有意乎？"

苏答："京师浩攘，非所安也。"

过了十几天，太祖又召见，问以养生之术："师逾八十而容貌甚少，盍以养生之术教朕？"

苏答："臣养生，不过精思炼气耳。帝王养生，则异于是。老子曰，'我无为而民自化，我无欲而民自正'。无为无欲，凝神太和。昔黄帝、唐尧，永国永年，用此道也。"太祖听了十分高兴，随即赠给苏很多物品。

宋太祖继位之初，认为佛教无益民生，就想要废掉佛教，不过还没有拿定主意。

一次傍晚，赵匡胤微服私访开封大相国寺。大相国寺，原名建国寺，始建于北齐天保六年。唐代延和元年，唐睿宗因纪念其由相王登上皇位，赐名大相国寺。

对于大相国寺，宋太祖非常熟悉。据说他还在此居住过。赵匡胤年轻时，得名师指点，学了一身好武艺。但他生性争强好胜，爱打抱不平，为朋友两肋插刀。在一次打架斗殴中，他误伤了洛阳知府的宝贝儿子，被当地官府通缉，在家乡呆不住，只好逃到开封来避难。

他在开封无亲无故，坐吃山空，带的银两很快就花光了。人到走投无路时，往往就会求神拜佛问前程。赵匡胤来到大相国寺求签问封，迎面碰上一条小黄狗。

这条狗毛色发暗，瘦骨嶙峋，向他摇尾乞怜。他搜遍全身才找出几文小铜钱，在山门前小摊上买了几个肉包子，自己吃一半，喂黄狗一半。谁知，这一来瘦狗就和他有了缘分，他走到哪里它跟到哪里，寸步不离，像对难兄难弟似的，很惹人注目。

赵匡胤撵也撵不走它，觉得真是霉气透顶。为了甩掉这条尾巴，他加快脚步，七弯八拐，东躲西闪，和黄狗捉起迷藏来。

他不觉来到一座花木葱茏、十分幽雅的偏院。原来这里是大相国寺方丈——高僧智海的禅堂。智海年约六十开外，满面红光，黑髯飘胸，神采飞扬，超凡脱俗。他见来人年纪轻轻、相貌堂堂，虽然衣冠不整，但是气宇轩昂，便盛情邀入室内用茶。

两人寒暄一番，智海便问起赵匡胤的来历。赵匡胤也不隐瞒，把在家乡惹是生非、来开封躲避风头的事叙说一遍。智海笑道："公子真乃至诚君子，如无处安身，可暂住本寺，粗茶淡饭，尚可供应。"

赵匡胤拱手道："多谢高僧。大丈夫不吃嗟来之食，我当自谋生路。"

智海见他人穷志不短，心中暗喜，话题一转，说："方今群雄逐鹿中原，百姓生灵涂炭。长此以往，恐怕连念佛的方土净地也难以保全。不知公子对局势有何高见？"

赵匡胤朗声道："扫灭群雄，华夏一统，天下方得安宁。"

智海双目生辉，道："乱世必出英主。公子今后作何打算？"

赵匡胤一跃而起，慨然道："将相本无种，男儿当自强。大丈夫理应马上扫平天下！"

智海强捺住内心激动，双手合十，念了声"阿弥陀佛"，说："公子胸怀大志，任重道远。老衲恳请公子马上搬入本寺，修身养性，博览群书，待机出山，建功立业。"

赵匡胤见盛情难却，便说："恭敬不如从命。我有一身力气，还可帮贵寺干些粗活儿。"从此，赵匡胤便在大相国寺住下了。

一晃多年过去了，昔日游荡江湖的赵匡胤已经变成了统治全国的宋太祖。在这种情况下，他需要面对的是一个国家，他需要考虑全国的大政方略。

后周时期，后周世宗生性不喜佛教，即位未几即下令破除佛教，禁止私自出家，废除无敕额之寺院三万余所，收购佛像铸钱，佛经章疏大半散佚。

时过境迁，宋太祖成为了一国之尊，是延续后周禁佛政策，还是恢复佛教发展，成为宋太祖必须面对的问题。

怀着复杂的心情，宋太祖走进了大相国寺的后院。这时，他忽然看到一个醉醺醺的和尚走向自己，然后站在道路上开始呕吐，呕吐物狼藉满地，很是恶心。

赵匡胤大怒，感觉这和尚真不讲究卫生，就从和尚身边走过，以免踩到和尚的呕吐物，谁知那和尚竟然一把将赵匡胤抱住。武艺高强的赵匡胤想要挣扎，却怎么也挣不开，这才知道和尚神力惊人，远在自己之上，竟然是个神僧。

和尚抱着赵匡胤说："你切不可发废除佛教的恶心！现在天色已晚，你白龙鱼服，小心有人杀害你，赶紧回宫去吧！"

赵匡胤被和尚控制住，无法动弹，又被和尚识破了身份，心里大惊，只好答应不毁佛教，和尚这才放开了赵匡胤。

回去之后，赵匡胤秘密派遣一个小太监去相国寺看那个神力和尚还在不在，并且吩咐小太监将和尚的呕吐物取回来。结果和尚早已消失得无影无踪，小太监只把和尚的呕吐物带了回来。

赵匡胤仔细一看，发现呕吐物原来是御前香炉里的香灰。赵匡胤知道这是菩萨在教训自己，于是就打消了废除佛教的念头。

传说当不得真，不过赵匡胤即位之初，即对后周世宗的废佛令予以停止，一改前代的政策，给佛教以适当的保护来加强国内统治的力量，却是千真万确。

建隆元年，宋太祖先度童工行八千人，停止了寺院的废毁。接着又派遣沙门、行勤等一百五十七人去印度求法，派内官张从信往益州雕刻大藏经版。干德五年七月丁酉，宋太祖下令，禁毁铜佛像。这些措施对促使佛教的逐渐恢复和发展起到了很大的作用。

宋太祖的德政还体现在日常许多细微之处。建隆二年二月，宋太祖下令：禁止春夏捕鱼射鸟。即：禁止在春夏鱼鸟孵化幼鱼幼鸟时捕猎幼鱼幼鸟，禁止破坏自然的涸泽而渔。

建隆三年三月，宋太祖进行了祈雨活动，还到太清观拜神，上天终于降下了大雨。四月，赵、卫二州发生旱灾；延州、宁州却发生大雨雪，沟渠都结冰了，丹州雪深二尺。

齐州、博州、德州、相州、霸州五个州，自春天起就不下雨，宋太祖因为旱情的缘故，减少膳食，下令停止为自己奏乐。

宋太祖多次到太清观、相国寺祈雨，派使臣检视河北诸州的旱情，赈济了宿州的灾民，减免对京畿、河北犯死罪以下的囚犯的处罚。通过施行这些德政，京师下雨了。

干德元年四月，发生旱灾。宋太祖求遍了京城的每个祠庙祈雨。到了晚上，天就下雨了。

开宝三年四月，宋太祖到寺院道观祈雨，雨果然降下。

开宝五年五月，宋太祖因霖雨的原因，放出后宫的五十余人，让她们回家。六月己丑，黄河在阳武决口，汴水决口，宋太祖下诏：因为淫雨河决，沿河民田有为水害者，地方官上报免除赋税。并下令修复决口的河堤。

干德元年四月，宋太祖下令免除了湖南茶税；六月，罢除了营造工程之事，赐给工匠衣衫鞋履。干德五年五月，宋太祖赐给京城贫民衣服。

宋太祖信天敬神、宽容大度，施行德政，开创了无论文学、书法、绘画、经济、兵法都十分繁荣的北宋王朝。历史评价宋太祖开创了中国的文治盛世，是一位英明仁慈的皇帝，是推动历史发展的杰出人物，看来，这不是虚誉。

宋太祖赵匡胤传

开创大宋繁华局面

北宋初年，国家处于四分五裂的局面之下，北有契丹和北汉、南有南唐等国家。赵匡胤在位期间，采取"先南后北"的战略使国家逐步走向统一。

宋太祖是唐末五代十国混战局面的终结者和宋朝的开拓者，是中国历史上一个承前启后的重要人物。他一生最大的贡献和成就在于重新恢复了华夏地区的统一，结束了自唐末五代以来长达近七十年的藩镇割据混战局面。

饱经战火之苦的民众终于有了一个和平安宁的生产生活环境，为社会的进步、经济的发展、文化的繁荣创造了良好的条件。

在国家走向统一的同时，赵匡胤开始在政治、经济、军事、文化等方面采取一系列的重大措施，力图革除五代弊政，建立和平、安定的大宋王朝。

赵匡胤"黄袍加身"，从后周之手接过来的是一个无论政治现状还是政治制度都混乱不堪的烂摊子。

赵宋立国之基的中原大地，藩镇拥兵自重，兵变习惯性发作，五十年间已经走马灯一般换了五代王朝。宋太祖在建制上若无过人之智慧，只怕大宋已成"后宋"，五代凑为"六代"。

就制度层面而言，赵宋接手的政制也是如同一团乱麻，三省六部旧制、使职差遣制、各路军阀私自设立的私制，交织在一起，良莠难辨。

后世学人总结的"唐宋变革"，在晚唐时已拉开序幕；残唐五代更是制度乱变之时朱温建立的后梁，废除旧唐之繁文缛节，焚毁前朝之《律令格式》，修订新的律法制度；取而代之的后唐则以恢复唐朝旧制为标榜。

当此政制与时局均变动不居之际，"黄袍加身"的赵匡胤当如何收拾烂摊子、建立大宋王朝的基本制度？

摆在赵匡胤面前的，似乎有两条路径：一是完全推倒唐—五代乱糟糟的政制，另起炉灶，重新设计一套全新的制度。但即便人有天纵之圣明，也是理性有限，如何可能设计出完美制度？二是因循承袭既有制度，萧规曹随。但五代之政制杂乱无章，为乱世产物，又如何能够维持长治久安？

在这种情况下，赵匡胤选择了第三条道路：承认既成事实，沿用五代形成的整体制度框架，并在内部作渐进之改良。

赵匡胤立国，官制袭用唐旧，官与差遣两套系统并行，"官以寓禄秩、叙位著"，"而差遣以治内外之事"。但若仅仅如此，则不可言太祖有立制之智慧。赵匡胤的高明之处，是运用官与差遣相分离的唐朝旧制，巧妙化解了晚唐、五代的积弊。

自晚唐、五代以来，中央权威丧失，方镇、武臣控制了一地军政、民政、财政与司法大权，此为五代祸乱之源。五代积弊又表现为地方节度使权力太重，唐时节度使本为使职差遣，后逐渐坐大，成一方诸侯。

赵匡胤的策略是继续保留节度使的建制，同时又将节度使的差遣性质转为荣衔性质，朝廷另遣知州、知县治理地方。知州、知县均为朝廷差遣。于是，唐、五代遗留下来的节度、观察诸使，仍得以保持尊贵之地位、优厚之俸禄，权力却收归中央派遣之知州、知县。

这是太祖对唐、五代制度遗产的不动声色的改造，如此新旧交替、自然过渡，不用推倒重来，避免了大破大立可能诱发的政治动荡。

宋太祖对诸州"马步院"的改造，更是堪称中国司法制度上的"神来之笔"。按唐制，各州郡置司法参军，掌一州司法。但唐季以降，藩镇专权，私设马步院，遣派亲信衙校出任马步都虞侯、马步判官，以控制地方司法。唐政府的司法参军之司法权，遂被架空。

宋太祖开国，没有一举废除诸州已普遍设立的马步院，而是保留下来，并加以改造。首先将其更名为司寇院，又选派及第进士取代武人出任司理参军，重新划定司理参军的权限。

那么，原来的司法参军怎么办？宋朝立国者将其权力调整为"议法断刑"，即根据司理参军审理清楚的卷宗，检出刑事被告人所触犯的法条，供定罪量刑。这便形成了中国历史上独一无二的"鞫谳分司"制度。

五代的州政府设有州院，是州郡的法院。赵宋立国，也将州院的设置保留了下来，于是一州之中便出现了两个法院——州院与司理院，二院并立。

有些大州还分设左右州院、左右司理院，一州有四个法院。宋朝州一级的司法系统非常发达，与这种复式设置有关。但设置复式法院更重要的意义，表现在"翻异别勘"的司法制度上。翻异，即翻供；别勘，即重新审理。

宋代的刑事被告人在招供之后，乃至在宣判之时都可以喊冤翻异。一旦翻异，案子便自动进入别勘的复审程序。按要求，翻异必须由不相干的法官重组法庭别勘，原审法官全部回避。这个时候，诸州设置两个以上法院的意义就显示出来了：州院翻异的案子，可移交司理院重审；司理院翻异的案子，也可移交州院。

宋太祖对五代官制与司法系统的继承与改造，体现了宋王朝定制创法的一贯思路：陈陈相因，推陈出新。

赵宋立制的出发点，固然是为革五代兵骄将悍、内轻外重之弊，但太祖的眼光并不止于此，他曾与赵普论事，自言"朕与卿定祸乱以取天下，所创法度，子孙若能谨守，虽百世可也"。

太祖有他的长远目标，那就是确立一套可以维持长治久安的制度。那如何维持长治久安呢？太祖基于五代教训，认为首要就是防止任何一方的权力不受控制。因此，宋太祖对五代旧制的改造，大体上都是围绕"分权与制衡"的重心展开。

他分置司寇参军与司法参军，创立"鞫谳分司"之制，立意还是为了分权与制衡，用宋人的话来说，"狱司推鞫，法司检断，各有司存，所以防奸也"。

他以文官知诸州而削节度使之权，又复置州通判来制衡知州权力。知州的政令，须有通判副署同意，方能生效；州政府的所有官员包括知州大人，若被发现不法事，通判有权提出弹劾。

君主的权力也被太祖纳入制度约束的范围。太祖即位，内廷要一个"熏笼"，需要经过非常繁复的程序，层层审批，走完这些程序，最快也得几个工作日。期间，如果宰相与台谏觉得不妥，还可以将申请退回去。

宋太祖草莽出身，对这样的制度开始时还不习惯，也想不通："我在民间时，用数十钱可买一熏笼；今为天子，乃数日不得。何也？"

但经过宰相赵普的解释，太祖就明白过来了，庙堂不比民间，民间可以用数十钱买一熏笼，皇室的用度取之民脂民膏，当然需有制度约束，否则后世君主挥霍无度，岂不后患无穷？

宋代最周密的"分权与制衡"，体现在治理国家的权力构架设计上。君主、宰执、台谏、中书舍人、给事中、侍从，各有职权，不可相侵。

宋代的士大夫显然有一个共识：治理天下的权力应委托给宰相领导的政府；为防政府滥权，再将监督政府的权力委托给台谏。君主超然于

宋太祖赵匡胤传

上，居中裁断，便可垂拱而治。

以"渐进的改良"为建立制度之路径，以"分权与制衡"为建立制度之宗旨，"自成一王之法"，这便是宋太祖赵匡胤表现出来的立制大智慧。如果与明太祖朱元璋的创制立法略作相比，我们更是可以发现宋太祖的高明。

经过宋太祖改良，宋朝的政治机构，适应中央集权的需要，分列为政事、军务和财政三大系统，相互平行，分别由皇帝直接统属，另设御史台等机构。地方权力集中到朝廷后，又进一步集中于皇帝。

在中央，设立参知政事、枢密使、三司使，削弱和分割宰相的权力，实行军政、民政和财政的三权分立。在地方，派文臣担任知州，并设通判与之相互牵制。

设转运使把地方收入大部分运送中央。在地方司法人员由中央派文官担任，死刑须报请中央复审和核准。

宋代官制有官、职、差遣之分。"官"是一种等级待遇，供定薪之用，表示禄位、品级的高低。"职"只是一种虚衔，如学士、待制等，不是职务。只有"差遣"才是实际职务，握有实权。

宋沿唐制，设尚书、门下、中书三省。尚书、门下列于外朝，中书设于禁中，称政事堂。实际执政的宰相仍沿唐制，用同平章事名号，无定员，有二人即分日掌印。宋初仍用后周宰相范质、王溥、魏仁浦三人为相。

乾德二年，范质等三相请退，宋太祖独用赵普做宰相。为了防止赵普擅权，又以薛居正、吕余庆做副相，称参知政事，此后成为定制。

唐代宗时，开始设内枢密使，用宦官掌管朝廷机密。唐末，枢密使专权，造成祸乱。五代时，仍存枢密院掌管朝政。枢密使等于宰相之外的又一个宰相。

宋朝建立后，枢密使改为专掌军事政令，调动禁军，与宰相文武并立。中书省与枢密院号称"二府"。枢密院的大事都要奏报皇帝。宰相与枢密使分别朝奏，彼此不相知。皇帝由此分别控制了政权和军权。

三司使总管四方贡赋和国家财政，地位仅次于宰相，称"计相"。三司使统领三部，盐铁掌管工商收入及兵器制造等事；度支掌管财政收支和粮食漕运等事；户部掌管户口、赋税和榷酒等事。地方州郡赋税收入除留一小部分外，其余全部由中央掌握，三司权任甚重。

宋太祖时，刑部复核各地大辟罪案。

学士院设翰林学士若干人，职责是为皇帝起草诏书，包括宰相的任命、对外的国书等。翰林学士还侍从皇帝"备顾问"，可以直接向皇帝提出对国事的建策。

宋沿唐制，朝廷设御史台为最高监察机构，台分三院：台院、殿院、察院，初无专官，由其他官员兼职。御史中丞是御史台的最高官员。

宋代建国后，充分吸取了唐、五代时科场积弊的教训，在科举考试中采取了锁院制度、弥封制度、誊录制度、别试等一系列防微杜渐的措施。

锁院制度即在"知贡举""权知贡举"等考官人选确定后，立即将他们锁于贡院之中，断绝他们与外界的联系，避免出现考官向亲朋好友泄露试题的现象。

弥封制度即在考生考试结束后，由专人将考生试卷上的姓名、籍贯等部分用纸糊起来，再交给考官评判。直到最后统计成绩时，才能拆封公布姓名，否则即为作弊。这也是后世考试中密封试卷制度的起源。

实行弥封制后，科场上又发生了考生在试卷上书写标记、暗语的问题，于是"誊录"之制随之出现，即在考生交完试卷后，朝廷雇请一批抄写人手将考卷重新誊录一遍，再交考官，其用意在于进一步杜绝"弥封"措施的纰漏。

别试即针对考官的子弟特设考场考试的制度。在这样的特殊考试过程中，另派考官监考、阅卷，以防止徇私舞弊现象的出现。同时，对当朝大臣权贵的子弟往往还要多复试一次，以甄别是否有人利用权势将无能子弟的成绩提高。

赵匡胤还开启殿试，借科场舞弊案夺取了文官选拔权。开宝六年的一天，宋太祖赵匡胤在朝堂之上按照惯例接见当年新考上的进士。新录取的进士有十一人，诸科二十八人。这些未来官场的后备干部们来到皇帝日常主持重要会议和政务活动的讲武殿，接受国家最高权力者的接见。

在简单的试探之下，宋太祖居然从中间揪出了两个滥竽充数的人，认为他们在这些人中间"材质最陋"，水平最稀疏。这两个人，一个是进士武济川，一个是三传刘浚。

在此之前，像这样的接见与谢恩活动都是程序化，与科举考试本身并无本质上的联系，甚至连面试都算不上。但是这次与以往不同，宋太祖好像格外地重视，他将吏部的铨选职责也揽在自己身上。吏部从那些通过科考的考生中铨选官员，类似于今天的组织部门找当事人谈话，要通过简短的谈话过程，来考察考生的"身""言"两大入仕指标。

这样的考察形式本来就是不靠谱的，就算"言"可以通过说话者的谈吐对其个人水平有个大致了解，但是"身"则成了一档选秀节目，就是用外表去衡量一个人是否具备做官的才华，完全成了以貌取人。

就是这两个简短的程序让武济川、刘浚露出了马脚，他们在回答宋太祖的问话时答非所问，完全跑题。这让宋太祖非常愤怒："难道我堂堂帝国选拔来选拔去，就选出这样的人才？"他当朝就撤去二人功名，退回原籍。打发完两人，宋太祖开始追究当事人的责任。

这场科考的主考官是翰林学士李昉，李昉刚刚重返赵宋帝国权力中心并成功地掌握了干部选拔权。按照以往的历史经验，随着这些高中的考生们陆续进入官场后，昔日的考生就成了自己的"门生"，也将是他权力世界的宝贵财富。那样的话，李昉的政治地位将会得到大幅度的提升。

就在李昉对未来无限憧憬的时候，宋太祖居然在一场简单的殿试中发现了问题。

在随后的调查中，宋太祖了解到被自己除名的考生武济川与李昉有同乡关系。宋太祖的愤怒可想而知，主考官李昉难以洗脱罪名。

在这次事件后，宋太祖作出两项决定，一是重新考试；二是宋太祖经过调查，确认原来的主考官李昉在主持考试过程中的确存在不公，于是就抹掉了李昉翰林学士的头衔，并进行降职处分。

有意思的是宋太祖重新组织的那场考试，除了之前已经除名的武济川，李昉所录取的其他十个进士再次被录取。让人感到不解的是，从第一名到第十名，连顺序排名都原封不动。

除了这十人又补录了二十六名进士，"不过附名在此十人之后"。这样看来，考场舞弊事件不过是宋太祖借题发挥的由头，他的真实意图很明确，就是要把官员的选拔权抓到自己的手里，借此削弱文人官僚的权力，来强化自己手中的皇权。而李昉不过是这场弈局中的一个棋子罢了。

宋太祖最担心的是，像李昉这样的在朝大臣之间或大臣和一般士大夫之间抱团的派系，成为中央集团的一股分割力量。

这场似有若无的"科场舞弊事件"最大的得益者是宋太祖赵匡胤，他借着这样一个事件，为科举考试增加了一道新的考试程序，那就是让士子与皇帝面对面地殿试。

这样一来，皇帝就把对文官的选拔权牢牢地攥在了自己的手中。此后，殿试就成了宋代的科考定制和最高门槛。

宋朝时候的殿试内容，都是三道大题目，"一赋一诗一论"。不过，既然大家都过关斩将到殿试这一关了，估计学习成绩和写作水平都差不多，很难找出大的差距来。

这个确实让人为难，后来的明朝还一度以颜值来决定谁是状元，清帝乾隆有一次则看谁的字写得好，更何况宋太祖是个粗人，要他从字里行间来看出读书人的水平高低，也真是难为了，咋办？

宋太祖自有办法，他是武夫当国，当然更欣赏那种下手快的高手，他确定参加殿试的举子都要完成三个题目，谁最先交卷即为状元。而且这似乎也很有些道理，交卷快至少说明此人才思敏捷、反应快、脑瓜子灵活，以后在朝廷和地方为官，办事能力不会差到哪里去。

上有所好，下必甚焉。既然看交卷速度，那作文就必须写得快，于是民间纷纷风行快速作文，有没有快速作文培训不得而知，但确实有快速作文大比赛。

既然以交卷速度定名次，那么大家都在比快，谁说天下武功唯快不破，看来这文章也是唯快不破，没想到大家都快了，这糗事就来了。

开宝八年，宋太祖赵匡胤亲自主持殿试，大家都在考场上奋笔疾书，一个个如同傅红雪、小李飞刀一般，拿着笔在试卷上唰唰唰写着，想要功成名就的孩子就得努力奔跑啊，更何况是在天子眼前。

当时在考场上努力奔跑的考生，有王式、王嗣宗和陈识等。王式是预选赛的第一名，也就是省试的第一名。当时最后一道考题叫做《桥梁渡长江》。转眼间，王嗣宗和陈识就已经稀里哗啦将文章写好了，将"桥梁"搭好了，一同起身，一同交卷，把考场上的监考官和同学们全都惊呆了。

当年在炊饼店练出的快速作文技巧，这个时候居然也不能成为淘汰对手的利器，这可咋办？答案只有一个：还是得努力奔跑。

这一下从文化比赛变成田径比赛，考的是短跑，于是两个三十来岁的男儿，拔腿就往交试卷的地方跑，一阵风似的跑，为了自己的荣誉，为了家乡父老的期待，快快奔跑吧。

然而，两人的田径水平竟然也差不多，居然同一时间交卷，估计两人的胳膊也差不多长，否则的话，如果按照游泳比赛的规则，谁的手长先搭到游泳池边谁就优胜。然而，这一切都没有发生，两人同时交卷。

到底谁是状元，难倒了大宋朝廷的上上下下，赵匡胤更是觉得头大，虽然他擅长体育，可是在那个没有秒表和视频回放的年代，无法作出进一步科学精确的判断，思来想去，他做出了一个可以说是空前绝后的举措：比武定状元！

至于具体项目，不比十八般兵器，不用像后来的林教头和洪教头一

盛世繁华

样比赛棍棒项目，就比徒手格斗，那时叫"手搏"。

比赛地点就定在讲武殿。话说这一天，百官聚集，天子坐堂，王嗣宗和陈识这两位选手，在一声战鼓擂响之后，奔向赛场，张牙舞爪，拳打脚踢，连抱带摔，开始了史无前例的文科选手徒手格斗比赛。

你使你的降龙十八掌，我使我的六脉神剑，混战成一团。这两人文才相当，没想到武功也不分伯仲，数个回合下来，点数基本持平，更不用说谁把谁打趴下。

且说在武功持平的情况下，谁能胜出，就看怎么使阴招了，王嗣宗眼疾手快，去揪对手的帽子，这一下就对了，因为对手是位绝顶聪明人士，怕在大庭广众之下露出自己真实的颜值，于是就像春秋时代的子路一样，去护头，结果被王同学一个抱摔，撂倒在地，不等裁判裁决，也不等对手抛毛巾，王同学立即跑到赵匡胤面前大喊："臣胜之"。

赵匡胤笑得不行，马上答应："行，你小子就是我大宋状元。"想象一下那时的画风，两个读书人，一个抱着头巾垂头丧气，一个大呼小叫"我是状元，我是状元"，真正是斯文扫地。当然，换一个角度来看，也非常幽默。

王嗣宗虽然高中状元，却从此被人嘲笑，有一回经过终南山，遇到隐士种放，种放直接笑话他是"手搏状元"。这王嗣宗怀恨在心，转身就向皇帝打报告，说种放"此人学术空疏，其才识均无过人之处"，而且为霸一方，"侵渔众民，凌暴孤寡"，这番话害得种放差点当不成官。可见种放一句玩笑确实击中了王嗣宗的心病，状元是中了，但面子上还是过不去。

宋太祖偶尔也举办快速诗文竞赛，优胜者也可以被朝廷选拔，例如有一个项目就叫"一日作诗百篇"。有个叫赵昌国的信心满满地应试，结果从早写到晚，也就写了二三十篇，而且质量实在马马虎虎，宋太祖居然勉强录取了他。

到了宋太宗时期，依然遵循太祖旧制，短则一年，长则三年举行一次考试，依然以出手快为取舍标准。

宋太祖赵匡胤传

从宋太宗太平兴国二年丁丑科的吕蒙正，到后来的胡旦、苏易简、陈尧叟等，个个都是才思敏捷的"快枪手"，题目拿起就能动手，文如泉涌，一挥而就，皆因抢先交卷成了状元。

虽然"以先进卷者为第一"，然而皇帝们的初衷并不单单是以行文快慢为唯一的取舍标准，他们的要求是文理顺而才思捷，即又好又快。但是凡事断章取义者多矣，又好又快落实到了下面就变成了无所谓好、只寻求快了。

于是，普天下的读书人纷纷寻找成章捷径和答题良方，管他文辞美不美，义理通不通，下笔千言，胡拼乱凑，"惟以敏速相夸"，只要下手快就行。从太平兴国年初到淳化年末的近二十年间，科场拼凑之风、轻浮之风盛行，而且呈愈演愈烈之势。

宋太宗淳化三年，举子李庶几甚至牵头举行了一次别开生面的作文竞赛。他把那些将要参加当年壬辰科考试的举子们集中在京城一个烧饼铺里，以厨师烙好一个饼的时间完成一韵诗者为胜，闹得路人侧目，沸沸扬扬。

事情辗转传到了宋太宗的耳边，这不是拿堂堂国考开玩笑吗？宋太宗雷霆震怒，决定采取措施来整治这股歪风。

殿试的时候，宋太宗特意从《庄子寓言》中摘出"卮言日出"四个字，拟了这道非常冷僻的赋题，他要看看这些平日以敏速相夸的考生们是如何抓耳挠腮的。

考题发下去不久，众考生还在眉头紧锁之际，李庶几就草草成篇，抢先交卷了。看到他那轻松得意的样子，宋太宗不禁怒火中烧，对着李庶几大声呵斥，当场他把轰出了考场。

这次，文思敏捷的李庶几本来可能是状元，但是连进士都没中。作文慢慢腾腾的孙何却中了状元。从此，科考不再以答卷快慢为标准，科场"快枪手"没了市场。一直过了很多年，等朝廷把这事忘得差不多了，李庶几才中了进士。

士子们为科考争先恐后，表现了当时宋太祖对于文人的重视。宋太祖通过科举考试，笼络了一大批文人，为大宋江山奠定了以文治国的基础。

在经济方面，赵匡胤对有关国计民生有重要影响的黄河下了很大的力量治理。

黄河的问题主要是水患。五代时期，黄河决堤、改道，淹没村庄农田，宋初也不断有水灾出现。

赵匡胤在建隆三年，令黄河沿岸修堤筑坝，并大量种树，以做防洪时用。每年的正月、二月、三月，为黄河堤坝例修期，赵匡胤下令严格巡察，防患于未然。因此，素以"黄害"著称的黄河在太祖在位的十七年中，只有十几次溃决的记载，并且都没有出现严重的灾害。

除了黄河之外，宋太祖对运河、汴河、蔡河等主要河流，也做了不少修整。这对于农业经济的稳定、商业经济的流通，也起到了重要作用。

赵匡胤还重视农业生产，减轻徭役，赋税专收。地方赋税一小部分作为地方开支，其余全部由中央掌握。

乾德二年，赵匡胤下过一道命令，就是将各地每年所收的民租和专卖收入，除地方支用外，一律运往京师，地方不得占留。

赵匡胤还整肃吏治，劝奖农桑，促进了社会经济的发展，这些举措不仅尽快医治了两百年的战争创伤，而且迅速把宋朝推向空前繁荣的局面。

在军事方面，解除禁军将领兵权，并调往外地充当节度使，继而削弱节度使实权，使其徒有虚名。接着，又将禁军的统领权一分为三，都直接对皇帝负责。

设立枢密院，枢密院有调兵权但不直接统领军队。而统领军队的将帅却没有调兵权，使其互相牵制。实行更戍法。实行"守内虚外""内外相制"政策。驻军一半京师，一半各地。

宋初的军队分为禁军、厢兵、乡兵、蕃兵四种。禁军是军队的主力，赵匡胤即位后从各方面加强禁军的实力。

首先是选练。禁军选全国精壮充任，赵匡胤最初捡选强壮士兵作为兵样，遣至全国各地，令地方照样招募，后来改为木梃，并规定尺寸，由地方官依样挑选送往京师。

当时禁军的标准是"琵琶腿"即大腿粗壮者，"车轴身"即肩宽腰细者，身高为五尺五寸至五尺八寸。禁军聚集在京师，太祖亲自教阅，加强训练，并给以优于外州的俸禄。

其次是建置。禁军约半数驻守京城及其附近，半数分戍边境及内地若干重镇；禁军每一年或两年必须换防一次，一则习于劳苦免于怠惰，二则因统帅并不随地易防，从而造成"兵不识将，将不识兵""兵无常帅，帅无常师""将不得专其兵"的局面。

最后是军权。聚集在京师的禁军分别由殿前都指挥使、侍卫马军都指挥使和侍卫步军都指挥使统辖，称为"三衙"。三衙只在平时负责对禁军管理、训练，无权调遣。

禁军的调动权归枢密院，枢密院又直接由皇帝指挥。禁军外出作战，由皇帝派遣将帅，并由皇帝亲自制定作战方略，将领不得擅改。这样，禁军的选练、建置、驻守、出征、行军、作战等一切权力都集中于皇帝。

赵匡胤奉行"文以靖国"这一理念，果断地实行"右文抑武"的基本国策，通过设立"誓牌"、尊孔崇儒、完善科举、创设殿试、知人善任、厚禄养廉等一系列重大举措，彻底扭转了唐末以来武夫专权的黑暗局面，使宋代的文化空前繁盛，以至于后人有"宋朝是文人的乐园"的称誉。

同时，赵匡胤重视图书建设。建国之初，他注意收集各国遗留图书，用以充实官府藏书。建国初，史馆、昭文馆和集贤院仅有书一万二千余卷。乾德元年平荆南收高氏图书，以充实三馆。

乾德三年平定蜀国，右拾遗孙逢吉赴成都收图书一万三千卷。开宝九年，平南唐，令太子洗马吕龟祥到金陵，收图书二万余卷，又收吴越图籍万卷。

宋太祖广泛征集民间藏书，规定凡有献书者，视其书籍价值，如馆阁所无，则送学士院试问吏理，堪任官职俱委以官职，如三礼涉弱、三传彭干、学究朱载三人献书一千二百余卷，并赐科名。通过征集和献书，于开宝中，官府藏书增至八万卷，为北宋官府藏书奠定了基础。

宋太祖是通过发动陈桥兵变夺得的政权，所以他非常重视帝王和百姓之间的关系，他深知得民心者得天下。所以，他在继位以后，在所统治地域实行休养生息的政策，百姓在这一时间段经济比较富足，北宋的国库收入也比较稳定。

但是，在同一期间，宋太祖赵匡胤连年征战，大兴土木，使刚刚发展起来的经济又缓慢增长。不过，北宋的兵马也因此经过了严格的训练，很快统一了中原广大地区。

经过几年发展，百姓生活富足、兵马强壮、国库充裕、社会治安良好，达到了自唐朝开元盛世以后的又一强盛阶段，历史上称"建隆之治"。

最终未能完成统一

　　开宝七年，宋太祖在解决南方问题后，开始考虑征讨北汉的事情。北汉是宋朝建立后最难对付的敌人之一，宋太祖在平灭南唐之前，已经进行过多次征讨。

　　早在北周末年，赵匡胤就追随周世宗征伐北汉。虽然在高平大败汉军，不过最终没能平定北汉。

　　北汉皇帝刘旻在高平战败后，骑着契丹所赠的黄骝马逃回太原后，封黄骝马为自在将军，并为它建造了一个用金银装饰的马舍，还让这匹马享有三品官员的俸禄。

　　此后，刘旻忧愤成疾，将国事全都交给次子刘承钧，命其监国。乾祐七年十一月，刘旻病死，终年六十岁。其子刘承钧继位。乾祐九年，刘旻被葬于交城北山，庙号世祖。

　　刘承钧性格孝顺恭谨，喜欢读书，擅长书法。刘旻去世后，刘承钧被辽国册封为帝之后继位，不改年号，改名刘钧。刘钧上表于辽帝时自称"男"；辽帝下诏时，称呼他"儿皇帝"。

刘钧继位后，勤政爱民，礼敬士大夫，任用郭无为为相，并减少南侵，因此境内还算安定。然而刘钧并不像其父事奉辽国之恭敬，以致在位后期辽国援助渐少。

虽然北汉减少南侵，但是却始终是宋朝的心腹之患，从李筠到割据四川的孟昶，都曾暗中联络北汉寻求支持。所以宋太祖非常想先拔除这个眼中钉。

建隆元年七月，宋太祖曾想借消灭叛军李筠部的东风，乘势拿下支持李筠的北汉，但因受到老将张永德的阻拦与劝说，只得作罢。

张永德的建议是多派游兵、骚扰农事，派间谍离间它与契丹之间的关系，截断其外援。但总起来说，由于先南后北及先易后难政策的执行，此后宋太祖在北方一直采取了守势，只不过时不时地派遣兵马攻击北汉营寨，骚扰、破坏对方的耕作，消耗对方的力量，还采取防御北汉兵南下的措施，以保宋朝的国家安全。

时光进入开宝元年，宋太祖已经在几年的范围内，统一了绝大部分中原、一小半江南和整个西蜀，进入短暂的休养生息。这时，北汉皇帝刘钧忧郁而死。

北汉皇帝刘钧本有十个儿子，但他死后却是由养子、实际是他的外甥刘继恩继位。

刘继恩原姓薛，父亲薛钊因不受岳父北汉世祖刘旻所用，又与妻子刘氏聚少离多，因而在一次酒醉之后，薛钊将妻子刘氏刺伤，畏罪自杀。

此时刘继恩年纪尚小，而其舅父刘承钧又无子，因此刘旻就将刘继恩过继给刘承钧。刘承钧在位期间，任命刘继恩为太原尹，然而刘继恩资质平庸，刘承钧常常对臣下郭无为抱怨刘继恩无治国之才。刘承钧病逝，刘继恩继位，是为北汉少主。

宋太祖认为这是一个平定北汉的时机，于是决定以为死去的刘钧讨还公道的名义，火速起兵。

宋太祖命令距离北汉最近的昭义军节度使李继勋为河东行营前军都部署，侍卫步军都指挥使党进为副都部署，宣徽南院使曹彬为都监，他统率的是河东诸州精兵。宋军从潞州和汾州两路北征，目标就是北汉的首都太原。

宋太祖给北征将领的指示是不惜一切代价迅速攻到太原城下，到时会有出人意料的收获。宋太祖的自信从哪里来？原来，这时，在北汉宫廷中，有一个他早年结交的兄弟郭无为。

早年的时候，郭无为曾在武当山出家做道士，十年不离武当山半步。当年，周太祖郭威称帝的时候，郭无为已经大名鼎鼎，郭威见他气质非凡，决定一纸诏书聘请他当军师，不过，衙门内的事情，有着很多不确定因素存在。

郭无为当时没钱贿赂行政部门的高官，长相凶神恶煞，很有雷公的气质。有一次，郭无为顶撞上级，不料被人进谗言，便失去了郭威的信任。

还好，这段时间结交了赵匡胤，两个人私下关系良好。此后，郭无为离开武当山，一路北上，便到太原闯荡去了，刘旻的儿子刘钧即帝位后，听说此人自诩诸葛，一合计，北汉朝堂正是用人之际，于是三顾茅庐一样把他请到了朝中，倍加宠信。

郭无为成了北汉掌控实权的大臣，他恨郭威，当年自己意气风发，却被像打发要饭的乞丐一样，给打发走了，认为这是对自己的羞辱。郭无为整顿朝纲，操练军队，为刘氏一脉着想。

到了宋朝，两军战况愈演愈烈，作为北汉的军方头号人物，应该马革裹尸、战死沙场，彻底表现出为主子赴汤蹈火的大无畏精神。但是郭无为不在乎这些君臣之道，结交的把兄弟赵匡胤当上了大宋王朝的天子，他所在乎的是要跟把兄弟兵戎相见，这是自己万万做不到的事情。

郭无为虽然把持北汉朝政，但他对北汉的政治前途毫无信心。郭无为敬赵匡胤是条汉子，言出必行，雄才大略。于是，他开始暗中与宋朝往来。

郭无为还发展了一个手下。这个人叫侯霸荣，也是北汉的人，后来被宋朝俘虏。不过，他竟然历尽千辛万苦单独逃回了北汉，因为不忘在故国受到肯定。

由于郭无为的原因，他很快成为北汉宫廷的一个供奉官，可随时出入宫廷。侯霸荣又把惠璘介绍给郭无为，惠璘也就成了刘钧的另一个供奉官。

三个人在郭无为的领导下，实际上具备了颠覆北汉政权的实力。刘钧去世，刘继恩继位。这个时间就是三人挑选的动手的时刻。

宋太祖分析郭无为的势力足够大，而且刘继恩以外系承位，必然敌人多多、国家不稳，所以才催促众将迅速进兵，好里应外合，平定北汉。

李继勋等人立即展开进攻，连克北汉军寨，直到夺取了汾河桥，来到太原城下，但这时北汉形势又发生了巨大的变化。

刘继恩继位前，因郭无为没有助其在刘承钧面前多讲好话，刘继恩也嫉恨郭无为；又因郭无为大权在握，影响朝政，因而刘继恩登基后，逐步将郭无为的权力架空。

刘继恩上台后，郭无为虽然官升三公，但实际上是明升暗降。他还看不惯这位权臣的行事，与郭无为产生很大的裂痕，甚至想在宫中设下夜宴，除去郭无为。

郭无为见势不妙，称病躲过了这场鸿门宴，同时开始着手颠覆计划。刘继恩在夜宴结束之后，回到寝宫，立刻就遭到十几个人的乱刀砍杀。为首的就是侯霸荣。

但刚刚得手的侯霸荣未及脱身又被赶来的一队士兵砍杀。杀侯霸荣的并不是皇宫的卫士，而是安排了弑君阴谋的郭无为。刘继恩因为威胁到郭无为自己的安全被杀，侯霸荣的死也同样是出于郭无为自己的安全考虑。

在宋朝的大军还没有杀到以前，郭无为自认还不能在弑君后保证自己的安全。因此，他诛杀侯霸荣就让他有了护国功臣和元老的双重

宋太祖赵匡胤传

身份。

郭无为没有让君位回到刘钧的嫡子手里，而是又一手拥戴了刘继恩的兄弟刘继元登上了皇帝宝座。刘继元本姓何，其母是北汉建立者刘崇的女儿，先嫁薛钊，生子继恩，后嫁何氏，生继元，二人都做了舅父刘承均的养子。

在郭无为的眼里，刘继元是个擅长佛经和禅学、不思进取的人。他一旦当政，肯定还是由郭无为来掌握朝政。

但刘继元并不是郭无为想象中的样子。刘继元登基后，在很短的时间内，杀光了养父留下的所有子孙，包括近亲及旁支，甚至连养母也没有放过。郭无为虽然后悔，却绝无主意对付此等局面，只好隐忍不发、等待时机。

刘继元没有投降，而且在他的任内，还能让这个衰弱不堪的国家硬撑下去。北汉人撑过了最混乱的时期。宋军第一次征讨北汉的先机尽失。宋军屯于坚城之下，已毫无斗志。十一月，契丹的铁骑终于来到太原城下，宋军担心腹背受敌，所以迅速撤军。

但北汉军不肯放过报仇的机会，联合契丹兵入寇晋、绛二州，掳掠一番，满载而归。宋太祖第一次出征北汉，无果而终，虽心有不甘也只能留待下次了。

开宝二年春，宋太祖决定准备第二次征讨北汉。宋太祖曾就此事专门咨询老臣。

开春宴招待老臣，酒席上他有意对魏仁浦说："为何爱卿不敬我一杯酒啊？"

魏仁浦趋前敬酒之时，宋太祖悄悄地问以北征之计，说："朕欲亲征太原，你看如何？"

魏仁浦很快回答："欲速则不达，希望陛下谨慎。"

魏仁浦是周世宗临终前任命的宰相、顾命大臣，又是宋初名相，他的看法一定是经过深思熟虑的。但宋太祖没有听从，还是决定于当年二月亲征北汉，并命令曾跟随周世宗北征北汉的魏仁浦也一起从征。

此次北征的部署是先命曹彬、党进等人为先锋，率军先赴太原。以前次北征的主帅李继勋为河东行营前军都部署、赵赞为步军都虞侯，率军随后前进。

皇帝本人统率大军最后出场。宋太祖还对契丹军可能的增援也预为部署，志在必得。宋军出师尚算顺利，前锋进展很快，大军也很快进入潞州区域。

但人算不如天算，二月的北方突降大雨，并绵绵不止。此时，前锋已进入北汉国境，但大军却受困雨中无法行进，竟滞留潞州一带达十八天之久，宋朝君臣无不心急如焚。

恰在此时，宋军截获一个后汉间谍。宋太祖亲自审问，北汉间谍说："城中百姓受祸已久，无日无夜地都在期盼您的圣驾，唯恐来晚了。"宋太祖开怀大笑，赏了北汉间谍一身衣服，命令就地释放。然后督促大军启程，直接杀奔太原。

三月，宋太祖的大军来到太原城下，太原城早已被围。他就命李继勋攻打城东、赵赞负责城西、曹彬进攻城北、党进围困城西南；还募集民工绕着太原城挖壕修寨，称作"长连城"；又另派几支人马四面出击，进攻周边各县。

不料，北汉人负隅顽抗，围城宋军反而屡受夜袭。给宋军造成这么大麻烦的是后来降宋、成为杨家将家长杨继业而闻名的刘继业。刘继业先是在团柏谷抵御宋军，但失败了。在与宋军争夺太原入城的要道汾河桥时，死伤上千人。他还率兵夜袭城西赵赞的军营，但因为宋军恰好有一支部队在伐木抢修汾河桥，闻声增援，又把他打败。

后来，北汉方面又派他率数百精骑突袭城东宋军营寨，又被党进打退。刘继业用从城上扔下的绳篮爬回城中才免于被俘。北汉毕竟处于守势，不占上风，但宋军更是无计可施。

宋太祖苦思破敌妙计不得，战局一时僵持不下。一天，他骑马来到阵前高坡，观察形势。身边的一员大将左神武统军陈承昭暗示他说："陛下早有百万雄兵在此，为何不用？"

宋太祖起初不明所以，见部下用马鞭指点远处的汾水，明白这是建议他水淹太原城。他不禁大笑，立刻就命陈承昭带人偃河蓄水，准备水攻。宋太祖自己甚至也经常手拿宝剑、赤着双脚坐在皇帝的麾盖下督促进度。

这时，又传来了援助北汉的契丹军队被击败的消息。原来，对契丹援军，宋太祖早有预防，并派结义兄弟韩重赟截击。韩重赟出征时，宋太祖曾亲授他锦囊妙计，告诉他："契丹听说我要亲征，定会驰援。他们认为河北的镇州、定州一路无人守备，你带兵倍道兼行，一定会出其不意打败他们。"事情果如宋太祖所料。

另一路经石岭关驰援太原的契丹一部也被宋太祖料到，他派出大将何继筠领兵破敌。为了鼓舞士气，在何继筠出发前，宋太祖亲自送行。何继筠倍感荣幸，信心陡增。果然，何继筠在石岭关前大破辽军，生擒对方武州刺史王彦符以下上百人，斩首上千人，缴获战马七百多匹。

战报传来，太原城下宋军一片欢呼，令敌人胆寒。宋太祖为了震慑敌人，又特意命人将所获首级、铠甲陈列城下，但北汉人仍然负隅顽抗。

宋太祖下令决水灌城，水势之大竟一下子冲毁了南城的一段城墙。负责城南进攻事宜的党进令手下乘小船进攻，但遭到北汉弓箭手的箭雨阻击。

虽然宋军烧毁了城南门，但北汉方面的抵抗丝毫未见削弱。困在城中的辽使韩知范怕北汉人投降，所以也在阵前监战，并以辽军援兵很快到来给北汉鼓劲。

宋军不断地往城南方向集中，连宋太祖也到了城南督战。为了压制北汉的弓箭手，他命人在小船上安上强弓硬弩，并用盾牌为掩护，驶到城墙下射击北汉的弓箭手。双方箭来箭往，一时难见胜负。

宋军的内外马步军都头王廷义擂起战鼓、裸身向城墙冲击；殿前都虞侯石汉卿也奋勇向前，但两人都倒在箭雨中。宋军士兵死伤更是不计其数。但北汉人却奇迹般地用漂浮的草垛把冲毁的缺口堵上，修补城墙。

宋太祖大怒，宋军攻势一波强似一波，太原城几乎难保。在此关键时刻，郭无为准备再次为宋太祖做内应。傀儡皇帝刘继元虽然凶残，但还好解决，可是，要想让北汉群臣彻底投降大宋，本土抵抗势力仍然根深蒂固，这是当时最为棘手的事情。

在使尽浑身解数后，郭无为见北汉的本土势力仍然非常顽强，要想让北汉群臣投降，已经是不可能的事情，决定在自己的身份未曝光之前，领兵去投靠宋军。

郭无为想到了一个天衣无缝的计划，他向傀儡皇帝刘继元请求夜间突袭宋军，实则投降。

毫无政治经验的刘继元非常感激他，当下就拨了一千精锐给他，并派杨业和郭守斌两人做副手，并亲自率领百官送行。

郭无为接管帅印，开始召集军队准备出击。谁知杨业被手下陈廷山出卖，竟被宋军活捉了。而另一位副手郭守斌领着大部分士兵被宋军铁骑一阵直冲乱撞，在自家的城池里迷路了。

郭无为非常生气，他倒不是生气宋军骚扰，倒是大骂两位副将无能，这样狼狈投靠宋军，一定没有什么好的待遇。郭无为索性称病领着残兵败将回到了太原城中，谋求更大的计划，无功折返，这已经引起北汉统治阶级的猜忌。

北汉的宦官卫德贵早就对郭无为产生怀疑，于是暗中四处打探，得到消息后，他向傀儡皇帝刘继元报告了郭无为里通外军、企图投降宋朝的事情。

当得知郭无为企图投降时，刘继元竟气得昏厥三次，对于郭无为扶持自己登上皇位，他的确很感激，但郭无为身在汉营心在宋，刘继元异常震怒。为向宋军示威，他派人将郭无为勒死在太原城头。

宋军在东西班都指挥使李怀忠的率领下再次烧毁了南门，但李怀忠却差点被射死。宋军久攻太原一座孤城四个月而不能攻下，士气大受打击。再加上潮湿炎热的环境也让宋军疫情不断，更影响到攻城的力度。

这是宋太祖自即位亲征李重进以后的第一次带兵出征，这种进退两难的局面令他为难。失败当然没有面子，但强攻的效果也极为有限。尤其是在辽军后续援军即将到来的情况下，宋人取胜的希望愈加渺茫。

形势已经令宋太祖没有选择，他只好决定全军撤退。宋军丢弃粮饷无数，皆为北汉所获。二次征讨北汉之后，宋太祖专心关注南方各国，实际上是重回"先南后北"的既定国策。

在拿下金陵、灭亡南唐，基本解决南方问题后，宋太祖开始了第三次征讨北汉的战役。

开宝九年八月，宋太祖再度发兵进攻北汉，诏命侍卫马军都指挥使党进为河东道行营马步军都部署、宣徽北院使潘美为都监、虎捷右厢都指挥使杨光美为都虞侯，骁将郭进为河东忻、代等州行营马步军都监率兵北伐。这是宋太祖一统中国的最后一次尝试。

北伐的宋军兵分五路，齐延琛、穆彦璋出击北汉石州，郝崇信、王政忠出汾州，阎彦进、齐超出沁州，辽晏宣、安守忠出辽州，郭进为一路，出忻州、代州，五路人马分进合击，会攻太原。

按照统一部署，党进一路连败北汉军，缴获战马千余匹，兵器装备六百多件，兵锋直指太原城下。

宋太祖又令忻、代行营都监郭进等率兵分攻忻、代、汾、沁、辽、石等地，各路人马所向披靡，大破北汉军。至十月，党进的人马乘胜追击，在太原城北再度大败北汉军。

就在宋军节节胜利的时候，宋太祖赵匡胤却出了事情。开宝九年十月壬午夜，太祖赵匡胤大病，招晋王赵光义议事，左右不得问。

席间有人遥见烛光下光义时而离席，有逊避之状，又听见太祖引柱斧戳地，并大声说："好为之。"

当夜，太祖驾崩，宋皇后派亲信王继恩召第四子赵德芳进宫，以便安排后事。

宋太祖二弟赵光义早已窥伺帝位，收买王继恩为心腹。当他得知太祖病重，即与亲信程德玄在晋王府通宵等待消息。王继恩奉诏后并未去召太祖的第四子赵德芳，而是直接去通知赵光义。

赵光义立即进宫，入宫后不等通报径自进入太祖的寝殿。王继恩回宫，宋皇后既问："德芳来耶？"

王继恩却说："晋王至矣。"

宋皇后见赵光义已到，大吃一惊！知道事有变故，而且已经无法挽回，只得以对皇帝称呼之一的"官家"称呼赵匡义，乞求道："吾母子之命，皆托于官家。"

赵光义答道："共保富贵，无忧也！"

后晋王光义继位，史称太宗，改元太平兴国。宋太祖赵匡胤是因病致死，还是被弟弟杀死，后人已经不得而知。"烛影斧声"也成为宋太祖去世时的一大疑案。

太祖之死，蹊跷离奇，但太宗抢在太祖之子赵德芳之前登基却是事实。太宗的继位也就留下了许多令人不解的疑团。

宋太祖死后，为什么自己的儿子没有继位，弟弟继位，据说是以金匮之盟为依据的。

金匮之盟，俗作金柜之盟，是宋太祖兄弟的母亲杜太后的临终遗言。这份遗书藏于金匮之中，因此名为"金匮之盟"。

建隆二年，杜氏患病，宋太祖服侍杜氏用药进食不离左右。五月初一日，宋太祖因杜氏有病，特下诏赦免杂犯死罪以下囚犯。

杜氏病情加重时，召丞相赵普来听取遗命。杜氏问宋太祖说："你知道你得到天下的原因吗？"

宋太祖悲泣不能回答。杜氏再次问他，宋太祖说："我所以能得天下，完全是父母积德所致！"

杜氏说："不对，只是由于后周世宗柴荣让小孩子主宰天下之故！如果周氏有年长德高的皇帝，天下难道会成为你的吗？你去世后应把皇位传给你的弟弟。天下太大，头绪太多，如能立长者为君，真是国家的福气！"

宋太祖叩头悲泣说："我不敢不听你的教导。"

杜氏对赵普说："你一起记住我的话，不可违背。"命赵普在床榻前写下誓书，赵普在纸尾写上"臣普书"。宋太祖把它藏在金匮里，命令由谨慎小心的宫人掌管。

但金匮之盟存有诸多疑点，特别是当时太祖的长子已经不是"幼年"了，而这一说法也并不是太宗即位之时就宣告的，而是太宗即位一段时间之后才传出来的。

开宝九年十月二十日晨，宋太祖赵匡胤驾崩，享年五十岁，谥号英武圣文神德皇帝，庙号太祖。太平兴国二年四月二十五日，葬于永昌陵。大中祥符元年，加上尊谥为启运立极英武睿文神德圣功至明大孝皇帝。

宋太祖去世后，正在进行的伐汉战争只好暂时停止，宋太祖最终没有完成统一天下的伟业，留下了终生遗憾。

除此之外，宋太祖在位期间，曾经谋划迁都，也是不了了之，留下后患。宋太祖赵匡胤登上帝位时，沿用后周旧制，以大梁为东京开封府，洛阳为西京河南府。

赵匡胤不仅是一位雄才大略的军事家，也是一位高瞻远瞩的政治家。在基本平定南方诸国及地方割据势力后，他考虑到开封"形势涣散，防维为难"，准备先迁都洛阳，后迁都长安。

赵匡胤在洛阳夹马营出生，因而对洛阳有特殊感情。开宝九年，赵匡胤下诏西幸洛阳祭祀天地，并打算从此留在洛阳。

起居郎李符第一个站出来反对，他上书"陈八难"，书中称："京邑凋敝，一也；宫阙不备，二也；郊庙未修，三也；百司不具，四也；畿内民困，五也；军食不充，六也；壁垒未设，七也；千乘万骑盛暑扈行，八也。"

赵匡胤思乡心切，根本不管西行难不难，于同年三月丙子日从开封出发，在众大臣和卫兵簇拥下，浩浩荡荡前往洛阳。

四月，赵匡胤一行到达洛阳，在南郊举行合祭天地大典。此前洛阳地区连续一个月大雨不止，赵匡胤到达后，雨就停了下来，举行合祭大典时晴空万里。

大典结束后，当地父老说："我辈少经乱离，不图今日复见太平天子！"还有人激动得泪流满面。赵匡胤见天公作美，百姓归心，又见洛阳经过重建后宫室壮丽，心情非常愉快，当日下诏大赦，并当面奖励建设洛阳有功的河南府右武卫上将军焦继勋。

两天后，赵匡胤大宴群臣，随意赏赐，君臣共欢。在言谈中，赵匡胤屡称洛阳为形胜之地，居天下之中，流露出欲留居洛阳之意，群臣见皇上兴致正浓，不敢扫他的兴，当时没有谁开口进谏。

赵匡胤见大家都不反对，以为迁都之事可如愿进行，却不知群臣虽表面不反对，但大多数人仍不乐意迁都。

迁都是牵涉到国家命运的大事，群臣有意见不可能不提，况且他们知道赵匡胤是非常尊重臣下意见的明君，所以便利用各种机会向赵匡胤进谏。

一天，赵匡胤的老部下李怀忠见皇上略有闲暇，便上前进言，他说："东京有汴渠之漕，岁致江淮米数百万斛，都下兵数十万人，咸仰给焉。陛下居此，将安取之？且府库重兵，皆在大梁，根本安固已久，不可动摇。一旦遽欲迁徙，臣实未见其利。"

就当时形势而言，李怀忠这一番话的理由是很充足的，自后梁建都开封以来，几代统治者便不断开挖运河，以通漕运。尤其是后周世宗柴荣，屡次下诏开挖运河。

显德四年四月，世宗下诏疏导汴水北入开封五丈河，使齐鲁舟楫都能到达开封；显德五年三月，下诏开挖汴水口，引导河水达于淮水，使江、淮舟楫畅通无阻；显德六年二月，柴荣命马军都指挥使韩令坤在开封东面疏导汴水入于蔡水，"以通陈颖之漕"，又命步军都指挥使袁彦"浚五丈渠东过曹、济、梁山泊，以通青、郓之漕"。

赵匡胤建立大宋王朝后，从建隆二年就着手在开封周围进行大规模水利建设，他首先下令开挖蔡河，使河流直达许镇，以通淮右之漕。

第二年，又调集数万民工，从新郑引闵水与蔡河汇合，使蔡河经陈、颖直达寿春。同年，又在开封城北进一步开挖五丈河和金水河，增加流量。

经不断疏浚和开凿后，基本形成以开封为中心的运河系统。江南之粟由江入淮，经汴水入京；陕西之粟由三门峡附近转黄河，入汴水达京；陕蔡之粟由惠民河转蔡河，入汴水达京；京东之粟由齐鲁地区入五丈河达京，使开封便于取得全国各地的粮食和物资，解决首都开封数十万禁军和百万居民的粮食和物资供给问题。这在当时是建都长安或洛阳都无法办到的。所以赵匡胤认为李怀忠的意见确实有道理，但即便如此，仍改变不了赵匡胤迁都的决心。

群臣的意见赵匡胤可以不听，可晋王赵光义的意见赵匡胤却不得不听，因赵光义是他的皇位继承人。

当赵匡胤把迁都洛阳和长安利在有险可守的想法告诉赵光义时，赵光义说："在德不在险。"赵匡胤一时语塞。赵光义离开后，赵匡胤对左右说："晋王之言固善，然不出百年，天下民力殚矣。"

赵光义反驳赵匡胤引用了吴起的故事。《史记·孙子吴起列传》记载，吴起与魏武侯讨论地理因素和政治因素对国家安全哪一方面更重要的问题，吴起认为，决定国家兴衰的根本因素是政治因素，而非地理因素，上古时代三苗氏德义不修、夏桀修政不仁、殷纣修政不德，虽有险固的河山，也不能挽救其覆亡的命运，所以说安邦治国"在德不在险"。

眼看晋王和群臣都持反对意见，赵匡胤只好放弃了迁都的计划，这就给北宋留下了极大的隐患。

开封自古为四战之地，周围又没有山岭险阻，建都于此，遇强兵入侵时如何防守就成为严重的问题。另外，开封太靠近黄河，在军事上也是个致命的弊端。

既然开封无险可守，保障首都安全的唯一的方法就是用兵力补足。北宋开封一带经常驻军数十万，城里城外连营设卫，以代替山河之险。大量冗兵云集京师，大大增加了开封对运河的依赖性。时间一久，就造成政府财政开支负担沉重，百姓困于徭役。

盛世繁华

宋太祖登基后就曾经多次下诏开挖运河，为此不得不征用大量民力。赵匡胤了解民间疾苦，爱护百姓，不会轻易动用民力。建隆二年，他命令给事中刘载带领民众挖五丈渠。他对侍臣说："烦民奉己之事，朕必不为。开导沟洫，以济京邑，盖不获已耳。"

宋太祖知道京师依赖运河供给并非长久之计，所以才有迁都的打算。由于迁都计划受阻，运河的开挖和维护便成为北宋自始至终的国家大事。

正如张方平所说："国依兵而立，兵以食为命，食以漕运为本，漕运以河渠为主。"河道不够要继续开挖，河道淤塞要不断清淤，无休无止地开挖清淤动用无数民力，使百姓疲于奔命。

开封是运河的供给中心，政府的粮食和物资的主要来源地是长江下游。宋初，长江下游人口稠密，经济发达。自从成为京师的粮食和物资主要来源地后，其发展受到严重影响。

天下大部分财富集中在开封，其他地方却越来越穷困，这正是赵匡胤所担心的。他预言："不出百年，天下民力殚矣！"

结果不幸而言中，过了不到百年，民力几乎耗尽，富庶的长江下游地区经济发展停滞，北宋政府经常入不敷出，庞大的军费开支使政府和人民都喘不过气来，财政上的"积贫"和军事上的"积弱"成为不可挽回的趋势。

宋太祖赵匡胤大事年表

公元927年，后唐天成二年（匡胤一岁）

农历二月十六日，宋太祖出生于洛阳军中夹马营，排行第二。

公元936年，后晋天福元年（匡胤十岁）

石敬瑭建立后晋，为晋高祖。

公元939年，后晋天福四年（匡胤十三岁）

赵匡义生于开封浚仪县崇德北坊官舍。

公元945年，后晋开运二年（匡胤十九岁）

是年受父母之命娶后晋禁军军校贺景思长女为妻。

公元946年，后晋开运三年（匡胤二十岁）

契丹灭后晋，俘虏后晋出帝，洛阳大乱。

公元947年，后汉天福十二年（匡胤二十一岁）

刘知远即帝位于太原，是为后汉高祖。

是年弟赵匡义九岁，弟赵匡美出生。

公元948年，后汉乾佑元年（匡胤二十二岁）

父赵弘殷随后汉枢密使郭威前往凤翔征讨叛将王景荣，在陈仓之战中立下战功，战后升任护圣军都指挥使，大约此时，赵匡胤离家出走，游历随、复、襄、泾、原、镇等州。

公元949年，后汉乾佑二年（匡胤二十三岁）

在经历一年多的流浪后，应募后汉大将郭威帐下，同父一道供职于后汉禁军。

公元951年，后周广顺元年（匡胤二十五岁）

郭威灭后汉即帝位，建后周，是为后周太祖。

是年，赵匡胤因得郭威赏识，提升为禁军东西班行首。后又升任滑州副指挥使，是年，长子德昭出生。

公元953年，后周广顺三年（匡胤二十七岁）

赵弘殷转任铁骑第一军都指挥使，后又转任右厢指挥，领兵岳州防御使。柴荣从澶州节度使任上开封尹，赵匡胤随之转为开封马直军使。

公元954年，后周显德元年（匡胤二十八岁）

北汉与后周激战于高平，赵匡胤随周世宗亲征。战后论功行赏，赵匡胤越级提拔为殿前散员都虞候，领严州刺史。

公元955年，后周显德二年（匡胤二十九岁）

周世宗派周将向训、王景率军西征后蜀。赵匡胤作为特使前往秦州周军前线视察战事，极言秦凤诸州可取，周世宗于是定下攻取之策。

公元956年，后周显德三年（匡胤三十岁）

周世宗下诏亲征南唐，赵匡胤随征淮南，父赵弘殷在返京途中去世。因征战淮南有功，晋升为匡国军节度使兼殿前都指挥使。

公元957年，后周显德四年（匡胤三十一岁）

随周世宗亲征淮南，拜为义成军节度使，检校太保，仍担任殿前都虞候。

公元958年，后周显德五年（匡胤三十二岁）

因平定淮南有功，赵匡胤改领忠武节度使。是年，原配夫人贺氏因病去世，终年三十岁，后谥为"孝惠皇后"。

公元959年，后周显德五年（匡胤三十三岁）

周世宗北伐契丹，赵匡胤为水路都部署，担任方面军指挥。周世宗因病班师，升赵匡胤为检校太傅、殿前都检点。周世宗去世，子梁王宗训即位，赵匡胤领归德军节度使，仍兼殿前都检点。是年赵匡胤新纳彰德军节度使王饶第三女为妻，后封"孝明皇后"。

公元960年，宋建隆元年（匡胤三十四岁）

发动"陈桥兵变"，"黄袍加身"登上皇位，建立宋朝，是为太祖。赵匡胤与光义雪夜至赵普家共同商定先南后北的统一战略。

公元961年，建隆二年（匡胤三十五岁）

制定"稍夺兵权、制其钱谷、收其精兵"以加强中央集权的三大治国方略，为防止功臣宿将骄悍难制，遂行"杯酒释兵权"之举，分别解除了石守信、高怀德、王审琦、张令铎等人的禁军职务，出为节度使。以皇弟赵匡义为开封府尹，光美为兴元尹。

公元963年，乾德元年（匡胤三十七岁）

平定荆南割据政权，得三州十七县。遣使前往澶、滑、卫、魏、晋、绛、蒲、孟十一州开仓赈饥。平定湖南割据政权，得十四州六十六县。

公元964年，乾德二年（匡胤三十八岁）

范质、王溥、魏仁浦三相被解职，任命赵普为门下侍郎，同中书门下平章事。命忠武节度使王全斌为西川行营凤州路都部署，武信节度使、侍卫步军都指挥使崔彦进副之。枢密副使王仁瞻为都监，宁江节度使。侍卫军马都指挥使刘光义为归州路副都部署、内客省使。枢密承旨曹彬为都监，将步骑六万伐蜀。

公元965年，乾德三年（匡胤三十九岁）

宋军攻克成都，蜀主孟昶投降，后蜀灭亡。

公元968年，开宝元年（匡胤四十二岁）

新纳忠武节度使宋偓长女为妻。以昭义节度使李继勋为河东行营前军都部署，侍卫步军都指挥使党进副之。宣徽南院使曹彬为都监。棣州防御使何继筠为先锋部署，绛州防御使司超副之。刺史李谦溥为都监。领兵攻打北汉。

公元969年，开宝二年（匡胤四十三岁）

命曹彬、党进等领兵先行发起对北汉进攻。下诏亲征。

公元970年，开宝三年（匡胤四十四岁）

命潭州防御使潘美为贺州道兵马行营都部署。朗州团练使尹崇珂副之。发十州兵马合贺州，攻打南汉。

公元971年，开宝四年（匡胤四十五岁）

宋军入广州，俘获汉主刘鋹，平定广南。江南国主李煜乞去唐国号呼名从之。

公元974年，开宝七年（匡胤四十八岁）

命曹彬、潘美领兵十万，自荆南攻打南唐。薛居正上新修《五代史》一百五十卷。

公元975年，开宝八年（匡胤四十九岁）

金陵城破，李煜投降，宋军平定江南，南唐二十二军州一百零八县并入宋朝版图。

公元976年，开宝九年（匡胤五十岁）

以楚昭辅、潘美分领宣徽南、北院使。遣侍卫马军都指挥使党进、宣徽北院使潘美率兵分五路进攻北汉。十月二十日猝死于万岁殿，终年五十岁。晋王赵光义即位，是为太宗，皇弟光美改名廷美。